大学生创新创业教育教学丛书

大学生创新创业实用教程

主 编 邓 文 张明洁

华中科技大学出版社
中国·武汉

内容简介

本书以培养大学生创新创业意识、提升大学生创新创业能力为出发点，结合广西大学创新创业实践活动开展的情况以及学生创业实例，从创新创业意识、创业能力培养与提升、创业准备、创业相关政策、创业典型案例五个方面，阐述了创新创业的相关内容。通过本书的学习，学生不仅能较好地了解创新创业的基本理论和创业的基本流程，而且能较好地认识到成功创业所需的素质和条件。本书可培养大学生的创新创业素质和能力，为实践创新创业项目提供参考依据。

本书的特点是切合广西大学学生创业活动的实际，并精选学生创新创业的典型案例进行分享，通过树立创新创业典型，发挥榜样的力量，帮助学生树立创业榜样和标杆，培养学生的创业意识，提高其创新创业能力。

图书在版编目(CIP)数据

大学生创新创业实用教程/邓文,张明洁主编. —武汉：华中科技大学出版社,2018.4
（大学生创新创业教育教学丛书）
ISBN 978-7-5680-4031-0

Ⅰ.①大… Ⅱ.①邓… ②张… Ⅲ.①大学生-创业-高等学校-教材 Ⅳ.①G647.38

中国版本图书馆 CIP 数据核字(2018)第 069652 号

大学生创新创业实用教程   邓　文　张明洁　主编
Daxuesheng Chuangxin Chuangye Shiyong Jiaocheng

策划编辑：万亚军	
责任编辑：罗　雪	
封面设计：原色设计	
责任监印：周治超	
出版发行：华中科技大学出版社(中国•武汉)	电话：(027)81321913
武汉市东湖新技术开发区华工科技园	邮编：430223
录　　排：武汉三月禾文化传播有限公司	
印　　刷：武汉华工鑫宏印务有限公司	
开　　本：710mm×1000mm　1/16	
印　　张：14.75	
字　　数：235 千字	
版　　次：2018 年 4 月第 1 版第 1 次印刷	
定　　价：35.00 元	

本书若有印装质量问题，请向出版社营销中心调换
全国免费服务热线：400-6679-118　竭诚为您服务
版权所有　侵权必究

前　言

创新是民族进步的灵魂,是现代社会发展的基础。而创新创业的核心是人才。在"大众创业、万众创新"的浪潮中,只有打通人才上升通道,才能够汇聚起蓬勃向上的新生能量。自从李克强总理在 2014 年 9 月 10 日的夏季达沃斯论坛开幕式上倡导"大众创业、万众创新"以来,创新创业带来的活力已成为中国经济增长的强大引擎。作为培养高端人才的高校,广西大学一直以来都非常重视创新创业教育,坚持把提高教育质量作为创新创业教育改革的出发点和落脚点,重视人才培养和学生创新创业能力的培养,把培养学生创新精神和创业能力、提高生学生综合素质、促进大学生全面发展作为全校工作联动的主要任务。

自 2009 年当选为中国高等教育学会创新创业教育分会第一届常务理事单位以来,广西大学整合资源,加大创新创业工作开展力度,出台《广西大学创新实践学分实施办法》,开设"KAB 创业基础""新材料——创新创业""创业基础"等 15 门线上线下的创新创业课程,促进了学校创新创业教育的蓬勃发展。为了培养学生的创新创业意识,提升学生的创新创业能力,更好地实施创新创业教育,广西大学一直致力于开发适合本校教学与创新创业实践活动的教材。为此,学校在结合近年来开展创新创业实践活动的基础上,经过广泛地研究和调查,总结了本校开设的创新创业类课程与创业学生的创新创业活动的成果,开发出适合本校学生的创新创业实用教程——《大学生创新创业实用教程》。

本书根据《教育部办公厅关于印发〈普通本科学校创业教育教学基本要求(试行)〉的通知》的精神,借鉴了现有大学生创业课程的理论体系,结合广西大学创业教育多年的教学经验和实际情况而编写。本书主要内容围绕创新创业意识、创业能力培养与提升、创业准备、创业相关政策、创业典型案例五个部分,分十章展开,紧密结合创业活动的基本过程,把创业者应具备的素质与创业活动的整个流程及影响因素系统地展现在学生面前。本书通过分享学生创新创业的典型案例,为学生树立创业榜样和标杆,培养学生的创业意识,激励青年学子主动学习,提高自身的创新创业能力。

在本书的编写过程中,编者借鉴、参考了许多同类教材和相关资料,在此谨向原作者致以诚挚的谢意。由于编者水平有限,书中难免存在不足之处,恳请专家和读者给予批评指正。

编者
2018 年 3 月

目 录

第一部分 创新创业意识 …………………………………………… (1)
第一章 创新创业概述 …………………………………………… (1)
第一节 创新概述 …………………………………………… (1)
一、认识创新 …………………………………………… (1)
二、激发大学生创新意识 …………………………………………… (5)
三、训练大学生创新思维与创新能力 …………………………………………… (8)
第二节 创业概述 …………………………………………… (18)
一、认识创业 …………………………………………… (18)
二、培养大学生创业意识 …………………………………………… (22)

第二部分 创业能力培养与提升 …………………………………………… (25)
第二章 创业机会识别和创业环境资源分析 …………………………………………… (25)
第一节 创业机会识别 …………………………………………… (25)
一、什么是创业机会？ …………………………………………… (25)
二、确定创业机会 …………………………………………… (26)
三、创业机会的评估 …………………………………………… (30)
第二节 创业环境 …………………………………………… (35)
一、创业环境对创业的影响 …………………………………………… (35)
二、创业环境的特征及作用 …………………………………………… (36)
三、创业环境分析 …………………………………………… (39)
第三节 创业资源 …………………………………………… (40)
一、创业资源的特性 …………………………………………… (41)
二、创业资源的分类 …………………………………………… (42)
三、创业资源的识别 …………………………………………… (44)
四、创业资源的获取 …………………………………………… (45)

第三部分　创业准备 ……………………………………………………… (47)
第三章　创业者素质培养与能力提升 ………………………………… (47)
第一节　创业者素质 ……………………………………………… (47)
一、创业者 ……………………………………………………… (47)

二、创业者的素质 ……………………………………………… (54)

第二节　创业者素质和能力的培养 ……………………………… (59)
一、创业素质和能力的训练与培养 …………………………… (59)

二、大学生创业者创业素质和能力的培养 …………………… (60)

第四章　创业团队建设 …………………………………………………… (62)
第一节　组建创业团队 …………………………………………… (62)
一、组建创业团队的意义 ……………………………………… (62)

二、创业团队的特征 …………………………………………… (63)

三、创业团队的组成要素 ……………………………………… (64)

四、创业团队的价值 …………………………………………… (65)

五、创业团队的组建原则 ……………………………………… (66)

六、组建创业团队 ……………………………………………… (69)

第二节　管理创业团队 …………………………………………… (72)
一、创业团队的构成 …………………………………………… (72)

二、成功团队的基本特征 ……………………………………… (75)

三、创业团队的管理 …………………………………………… (76)

第五章　创业项目选择 …………………………………………………… (86)
第一节　创业项目概述 …………………………………………… (86)
一、创业项目的分类 …………………………………………… (86)

二、创业项目的特点 …………………………………………… (86)

第二节　影响创业项目选择的因素 ……………………………… (90)
一、创业者与创业项目 ………………………………………… (90)

二、创业项目的信息 …………………………………………… (91)

第三节　创业项目选择 …………………………………………… (92)
一、创业项目的选择原则 ……………………………………… (92)

二、创业项目的选择方法 ……………………………………… (93)

三、创业项目的评估及选择 …………………………………………（96）

第六章　创业计划书的编制 …………………………………………（102）
第一节　创业计划书概述 …………………………………………（102）
　　一、创业计划 ………………………………………………………（102）
　　二、创业计划书 ……………………………………………………（105）
第二节　编制创业计划书 …………………………………………（108）
　　一、创业计划书的内容和结构 ……………………………………（108）
　　二、创业计划书的信息搜集 ………………………………………（115）
第三节　撰写创业计划书 …………………………………………（118）
　　一、撰写创业计划书的基本要素 …………………………………（118）
　　二、撰写创业计划书的基本要求 …………………………………（119）
　　三、撰写创业计划书的原则 ………………………………………（120）
　　四、撰写创业计划书应注意的问题 ………………………………（121）
第四节　创业计划书实例展示 ……………………………………（122）

第七章　筹集创业资本 ………………………………………………（144）
第一节　创业融资 …………………………………………………（144）
　　一、创业融资需求的确定 …………………………………………（144）
　　二、创业融资金额的计算 …………………………………………（147）
　　三、创业融资渠道的类型 …………………………………………（149）
　　四、大学生创业融资的问题与策略 ………………………………（155）
第二节　创业贷款 …………………………………………………（158）
　　一、银行借款的种类 ………………………………………………（158）
　　二、贷款银行的选择 ………………………………………………（160）
　　三、借款筹资的基本流程 …………………………………………（161）

第八章　商业模式 ……………………………………………………（163）
第一节　商业模式概述 ……………………………………………（163）
　　一、商业模式的定义 ………………………………………………（163）
　　二、商业模式的构成要素、特征及设计路径 ……………………（164）
　　三、商业模式的类型 ………………………………………………（168）
第二节　商业模式的构建与检验 …………………………………（169）

一、构建商业模式的原则 …………………………………… (169)
二、构建商业模式的方法 …………………………………… (171)
三、构建商业模式应注意的问题 …………………………… (172)
四、检验商业模式的方法 …………………………………… (172)

第三节 商业模式创新 …………………………………………… (174)
一、商业模式创新的类型 …………………………………… (174)
二、商业模式创新的途径 …………………………………… (175)

第四部分 创业相关政策 …………………………………………… (177)

第九章 创业政策与法规概述 …………………………………… (177)

第一节 创业的相关政策 ………………………………………… (177)
一、国家及广西相关创业政策摘录 ………………………… (177)
二、南宁市小额担保贷款政策解读 ………………………… (187)
三、大学生自主创业优惠政策问答 ………………………… (189)

第二节 创业相关法规摘录 ……………………………………… (192)
一、企业注册登记涉及的有关法律法规 …………………… (192)
二、教育部推进高等学校创新创业教育和大学生
自主创业的政策 ………………………………………… (198)

第五部分 创业典型案例 …………………………………………… (203)

第十章 广西大学创业案例展示 ………………………………… (203)

参考文献 …………………………………………………………… (222)

第一部分　创新创业意识

第一章　创新创业概述

在人类文明的发展和社会的进步过程中,创新一直是社会发展的灵魂和动力。创新促使人类不断地探究解决问题的新方法和好创意。在长达5000多年的历史长河中,人类社会长期处于农牧社会的缓慢发展中,只有到了近代工业社会,特别是最近几十年,社会的科技和文明才得到了快速发展,并在极短的时间里产生了令人惊叹的成就。归根结底,是创新促进了科学技术和社会经济的繁荣和发展。因此,可以这么说,创新是社会发展的源动力,人类社会的发展和进步是不断创新的结果。同样,创新也是中华民族寻求伟大复兴、赢得未来的关键所在。

第一节　创新概述

"创新"一词源自拉丁语。它有三个基本要素:第一,革新;第二,创造新事物;第三,更改。

一、认识创新

1. 创新的含义

1912年Schumpeter(1883—1950,美籍奥地利经济学家)在他的德文著作《经济发展理论》中,首次提出了创新的概念。Schumpeter认为,"创新"就是把一种从来没有过的关于"生产要素的新组合"引入生产体系,目的是获得潜在的利润。Schumpeter 的理论起初并没有引起足够的重视,直到 1934 年他的著作用英语出版,才引起了学术界的普遍关注。

创新的最初含义主要以技术创新为主,是指创造新技术并把它引入产品、工艺或商业系统之中,或者创造全新的产品和工艺以及对现有产品和工艺进行重大技术改进,并且产品被引入市场(产品创新)或生产工艺得到应用(工艺创新)。

之后,不同学者给出了创新的不同定义。

美国著名经济学家 Edwin Mansfield 认为:"一项发明,当它首次被应用时,可以称之为技术创新。"

美国加州大学伯克利分校哈斯商学院教授 Henry Chesbrough 认为:"创新意味着进行发明创造,然后将其市场化。"

国务院 1999 年颁发的《中共中央 国务院关于加强技术创新,发展高科技,实现产业化的决定》中关于技术创新的定义相对较为系统:"企业应用创新的知识和新技术、新工艺,采用新的生产方式和经营管理模式,提高产品质量,开发生产新的产品,提供新的服务,占据市场并实现市场价值。"

创新是指以依据现有的思维模式提出有别于常规或常人思路的见解为导向,利用现有的知识和物质,在特定的环境中,本着理想化需要或为满足社会需求,而改进原有的或创造新的事物、方法、元素、路径、环境,并能获得一定的商业价值或者社会价值的活动。

2.创新的特征

不同学者理解创新的角度不同,对创新基本特征的理解也不尽相同。这里主要从目的性、变革性、新颖性、超前性、价值性、发展性等六个方面来论述创新的特征。

(1)目的性。任何创新活动都有一定的目的,这个特征贯彻创新过程的始终。创新总是为了解决某一问题而进行的,它总是与某个任务相关联的。所以说,创新是一种有目的地认识世界和改造世界的实践活动。

(2)变革性。创新是对已有事物的改革和革新,是一种深刻的变革。穷则变,变则通,通则久。这个由"变"到"通"的过程,就是创新的过程。故步自封就没有创新。

(3)新颖性。创新过程是把新的或重新组合和再次发现的知识,引入所研究对象系统的过程,是引入新概念、新思想和新方法的过程。因此其成果必然是新颖的,"求新"是其灵魂。

(4) 超前性。创新以"求新"为灵魂,具有超前性。这种超前是基于现实情况的实事求是的超前。

(5) 价值性。从创新的效果来看,创新有明显、具体的价值,对经济社会有一定的效益。创新是各种社会事物进步与发展的共同因素,不仅在一定程度上可以帮助人们满足某些需求,还能推动企业发展并取得成功,从而进一步激活国家经济活力,加快社会发展。如果创新对人类社会发展没有价值,创新也就失去了意义。创新成果的价值主要体现为社会价值、经济价值和学术价值。

(6) 发展性。创新是一个不断发展的过程。创新的发展性体现在创造新知识、应用新知识并不断发展知识的过程中。知识是创新的源头,通过知识创新促进科技创新、文化创新、管理创新以及其他各方面的创新。没有知识的不断更新,创新的源泉就会干枯。

3. 创新的类型

创新可以从不同角度分类。根据社会已发展成熟的创新范式,按照这些创新范式的类型和内容,可以把创新分为产品创新、过程创新、商业模式创新和服务创新。

1) 产品创新

传统意义上认为产品仅仅包括有形的、物理的物品或原材料等。近年来,随着第三产业的发展,服务行业(如保险、金融、通信、咨询等)的公司也开始把它们提供的服务业务称为产品。所以,打破传统行业边界,越来越多的产品制造商开始围绕产品向顾客提供服务。

服务型公司和制造商都趋向于使用"产品"这个名词来描述其提供的内容,但服务型公司的产品还是与一般产品有所区别,最主要的一点是,服务往往是无形的,而一般产品是有形的(例如一份保险是无形的,而一辆汽车是有形的)。服务型产品的生产和消费是同时进行的,它的配送也需要人的高度参与,如医疗和美容,无法通过申请专利等法律手段来抵制模仿行为。

所以说,产品创新是指创造能够满足客户需要或能够解决顾客问题的新产品。例如,手机制造厂商推出的新款手机、银行推出的新金融业务等都是产品创新。

产品创新是一个全过程的概念,包括新产品的研究开发过程,也包括新产品的商业化推广过程。

2) 过程创新

过程创新也称为工艺创新,是指把一种新的生产方式或流程引入生产体系,包括新工艺、新装备和新的生产管理方式流程的应用。

对于制造型企业来说,过程创新包括采用新工艺、新方式,整合新的制造方法和技术以获得成本、质量、周期、开发时间、配送速度等方面的优势,或者提高大规模定制产品和服务的能力。例如在生产洗衣机时采用新钢板材料,或者将洗衣机的生产线设备从传统机床更换为数控机床,从而降低成本,提高生产效率,这就是过程创新的范本。

产品创新的目的是提高产品设计与性能的独特性,过程创新的目的则是提高产品质量、降低生产成本、提高生产效率、降低消耗与改善工作环境等。过程创新旨在增加企业盈利,提高生产力,并提高员工的工作满意度。

企业通过过程创新为客户提供完善的前台服务,并增加新型服务,也就是客户看得见的新产品。

3) 商业模式创新

商业模式创新,是指对目前行业内通用的客户创造价值的方式提出挑战,力求满足客户不断变化的要求,为客户提供更多的价值,为企业开拓新的市场,吸引新的客户群。

商业模式创新的特征如下。

(1) 商业模式创新更注重从客户角度出发,从根本上思考商业行为设计,视角更加外向开放,更加注重与商业相关的经济因素。商业模式创新的出发点是从根本上为客户创造附加值。因此,其逻辑思维的出发点是客户需求,根据客户需求考虑如何有效地满足它。商业模式创新不仅涉及技术,还与经济价值和经济可行性的技术含义有关。

(2) 商业模式创新是全面变革的结果。它往往涉及一些商业模式要素在某些情况下需要同时发生很大变化,这就需要关注企业内部较大规模的组织重组的表现,是一种集成创新。商业模式创新往往伴随产品、流程或组织创新,缺少其中一种则有可能不足以构成商业模式创新。如果只开发新产品或新的生产技术,一般认为是技术创新。技术创新,通常用于有形的产品,但如今是以服务为导向的时代,传统制造企业的服务远比以前重要。因此,商业模式创新也体现在服务创新上,表现为服务内容和方式、组织形式等方面的诸多创新变化。

(3) 从业务创新的表现看,提供全新产品或服务的商业模式创新可能开创一个盈利行业的全新世界,即使仅提供现有产品或服务,也能为现有企业提供更持久的盈利能力和更大的竞争优势。传统创新可提高企业内部效率,降低企业的成本,但创业的成果很容易在较短时间内被其他企业模仿。而商业模式创新因为更系统,更基础,涉及多元素同时变化,所以很难被竞争对手模仿。

4) 服务创新

现代经济发展过程中一个显著的特征是服务业的迅猛发展,服务业在国民经济中的地位越来越重要。服务业已经成为世界经济发展的核心,是世界经济一体化的推动力。越来越多的企业和服务行业开展服务创新,以提高生产和服务产品的质量,降低企业的成本,提高企业的竞争力。

服务创新是企业为提高服务质量和创造新的市场价值而产生的。服务创新来源于技术创新,两者之间有着紧密的联系。但由于服务业的独特性,服务业的创新与制造业的创新有所区别。

根据服务创新的具体内容,可以把服务创新分为服务产品创新、服务过程创新、服务管理与操作创新、服务技术创新和服务范式创新。

二、激发大学生创新意识

1. 创新意识、创新能力与创新思维

1) 创新意识

创新意识是指根据社会和个人生活发展的需要,在创作活动中表达人的意图、愿望和愿景,从而创造出前所未有的事物或想法的心理意识。

创新意识是人们学会创新的重要心理素质之一,是具备创新思维和创新能力的前提。人们只有在强烈的创新意识引导下,才可能产生强烈的创新意愿,才能充分发挥其创新的潜能。

创新意识包括创新动机、创新兴趣、创新情感和创新意志。创新动机是促进和激励人们发起并维持创造性活动的背后推动力。创新兴趣能促进创造性活动的成功,是推动人们充分发挥主观能动性去探究新奇事物的稳定的心理倾向。创新情感是创新兴趣的直接表现,是刺激、促进甚至完成创造性活动的重要因素。创新意志是在创造性活动中攻克难关、排除万难的心理因素,它具有顽强性、目的性和自制性。

创新意识在开展创新活动中主要表现为思想开放,敢于打破常规,能够与时俱进,具有创造性和批判性。它有别于传统上的"冒险精神",体现着标新立异的魄力、独树一帜的精神和永不言败的追求,与消极思维定式相对立。

2) 创新能力

创新能力是人们完成创新活动所需的各种能力的总和,包括思维能力、技术能力、实践能力和提出解决方案的能力等。只有具备足够的创新能力,才能解决创新过程中出现的各种问题,从而取得良好的创新成果。创新能力是普遍的和可发展的。研究表明,先天智力发展与创新能力的关系并不大。相反,创新能力与许多非智力因素密切相关,包括创新动机、勇气、信念、创新思维和创新方法等。因此,并不是智力高、专业技能强的人就具有较强的创新能力,而是人人具有创新能力。同时,创新能力的提高,并不仅仅在于对知识的获取,更重要的是对非智力因素的培养。

3) 创新思维

一个完整的创新过程,一般包括发现问题、头脑中产生解决问题的构想、将构想付诸实践三个阶段。其中,产生构想是创新的关键,也是最困难的部分,而构想来源于创新思维。创新思维是一切产生崭新内容的思维形式的总和,是进行创新的灵魂和核心。可以通过对创新思维的培养,提高人的创新思维能力,从而达到提高创新能力的目的。

在创新过程中,人们经常受到消极思维定式的影响,需要找到克服消极思维定式的方法,为提高创新思维能力扫清障碍。同时,提高创新思维能力更要求创新者以不同的思维角度去观察事物,发现新的需求点,并将需求转变为新事物,这样的创新才具有生命力。

2. 大学生激发创新意识的途径

大学生可以通过以下一些途径增强培养创新意识的信心和勇气,激发创新意识,克服消极思维定式的影响。

1) 敢于质疑

质疑是人类思维的精髓,"学源于思,思源于疑",敢于质疑是培养创新意识的重要途径。提出问题是获得知识的先行者,只有当我们提出问题后,我们才能解决问题。爱因斯坦也曾说过:"提出问题比解决问题更重要。"

敢于质疑就是主动自觉地去发现问题,用怀疑和批判的眼光看待一切事物,既敢于肯定,更敢于否定。对每一种事物都能提出疑问,是许多新事物、新观念产生的开端。创新思维是以发现问题为起点的。"非典"开始时,中国许多医学权威都认为"非典"病毒是衣原体病毒,但钟南山院士另有发现,他大胆质疑,并坚持自己的观点,认为"非典"病毒是冠状病毒,为当时快速确诊、救治病人立下了大功劳。

2) 善于发现

发现是一种富有创造力的行为,一个善于发现的人有着良好的观察力与思考力,成功的秘诀就是善于发现。300多年前,牛顿看到苹果从树上掉到地上,透过这一现象思考,最终提出了牛顿力学定律。鲁班发现小草的叶齿会划破手指,于是锯子诞生了。诸葛亮发现天气将要变化,于是巧借东风,火烧赤壁。一切似乎都发生在刹那间,所有的灵感就在这一刹那涌出来,然而,真的是这样吗?如果鲁班不是长期积累了丰富的经验,他能将小草和锯子建立关联吗?如果诸葛亮不是从小就学习天文知识,他能掌握天气变化的现象和规律吗?因此,一个善于发现的人,必须具备坚持不懈的精神,必须要善于观察、善于思考。

3) 处处留心

处处留心就是要做有心人,要善于观察身边的人和事,从中学到知识和学问。要善于思考,学问不仅是学出来的,更是悟出来的,学了、问了,但不思考、不悟也不会有学问。常言说得好:"人生感悟就是一本书。"感悟越深越多,说明思考越多,学问也就越多。大学生要做有心人,要关注社会,关注生活,关注民生,善于观察,勤于思考,乐于总结,这样才能成为一个有智慧的人。

4) 博学广闻

学而创,创而学是创新的根本途径。博学广闻就是广泛学习丰富的知识,实现知识源的创新。实现创新要基于知识的积累,知识本身蕴含着丰富的创造力,没有知识的深刻积累,创新就会失去物质基础。这就需要大学生具备勤奋求知精神,博览群书,广泛涉猎各种知识,踏踏实实学习,保持独立思考的能力,不断地学习新知识和提高创新的能力,真正做到终身学习知识,内心尊重知识,才能在自主创新中发挥主力军作用。

5) 精通专业

精通专业就是指全面掌握专业知识和专业技能。创新意识要求学生拥有扎实的理论基础,构建合理的知识框架,有较强的信息处理能力、科研能力和动手能力。因此,要认真学好专业知识,积极参加社会实践活动,努力运用现代化科学知识和科学手段研究并解决社会发展和社会实践中的各种实际问题,提高创新能力。

6)"异想天开"

创新就是"异想天开"。"异想"是创新的前提和过程,"天开"是创新的效果,只有"异想",才会"天开"。"异想天开"就是从不同角度思考问题,不循规蹈矩,不满足于现成的思想、观点、方法,从实际出发,想人所未想、不敢想、不愿想,用不同于常人的方式或思路去想问题。要经常思考如何在原有基础上换个角度或采取更简捷有效的方法和途径进行创新发明,推陈出新。

7) 勤于实践

"实践是检验真理的唯一标准",只有实践,才能使自己所学的知识得到升华,得到巩固。理论知识是前人实践经验的总结,大学生在学习理论知识的同时,也要把所学理论知识在实践中进行检验,让理论知识在自己的头脑中巩固和内化,使自己的动手能力和操作技能得到加强。只有不断地"学习——实践——再学习——再实践",才能扩大知识储备,提升动手能力和操作技能。因此,加强大学的社会实践环节,通过组织实践活动,使大学生经受锻炼,有利于实现理论知识和实践经验的有机结合,为培养学生创新意识提供有力支持。

三、训练大学生创新思维与创新能力

1. 创新思维的分类和特点

对创新思维的了解和训练,能为大学生提高创新思维能力打下基础。大学生通过对创新思维的学习,可以为解决学习、生活、工作中的诸多实际问题提供新的思路。一般说来,创新思维主要有发散思维、收敛思维、联想思维、逆向思维等几种。

1) 发散思维

发散思维是大脑在思考时呈现一种发散状态的思维范式,是指从一个目标出发,沿着各种方式思考,探索各种思维方式的答案。这种思维方式不墨守成规,不拘泥于传统的做法,容易引起一连串的创意,具有更多的创造性。

发散思维具有流畅性、变通性、独特性和非逻辑性。流畅性是指以思维的

量来衡量,要求思维活动畅通无阻,灵敏迅速,能在短时间内表达较多的概念;变通性是指思维开阔、跳跃,能从多个视角探索解决问题;独特性是指思维新颖,能积极地克服思维定式;非逻辑性则指创新思维通常来源于想象、直觉、灵感等非逻辑性思维活动。

以物品的功能、构成物品的材料和形态、事物产生的原因和事物之间的关系等作为发散思维的出发点,可以把发散思维分为功能发散、组合发散、方法发散、因果发散等。

(1) 功能发散。从某事物出发,设想一下事物的各种功能,或者从某个功能出发,设想获得功能的可能性。

> 功能发散实例:
>
> 1983年,在美国学习的法学博士普洛罗夫在做毕业论文时发现:50年来,美国纽约里士满区一所穷人学校圣·贝纳特学院出来的学生犯罪率最低。
>
> 普洛罗夫在将近6年的时间里进行调查,问一个问题:"圣·贝纳特学院教会了你什么?"总共收到了3756份回函。在这些回函中有74%的人回答,他们在学校里知道了一支铅笔有多少种用途,入学的第一篇作文就是这个主题。
>
> 当初,学生都知道铅笔只有一种用途——写字。后来他们都知道了铅笔不仅能用来写字,必要时还能用来替代尺子画线;能作为礼品送给朋友表示友爱;能当商品出售获得利润;铅笔的芯磨成粉后可以做润滑粉;演出的时候可以临时用来化妆;削下的木屑可以做成装饰画;一支铅笔按照相等的比例锯成若干份,可以做成一副象棋,可以当作玩具的轮子;在野外缺水的时候,铅笔抽掉芯还能当作吸管喝石缝中的水;在遇到坏人时,削尖的铅笔还能作为自卫的武器等。
>
> 圣·贝纳特学院让这些穷人的孩子明白,有着眼睛、鼻子、耳朵、大脑和手脚的人便是有无数种用途的,并且任何一种用途都足以使他们成功。

(2) 组合发散。对主体在与其他事物结合成新事物过程中的分歧进行探究,找出主体、其他事物与新事物之间的关联。

组合发散实例：
　　手电筒作为移动和临时性照明工具可以和更多的事物进行组合：与安全帽组合，使在昏暗环境中工作的工人能够在照明的同时解放双手，更利于安全；与眼镜结合，使钟表匠在维修钟表时能看到更多的细节；与手机组合，更具有便利性；与钥匙组合，可以在夜晚开门的时候，照亮钥匙孔的位置；还可以与拐杖组合等。

　　（3）方法发散。以某种方法为发散点，设想利用该方法的各种可能性。

方法发散实例：
　　有一厂家生产瓶装味精，质量好，瓶子内盖上有四个孔，使用时只需甩几下，很方便，可是销售量一直徘徊不前。全体职工费尽心思，销售量还是不能大增。后来一位家庭主妇提了一条小建议。厂家采纳后，销售量便提高了近25%。
　　那位主妇的小建议是：在味精瓶的内盖上多钻一个孔。由于一般人放味精时只是大致甩个两三下，四个孔时是这样甩，五个孔时也是这样甩，结果在不知不觉中多用了近25%。

　　（4）因果发散。因果发散是以某个事物发展的结果为发散点，推测造成该结果的各种原因，或是由原因预判可能导致的各种结果。

因果发散实例：
　　在合成树脂（塑料）中加入发泡剂后，合成树脂中填充少量孔洞，这种材料质量小，而且还具有良好的隔热和隔音性能。在日本，一位名叫铃木的男士将一种发泡剂添加到水泥中以使水泥变轻、隔热和隔音，他的想法与此类似。结果他发明了一种气泡混凝土。
　　根据气泡混凝土的原理，又有人发明了加气水泥砖、气泡水泥、气泡砖、加气混凝土砌块等。这些产品都具有隔热保温效果好、质量小、单体面积大、施工效率高、比实心黏土砖综合造价低及其他综合性能好等众多优点，受到了市场的认同和欢迎。

　　2）收敛思维
　　收敛思维是指在解决问题的过程中，充分利用人们已有的间接经验，把庞大的信息量和可能解决问题的方法一一罗列出来，并进行逻辑分析，最终得出一个合乎逻辑的结论。

收敛思维是一种常见的思想,要集中各种思想的精髓,实现对问题体系的全面考察,才能找到最实际的应用成果,是对各种思想的合理筛选、综合、统一。发散思维是一种差异性思维,在广泛的范围内进行搜索,尽可能地自由开放,设想出各种不同的可能性。

收敛思维与发散思维是一种辩证关系,既有区别又有联系,既对立又统一。发散思维得到的结果必须经过收敛思维的认真整理、精心加工,才能形成有意义的创新结果;而收敛思维的加工对象必须经过发散思维的广泛收集、多方搜索。只有二者协同工作,交替作用,一个创新过程才能圆满完成。

发散思维向四面八方发散,收敛思维向一个方向聚集,它们在思维方向上是互补的。同时,在解决问题的早期阶段,发散思维扮演着更重要的角色;在解决问题的后期阶段,收敛思维扮演着越来越重要的角色。它们在思维过程上也是互补的。

收敛思维实例:

在日本,丰田汽车公司有一种流行的管理方法,称为"最终要问"。换句话说,对于公司发生的一切,都要找到最根本的原因,这是一种怀疑的态度。一旦找到最根本的原因,那么对于很多问题也有深刻的理解。

例如,如果公司的某台机器突然停止运转,那么会提出一系列问题。

问:"为什么机器不转?"
答:"因为保险丝坏了。"
问:"为什么保险丝坏了?"
答:"由于过载,电流过高。"
问:"为什么过载?"
答:"因为轴承润滑不够光滑"
问:"为什么轴承润滑不够光滑?"
答:"因为泵不能吸收润滑剂。"
问:"为什么泵不能吸收润滑剂?"
答:"因为泵严重磨损。"
问:"为什么泵会严重磨损?"
答:"铁屑是混合的,因为泵没有配备过滤器。"

发现了最根本的原因后,给泵配备过滤器,然后更换保险丝,机器运行正常。如果不这样做,只简单地换一个保险丝,机器仍然会立即运转,但从长远来看,机器会再次停转,因为最根本的问题没有解决。

3) 联想思维

联想思维是指人们在头脑中有目的、有意识地将一个事物的形象与另一个事物的形象联系起来,探究这两事物之间是否存在共同或相似的特点和规律,从而获得问题的解决方案。联想思维就是要求做到由此知彼,举一反三,触类旁通。

根据联想产生的方向不同,进而得出的结果也不同,可将联想分为相似联想、相关联想和对比联想。

(1) 相似联想。相似联想是指在形态上、性质上或意义上对相似的事物产生的联想。

相似联想实例:

鲁班观察到,柔弱的茅草能划破满是老茧的手,原因在于茅草的边缘呈细齿状,于是通过相似联想发明了锯子。瑞士工程师乔治·德·麦斯卓同样运用相似联想,从狩猎时身上沾满的野草种子出发,发明了魔术贴。

(2) 相关联想。相关联想是指在时间和空间上将相关、相近的事物联系起来而产生的联想。

相关联想实例:

A公司经营新鲜牛奶、面包、蛋糕和其他食品。A公司出售的牛奶质量好,价格实惠,而且可以在每天黎明前送到顾客门前的小木箱中。越来越多的顾客订购牛奶,公司的利润越来越多。公司的面包、蛋糕等食品虽然质优价廉,但因为店面比较偏僻,行人少,营业额一直不大。该公司的很多人建议通过电视台和报纸来扩大影响力,但老板提出了这样的解决方案:

把牛奶订单设计成一张漂亮的小卡片,正面印有各种面包、蛋糕和其他食品的名称和价格,背面是牛奶订单。顾客在订购牛奶的同时可以填写所需糕点的品种、数量和交货时间。每天把它放在牛奶瓶子上给牛奶送货员。牛奶送货员在下次送牛奶的同时将糕点也送到顾客家中。结果,A公司的面包、蛋糕和其他食品销售量激增。

（3）对比联想。对比联想又称为反向联想，是指在对某一事物感知时，对这一事物的某些特性产生相反的联想。对比联想往往会通过一些反义词产生联想，如黑与白、冷与热、光明与黑暗、大与小等。

> 对比联想实例：
> 当物理学家开尔文了解到马斯德已经证明了细菌可以在高温下被杀死，食品经过煮沸可以保存后，他敢于应用对比联想：细菌会在高温下死亡，那么它们在低温下会停止活动吗？受到这种思维的启发，经过仔细研究，他终于发明了"冷藏工艺"，为人类健康保健做出了重要贡献。

4）逆向思维

人们的思维习惯是沿着事物的发展方向去思考问题，这样的思考方式比较有效、便利，能解决大多数问题。但在创新中，正向思维会形成思维定式，会束缚人们的思路，影响创造性。因此，可以从相反方向去思考，从结论往回推理，倒过来思考，往往会使问题简单化，使解决问题变得轻而易举。

逆向思维一般可从事物的原理、功能、程序等多方面进行逆向思考。

（1）原理逆向。从事物原理的反方向进行思考，获得新的设想。

> 原理逆向实例：
> 在19世纪之前，人们一直认为电与磁是两个彼此独立、无关的现象。1820年，物理学家奥斯特发现通过电线的电流能使其附近的磁针发生偏转。在第一次发现电流产生磁场的电磁效应之后，人们进行反向思考，提出了磁场是否会产生电流的想法。根据这个想法，美国物理学家法拉第在1831年终于发现了由磁场产生电流的电磁感应现象，由此发电机诞生。

（2）功能逆向。从事物功能的反方向进行思考，获得新的设想。

功能逆向实例：

东西掉在地上，沾上灰尘，捡起来吹一吹就是了，这是人们的习惯动作；桌面有灰尘，一时找不到抹布，吹一吹也很常见。用嘴吹气，这是最古老、简易的除尘方式。由此，人们发明了"吹尘器"。1901年，英国伦敦火车站举行吹尘器表演，用吹尘器清理火车车厢的灰尘。吹尘器效率很高，让人大开眼界，可是，也有不尽如人意的地方，那就是用吹尘器的时候灰尘飞扬，让人难受，等尘埃落下之后，桌椅上又有了新的一层灰。

有一位叫赫伯·布恩的技师深感吹尘器的美中不足。他转头一想，改吹为吸能行吗？回家之后，他用最原始的方法开始试验，用一条薄薄的手帕蒙住嘴和鼻子，趴在地上，然后用嘴猛力吸气，结果灰尘都被吸到手帕上了。试验证明，吸尘比吹尘强多了。于是他根据真空负压原理发明了电动吸尘器。

（3）程序逆向。反向思考事物发生的程序，从中获得新的解决思路或设想。

程序逆向实例：

我们通常有拍摄合影的经历。大家摆好姿势后，摄影师会大喊"一，二，三"。在这个时候，每个人都会试图睁开眼睛，大喊"茄子"拍摄一张照片。可是很多时候照片中很多人都是闭着眼睛的，为什么会这样呢？因为人们不想在照片上出现闭眼睛的状态，就在准备拍摄时一直睁大眼睛，当摄影师数到"三"时，眼睛却不由自主地闭上了。为了解决这个小问题，很多人想了很多方法，其中有一个摄影师的方法很简单：他首先让人们闭眼，听他的指令，同样喊"一，二，三"，喊"三"之后接着喊"大家睁大眼睛"。果然，拍摄完照片中没有人闭眼，都精神饱满，于是大家都很开心。

2.创新思维训练

研究表明，大学生创新思维的产生和发展不是自发的过程，而是有意识、有目的、有计划的培养过程。创新思维训练包括发散思维训练、直觉思维训练、形象思维训练等。

1）发散思维训练

发散思维是面临问题时思路从一条延伸到多条、从一个方向到多个方向的思维方式。

换句话说就是如果一个问题的答案有多种可能,那么就以这个问题为发散点,思考问题的方向以这个发散点为起点向外发散,尽可能多地发现合适的答案,而不仅仅局限于找出一个准确的答案。在训练发散思维的实践中,教育主体要有意识地拓展教育客体思维发散的角度,延伸思维观察的范围,提高团队合作精神,进而规避一成不变,从而让思维"软化"。发散思维训练有以下几种方式。

(1) 头脑风暴法。用集思广益的方法,在有限的时间内用最快的速度发挥联想作用,收集各种即时产生的想法、观点。这种训练方式常以团体形式运作,其优势在于充分发挥每个人的智慧、想象力与创造力。比如常见的小组讨论往往比个人冥思苦想更容易擦出"成功"的火花,更甚者,个人天赋也极易发挥到极致。因此,头脑风暴法在激发大学生的发散思维方面是十分有用的。此方法具有思想自由开放,尊重个体创造,重视想法数量,提倡团体互帮互助等特点。

(2) 逆向构思法。逆向构思法以相反方向为出发点,根据已有线索拟定存在的问题,拓展思路,提出新的想法。这是目前科学技术研究领域应用最多的方法之一。根据人们思维的内容,这种方法可以细分为:从现有事物的相反功能想象新的创造,称为功能性反转;从现有事物的相反结构设想新的创造,称为结构性反转;改变现有事物的因果关系,从而引发新的创造性思想和观念,称为因果关系反转。

2) 直觉思维训练

大学生在掌握知识的过程中,他们的直觉思维通常表现为突然提出一个奇怪的问题,或是大胆的猜想,或是一种即兴的回答等。大学生思维敏捷,想象力丰富,当有一个好想法、好主意萌生时,应该及时抓住这转瞬即逝的创造性思维的"火星",更要善于培养个人的直觉思维。

直觉思维训练有以下几种方式。

(1) 大胆设想法。大胆设想法是一种彻底突破现有事物和想法的束缚,并大胆想象那些还不可能的事物的创新方法。大胆设想是建立在探索和对比的基础上的,是形象思维主体和知识逻辑主体的有机结合。

(2) 还原法。还原法也称为回顾性思维,是指对现有结论或事物的结果应用还原和回溯的思考方法,考虑其原因,揭露其谬误,拒绝旧的偏见,并建立新的理论和观点。这种由果推因的思维方式在科学技术发明中得到了广泛应用。

3) 形象思维训练

在大学生的教育实践中,为了学生视、听、嗅、触等主观形象的陶冶,学校会结合不同的学科进行不同的训练,发展表象系统,形成形象思维,提高敏感性,培养创造力。

形象思维训练有以下几种方式。

(1) 图像法。图像法是一种运用符号以求转移创造性思维的方法。人类使用各种抽象符号或图像进行社交活动,这是人类创造性思维的一大进步。图像法将复杂的事物用符号、图形和图像直观地表达出来,容易找到事物之间的内在联系,可以自由地进行脱离实际的构思或进行新的组合。

(2) 联想法。联想是把已有的知识与特别的对象联系起来,从它们的共性中获得启发的思维过程。联想法可以排除两个概念的不同含义并将它们有机地联系起来。人们有意识地进行联想,不仅有利于增强想象力,还有利于扩展思维空间,为深入的创造或创新奠定基础。

3. 大学生创新思维训练的途径

大学生的思维比较敏感、活跃,具有较强的创造性和灵活性。大学生可以通过各种途径进行自我创新、自我创造性思维训练,不断培养创新思维,提高创新能力。

1) 日常生活中的创新思维训练

大学生必须进行长期而艰苦的训练,才能启发和引导创新思维的形成。学习创新思维主要靠自己独立思索,多思多练,形成找到正确思路的习惯性行为。大学生在日常生活中要自觉进行创新思维训练,培养敏锐的观察力、丰富的想象力、灵活的独立思考和创新的能力,通过实践提高创新思维能力。

2) 专业学习中的创新思维运用

为了培养创新思维,必须从建立良好的知识结构入手。没有扎实的知识基础,创新就成了无源之水、无本之木。知识和经验越丰富,越坚实,我们就越能发现问题,越能拓宽视野,就更容易找出解决问题的办法。因此,学好各种知识是创新的基础。对专业知识的学习,在扎实掌握课堂知识的前提下,要不满足于已有的知识水平,一个问题多角度思考,在原基础上进一步深挖、创新,还要理论联系实际,掌握行业发展趋势,敢于探索,善于解决问题。

3) 社会实践中的工作方法创新

人们的思想来源是实践,实践推动着思维的发展。大学生的社会实践主要包括社会调查、志愿者服务和校外实习等,对于大学生深入社会,通过参与社会生活和生产劳动了解社会,增长见识,加深对专业的了解,确定适合的职业,增强就业竞争优势,为向职场过渡做准备具有重要意义。因此,大学生应主动参加社会实践活动,在实践中加深对课堂知识的理解,拓展相关学科的知识面,培养信息处理能力、动手能力、运用创新技术的能力,对工作方法进行创新,从而提高个人创新能力。

4. 大学生创新能力的培养

创新能力是指为了达到某一目标,综合运用所掌握的知识,通过分析、解决问题,获得新颖的、独创的、具有社会价值的新思想、新理论、新方法和新发明的能力。

大学生创新能力的形成不是某种原因的结果,而是主观、客观原因长期综合效应的产物,因此大学生创新能力的培养是一个系统的过程,可以从以下几方面着手。

1) 加强主观认识,重视自身创新能力的培养

创新能力贯穿于大学生学习、实践和生活的各个方面,表现在学生解决学习问题或生活中使用的知识、思维方式等方面。知识水平和能力是直接影响创新意识的基本条件。如果没有深厚的知识以及获取知识的渴望,更高水平的创新很难实现。另外,创新还需要敏锐的观察力、丰富的想象力、强大的逻辑思维能力,以及识别、判断和选择能力,这些学生需要自觉学习和积累。

2) 开展创造性和创业教育,培养学生的创新意识

高校是为国家提供创新型人才的主要阵地。早在 20 世纪 70 年代,美国就提出了培养创新型跨世纪人才的目标。20 世纪 80 年代,日本把学生的创造能力作为 21 世纪教育的目标。我国现代化的高速发展也提出了培养大批创新人才的需求。教育部在《关于大力推进高校创新创业和大学生创业的意见》中指出:"开展高校创新创业教育,积极鼓励大学生创业,是深入学习实践科学发展观的教育体系的重要组成部分,是服务于创新型国家建设的重要战略举措,也是深化教学改革的重要途径。"培养学生的创新精神和实践能力,也是促进大学毕业生充分就业的重要举措。

创新创业教育旨在培养具备创业基本素养和创造力的人才,分阶段、分层次地对学生进行创新思维养成和创业能力锻炼。通过培养大学生的创新意识和创新能力,为学生的创新创业奠定实践基础。

3）组织创新和创业实践

大学生应充分利用高校创业园区、创业孵化基地、创业实习示范基地等创新创业活动平台,开展创新创业实践活动,为走出校园自主创业积累实践经验,提高创业的成功率。

4）参加创新创业竞赛

创新创业竞赛能激发大学生的创业热情,有利于营造创新创业的校园氛围,引导大学生树立创新创业理想,以较多形式为有创新意识和创新能力的学生提供实践训练的平台。参加创新创业竞赛有利于大学生进一步深化对创新创业的认识,增强创新创业的勇气、信心和能力,为实现创业梦想打下坚实的基础。

目前大学生创新创业竞赛项目主要有国家级大学生创新创业训练计划、"创青春"全国大学生系列科技学术竞赛、全国大学生数学建模竞赛、全国大学生节能减排社会实践与科技竞赛、全国大学生电子设计竞赛、全国大学生智能汽车竞赛、中国大学生计算机设计大赛、"未来伙伴杯"智能机器人大赛、美国大学生数学建模竞赛（MCMIICM）、全国大学生电子商务"创新创意创业"挑战赛、全国大学生"用友杯"沙盘模拟经营大赛、"互联网＋"大学生创新创业大赛等。

第二节　创业概述

习近平总书记指出:"创新是社会进步的灵魂,创业是推动经济社会发展、改善民生的重要途径。"李克强总理在2015年政府工作报告中,明确将"大众创业、万众创新"作为经济增长的新引擎。

一、认识创业

1. 创业的含义

随着全球化的兴起,全球创业也乘兴而起,创业这一话题也引起学术界的关注和热议。随着研究的深入,创业受到越来越多的人追捧。但迄今为止,创业还没有自成一个理论体系和学科领域,对创业的定义和其内涵的理解角度也各有不同。

Kirzner(奥地利经济学家)从创业者的心理特征,特别是从创业精神的认知特点来看,认为创业者必须有特殊的敏感性,只有那些能够敏锐地感知到市场获利机会的人才可能成为创业者。Kirzner 的创业者理论强调了创业主动性。

创业教育大师 Jeffry A. Timmons(1942—2008,美国管理学家,百森商学院著名教授,被称为"创业教育之父")认为:"创业精神是一种由机会驱动的思维、推理和行为方式。"

Robert D. Hisrich 认为,创业是一个发现和抓住机会,从而创造新产品、服务或实现其潜在价值的过程。

P. F. Drucker(现代管理之父)认为,创业是一种行为,其主要任务就是变革。

哈佛商学院教授 Stevenson 对创业的定义:创业是一个不拘泥于当前资源条件约束的过程,在追求机遇和利用不同的资源组合中发现机会和创造价值。这一定义充分揭示了创业的实质内涵。

我国一些学者以及清华大学创业研究中心对创业的内涵进行了综合,他们认为,创业内涵主要包括以下几个方面:①创业是创造新的业务、组建新的组织、重组新的资源、发掘和创造新的价值等一系列的具有创新性的活动的总和;②创业是企业管理的一种手段和指导思想;③创业是一种高风险的活动;④创业活动是在企业管理过程中实现的。

综合以上观点,从广义上而言,创业的本质是敢于打破当前的资源约束情况,使用不同资源的组合,识别并把握机会,创造实践过程的价值。这种活动是一种创新的价值创造活动,是通过创业主体的创业精神体现出来的。从狭义上而言,创业的本质是创业者展现创意,抓住商机,承担风险并投入已有的能力知识、相关资源,为消费者提供产品和服务,为个人和社会创造新价值及新财富。

2.创业的基本要素

创业是创业者在市场环境下,产生创业想法,识别创业机会,整合创业资源,确定创业项目并实施的过程。创业者、市场环境(创业环境)、创业机会、创业项目和创业资源共同构成了创业的基本要素。

1) 创业者

创业者是实施创业过程的人,是创业的核心要素,是创业的主体。创业者具有广义和狭义的意义:广义的是指涉及创业的所有人员,狭义的是指创业活动的灵魂人物。在真正的创业实践中,狭义的创业者应该比广义的创业者承担更多风险并获得更多的收益。

对于创业者而言,优秀的素质是其创业的基础,所以创业者应该以诚信为本,做到诚实无欺,信守承诺,言行一致,表里如一。诚信不仅是为人处世的基本准则,也是经商之魂。在创业过程中,诚信是创业者参与竞争的有力武器。创业者还要具备敏锐的直觉、创新意识和敢于竞争的魄力。

创业者在创业过程中起关键作用,承担着产生创业想法、识别创业机会、整合资源、开发产品或服务、开拓市场等任务。

2) 市场环境

市场环境即创业环境,是影响创业者开展相关创业活动的外部环境。有利的市场环境能促进创业活动顺利进行,而不利的市场环境则会增加创业风险,导致创业者的创业活动面临阻碍或者失败。

3) 创业机会

创业机会是创业过程中的关键要素。创业者通过发现和捕捉创业机会开始他们的业务。创业机会是指短时间内无法得到满足的市场需求,是现有企业在市场上留下的市场空缺。它广泛存在于经济活动中,科技的进步、消费者需求的增加、市场环境的变化、政策的变化等都会带来创业机会。

4) 创业项目

创业项目是创业活动的载体,是创业者为了达到商业或社会目的而将创业机会和资源整合并具体实施的工作,具体表现为创业者在某个产业领域中进行的生产、管理和经营活动。

5) 创业资源

创业资源是指创业者在创造新价值的过程中需要的具体资产。这是企业建立和顺利运作的必要条件,包括风险投资、创业技术和信息资源。

资本对企业的发展非常重要。在企业发展阶段,资本链断裂将直接严重影响企业的快速发展。在一开始,企业一般主要依靠自筹资金的方式来维持经营,满足一定条件的创业者可能会得到一些政府扶持资金。

创业技术是某个产品或服务的重要基础，也是重要的创业资源。产品和服务的技术含量是企业的核心竞争力，是企业满足社会和市场需求的重要支撑。

信息资源是企业生产经营过程中涉及的所有文件、数据、图表及其总和。信息资源包括在生产和商业活动过程中生成、获取、处理、存储、传输和使用的所有信息，并贯穿整个企业管理过程。由于市场竞争非常残酷，对于新兴企业来说，更需要掌握丰富、及时、准确的信息，以绝对优势赢得更多其他资源。当创业者拥有比其他竞争对手更多的信息时，他们可以获得更多的创业机会。

创业的五个基本要素形成了一个创业系统，它们相互影响，相互关联，相互制约。创业者只有将市场环境、创业机会、创业项目和创业资源有机地结合起来，才能进行创业，否则，创业者只能是潜在的创业者。创业者要善于利用市场环境，抓住机会，确定合适的项目，合理配置资源。

3. 大学生创业的风险

（1）大学生经验不足，缺乏详细而周密的市场调查，心理准备不充分。对于创业中出现的困难和险阻，很多大学生感到十分无助和茫然，甚至垂头丧气。大学生创业之初，看到的、听到的都是成功人士的例子，盲目认为创业很简单。其实，成功是靠无数次的失败堆积出来的。大学生要目光长远，既要看到创业中的成功，也要看到创业中的失败。只有这样，大学生在创业过程中才会更加冷静、睿智和勇敢。

（2）急于成功，缺乏市场风险意识及企业管理经验。大学生虽然有了一定的理论知识，但缺乏理论联系实际的经验和实际运行企业的能力。此外，大学生对市场营销、企业管理、资本运转等缺乏足够的认识，很难一下子扮演好企业家的角色。

（3）理想主义，脱离实际。大学生对创业的认识还仅停留在一个想法或概念上，他们喜欢纸上谈兵，创业设想不切实际，市场预测理想化。这是因为他们创业态度不够端正，以及没有正确地把握市场方向。很多大学生所做的创业计划书试图用一个想当然的新鲜想法来吸引投资者，但是投资者往往想要的是产品（或服务）的含金量如何、有无市场、能否盈利等信息。因此，大学生不够成熟的创业计划很难获得投资者的资金支持。

（4）缺乏必要的创业知识。大学生创业是一项挑战性很强的社会活动，不仅需要激情，还需要创新意识、气魄胆识和必要的创业知识。但是目前高校开设这方面的课程较少，对大学生创业能力的训练不够重视。总体上大学生自主创业的条件和环境还不够成熟。

（5）创业竞争压力越来越大。大学生创业面临着与同学、传统从业者的竞争。尤其是有工作经验的创业者，具有较高的水平和能力，又拥有丰富的经验和资金，给大学生创业带来较大的竞争压力。

（6）规避风险的能力较差。在创业过程中，由于创业环境的复杂性和不确定性，以及市场环境的变化会给创业活动带来风险，因此风险不可能完全消除，而大学生创业者的能力和实力有限，所以规避风险的能力较差。

二、培养大学生创业意识

1. 创业意识的要素

1）创业需求

创业需求是创业者对实际情况感到不满意并促进现状发生改变的强烈愿望。这是创业者创业的首要条件和根本动力。但创业需求并不等于创业行为，只有当创业需求上升到创业行为时，创业实践才成为可能。

2）创业动机

创业动机是驱动创业者开展创业活动的内在动力，体现在创业行为上。创业动机是自我满足的内在需要，也是争取成功的强大内在动力。

3）创业兴趣

创业兴趣是指创业者了解创业行为的情绪和态度保持稳定持久的趋势。它可以激发创业者的无限创意，培养创业者的坚强意志品质，使创业需求升华为创业实践。

4）创业理想

创业理想是指创业者在创业实践活动过程中形成的有实现可能性的对未来社会和自身发展的规划与渴望，是其世界观、人生观和价值观在奋斗目标上的愿景。对现状永不满足，为未来不懈奋斗，这是理想形成的源泉和实现的动力。创业理想只是人生理想的一部分，表现为职业理想和事业理想。创业理想是创业的核心要素，促进了创业行为的发生。

2.创业意识的内容

1)商机意识

敏锐的创业者,在创业实践过程中,经得起捕捉商机、占有市场的考验。为了使企业快速发展壮大,创业者必须具有较强的市场敏感性,并利用宏观政治和经济环境预测未来市场走向。

2)转化意识

转化意识意味着将思想、观念和信息等转化为生产力,将个人知识和人才转化为智力资本、人际资本和营销资本。比如把商机转化成公司的实际运作行为和生产活动,获取可观利润,最终实现企业的经营目标。

3)战略意识

创业伊始需要制订详细、严谨的创业计划书,解决企业的基本问题。创业步入正轨后,需要制订整合资源的商业策略,将创业初期的生存目标转换为发展目标。创业战略要基于企业发展的基础,遵循具体问题具体分析的原则,与企业自身的发展阶段和目标要求相适应。在创业过程中,创业者应该具有充分的战略意识,保持一定的战略高度,不要因一时的失败而左右为难。

4)风险意识

创业者要正确评估创业可能遇到的风险,并学会规避,一旦这些风险出现,必须知道如何解决。是否具备充分的风险意识和风险规避能力是大学生创业实践成败的关键因素。

5)勤奋敬业意识

李嘉诚说,虽然事业成功需要一点好运,但主要是靠努力和勤奋。努力提高自己的能力,很多机会就会来到你面前。大学生创业,必须自己动手,不能脱离实际,光靠理论来支撑。重要的是必须有一个良好的创业理念和想法,有勇气迈出第一步,有勤奋敬业的意识。

3.大学生培养创业意识的途径

创业意识的培养必须以大学生自身的认知水平为载体。培养大学生的创业意识应从以下两个方面入手。

(1)树立开拓创新观念。大学生应该意识到,在知识经济时代的环境下,创新是实现自我价值和社会价值的主要手段。适应型的就业传统面临创新型的创业带来的巨大冲击,大众化的高等教育主要是培养具有创新能力和创新精神的复合型人才。自主创业是未来发展的必然选择,大学生要改变传统的按部就班的就业思想,应该具备主体意识,认识到自身肩负的责任,为自己创业,也为他人创造就业机会,促进社会的和谐发展。

(2)积极参与创业活动。大学生要主动参与有利于创业意识形成、创业能力锻炼的社会实践活动,养成良好的创新意识、市场意识、整合意识、风险意识等创业意识。当代大学生要有所作为,就必须顺应社会发展的趋势,积极加入创业实践活动,学会适应环境,以一种乐观的心态去迎接机遇与挑战。

第二部分　创业能力培养与提升

第二章　创业机会识别和创业环境资源分析

第一节　创业机会识别

一、什么是创业机会？

创业是建立在机会的基础上的。顾名思义，机会即恰好的时候、时机。创业机会，又称商业机会或市场机会，是指有吸引力的、较为持久的、适时的一种商务活动的空间，并最终表现在能够为消费者、客户创造价值、增加价值的产品或服务之中。不同的学者对创业机会有不同的定义。

百森商学院蒂蒙斯教授认为：创业机会是可以为购买者或使用者创造或增加价值的产品或服务，它具有吸引力、持久性和适时性。

英国雷丁大学卡森教授认为：创业机会是可以引入新产品、新服务、新材料和新组织方式，并能将其以高于成本价出售的情况。

从创业动机来看，创业机会可以分为如下三种。

① 解决问题型：发现型机会。
② 顺应趋势型：识别型机会。
③ 创造需求型：创造型机会。

创业机会来源于环境的变动，市场的不协调或混乱，信息的滞后、领先或缺口及各种各样的其他因素。其根源在于事物（包括产品、服务、市场等方面）的变化，创业者可以利用自己独特的品质找到创业机会。

创业机会主要包括技术机会、市场机会和政策机会。

① 技术机会。技术机会指技术变革带来的创业机会，主要源于科技突破和社会科技进步。

② 市场机会。市场机会是市场变化带来的机会。

③ 政策机会。政策机会是创业者通过政府政策变化而获得的创业机会。

创业机会也可以简单地定义为一个有吸引力的想法或命题，使投资者能够投资并获利。这个机会表明，消费者的需求导致产品和服务为其提供更多价值。但一个好主意并不等于一个创业的好机会。例如，你可能会采用一种新技术发明一种非常有创意的产品，但市场可能不需要它；一个想法听起来不错，但在市场上没有竞争力，虽然有时会有市场需求，但需求量不足以收回成本。事实上，超过80%的新产品会面临这个问题。许多发明看起来不错，但它们无法经受市场的考验。如何判断一个想法是否能转化成一个创业机会？一个简单的回答就是产品收入是否超过成本，是否能够得到利润。

二、确定创业机会

关于确定创业机会，往往面临这样的问题：确定创业机会是一般人所没有的禀赋吗？识别创业机会是否有能遵循的规律和技巧？机会评价是主观臆断吗？

创业机会的识别实际上是一个创造性的思维过程，是创业者的思维过程。通过人脑与外部环境的不断互动，最终识别出可能产生新产品、新服务、新材料、新流程或者新组织方式的创业机会。机会识别是一种主观色彩浓厚的行为过程。根据已有的文献研究，要提升创业机会识别能力，可以从保持创业警觉性、丰富自身经验、提高认知能力、积累社会关系网络等途径来实现。

创业警觉性是指对机会存在的潜在性保持着敏感、警惕以及洞察力。纽约大学经济学教授Kirzner指出，创业警觉性对机会识别具有关键作用。由于个人在知识上不是全能的，所以他不能够发现所有的创业机会，只有保持警觉性的人才可能发现并利用机会从而获得利润。

创业者先前经验的积累受创业者既往的工作经历、创业经历以及所受过的教育培训等方面的影响。Shane指出，创业者先前工作经验中所积累的顾客问题知识、服务方式知识、市场知识造就了创业者的"知识走廊",导致创业者在面对同样的机会信息时,解读出的往往是与先前知识密切相关的机会。

Shane认为确定创业机会取决于两个基本条件:第一,个人获得关于承载创业机会的信息;其次,个人理性地解释这些信息并确定其中包含的价值。研究表明,良好的认知能力在创业中有重要作用,有助于创业者识别机会、构建商业模式、整合资源、制订创业计划。

个体的社会关系网络是其在长期的生活中积累的"人脉",会提供许多重要的信息和资源,这些信息和资源有助于发现创业机会。Aldrich就指出,个体往往在社会交往过程中获得承载机会的信息并发现创业机会;Hills认为,利用社会网络资源获悉创业机会的创业者将比识别个体的创业者有更多的机会。

(一)创业机会识别的目的与意义

对创业机会的认可是创业过程的开始,是整个创业活动中非常重要的阶段。特别是机会识别要了解机会的每一个方面,找到它有吸引力和无吸引力的地方,并判断利用特定机会的商业前景是什么。有学者认为,识别和选择正确的创业机会是创业者最需要的能力。在此基础上,还有学者则明确指出机会识别是创业的关键。

1. 创业机会识别的目的

创业机会识别的目的是通过分析、判断和筛选,在许多机会中找到自我感兴趣和可用的商业机会。发现有吸引力的创业机会是发展业务的基石。一些创业者不能抓住正确的创业机会,而错误的机会对业务有害。现实中这样的例子不胜枚举,由此不难看出创业机会识别的重要性。

2. 创业机会识别的意义

创业过程开始于创业者对创业机会的把握。创业者从成千上万繁杂的机会中选择其心仪的创业机会,并持续开发这一机会,直至最终收获成功。在这一过程中,机会的潜在预期价值以及创业者自身的力量一次又一次地重塑,这被称为机会识别过程。

创业机会识别是创业活动的起点。

只有正确识别创业机会,创业者才能利用创业机会从事创业活动。在初始阶段,创业者可以调查市场需求和资源需求,以确定这个机会是否值得进一步发展。

(1) 创业机会识别决定创业的机会成本及创业活动的机会成本。机会成本的大小取决于创业机会识别的质量。如果机会识别质量差,就有可能错过更好的创业项目。

(2) 创业机会识别在创业活动中扮演着重要的角色,同时也是成功把握创业机会的前提和保障。一旦创业机会识别失败,往往就会导致创业活动失败。

3. 创业机会识别的影响因素

创业机会的识别过程是收集和处理商业信息的过程。其中包含两个重要因素:信息和创业者。因此,创业机会识别也就包含两个重要的影响因素:信息存量和创业者理性程度。

1) 信息存量

信息存量是创业者所掌握的相关市场、产品或技术的信息量。具体而言,创业机会识别所需信息存量应包括以下几方面。

(1) 市场信息。市场信息是一种重要的经济信息。微观市场信息是指市场上的各种营销信息,包括产品评估、渠道评估、促销评估、产品开发、消费者购买状况、企业形象等。宏观市场信息是指在一定条件和时间内与商品和服务相关的各种信息、情报、数据等。微观和宏观市场信息共同构成市场信息的核心部分。因此,为了发现有价值的创业机会,创业者必须着眼于收集市场信息。

(2) 技术信息。技术进步是不可预测的,从某种程度上讲,技术是最不稳定的环境因素。技术进步会极大地影响公司的产品、服务、市场、供应商、分销商、竞争对手、用户、制造流程、销售方法和竞争地位。技术进步可以导致新的市场出现,产生新的和改进的产品,改变行业新业务的相对成本、竞争地位以及过时的现有产品和服务。技术变革带来更强大的竞争优势的同时,会减少或消除企业间的成本壁垒,缩短产品生命周期。因此,创业者应该了解和把握所涉及的行业技术变化的趋势,并考虑政府投资带来的可能的技术发展。要在创业初期寻找和发现好的创业机会,就要掌握很多技术信息。

(3) 竞争信息。竞争和市场是市场经济条件下资源配置的基础,是促进企业发展和社会进步的根本动力。没有竞争,市场经济和新兴产业就失去了生机和活力。然而,竞争是激烈的。特别是对于成千上万的新企业来说,由于规模较小的企业在资本、技术和人才方面相比于成熟的大型企业显然都有劣势,因此为了生存和发展,就必须了解竞争对手的情况,充分发挥自己的技术、资金、人员和其他的优势,迅速抓住市场机会,及时推出新产品或服务,以确保新企业一直保持着良好的竞争局势。

(4) 政府政策和相关法规信息。创业者要发现和识别创业机会,就需要密切关注政府政策和相关法规的变化。政府的政策与相关法规会明显影响新企业的未来,给新企业的成功带来不确定因素。创业者必须时刻关注政府政策及相关法规。

创业的本质就是创新。创新是新企业生存和发展的动力。无论哪种类型的创新,都必须有及时、全面和准确的信息支持。否则,产品不能满足消费者的需求,很快将被淘汰。及时、全面和准确的信息支持需要创业者投入大量的时间和精力,收集各种信息和情报。

2) 创业者理性程度

创业者理性程度是创业者对信息存量相互联系及价值的理解,主要表现为对隐性知识与信息之间联系的创造性或发散性思维的过程。通过这一过程,创业者深刻感受到看似无关的事物之间的联系,从而识别或发现创业机会。创业者理性程度主要受以下几个方面的因素的影响。

(1) 直觉。创业机会的发现是创业的核心。创业者利用经济波动来发现和发展基于对事物的认识的创业机会。然而,大多数机会是由创业者偶然发现的,因此,在机会识别的过程中,创业者需要凭直觉发现潜在的商业价值。

(2) 以往的经验。以往的经验是创业者之前在营销、技术和产品方面的工作经验和积累的大量相关知识。以往在特定行业的经验能帮助创业者寻找机会。个人以往的经验和处理信息的能力对其识别机会非常重要。创业者一旦从事过某行业,就会比那些行业之外的人更容易看到新的机会。我们可以将以往的经验分为三种类型:以往的市场经验,以往的服务经验,以往对客户问题的了解经验。

(3) 认知能力。机会可能从不明确到明确,从最初的发现到影响创业者的决策,这是机会识别的认知过程。创业者可以认识到与模仿和创新有关的创业行为。因此,认知能力对创业者而言尤其重要。

(4) 创造力。创造力是创造新的或有用的想法的能力。在某种程度上,对机会的认识是一种创造过程,是一种重复创造性思维的过程。创造力在做决定中起着重要的作用。

(5)社交网络。社交网络可以提供相关的信息和知识,增强创业者的理性判断。社交网络中最薄弱的环节是创业机会信息的主要来源之一,也是识别创业机会的关键因素。社交网络的多样性、强度、密度和广度对创业机会识别都有重大影响。

(二)识别创业机会的一般过程

创业机会识别的过程一般可以分为以下三个阶段。

阶段1:机会发现。

在这个阶段,创业者在整个经济体系中寻找可能的机会。如果一个创业者意识到一个机会可能是一个潜在的商业机会,并具有潜在的发展价值,它将进入下一阶段。在机会发现阶段,创业者最初的创业观念是信息存量与创业者理性程度高度匹配的结果,创业者的以往经验与社交网络等因素决定理性程度与信息存量的匹配水平,影响其发现原始创业机会的可能性。

阶段2:机会识别。

整体意义上的机会识别过程就是筛选比较合适的机会。这个过程包括两个步骤:第一步是根据整体市场环境以及一般行业的分析来判断是否能在广义的商业机会中获利;第二步是针对创业者和投资者具体考察这个机会的价值。

阶段3:机会评估。

创业者自身的特点和思想是非常重要的,但不是每个想法都可以转化为创业机会。很多创业者刚开始实施自己的创业想法,也充满了信心,但很快就失败了。并不是每一个创业机会都会给创业者带来好处,而且每个创业机会都有一定的风险,所以在承认创业机会的同时也要对创业机会进行评估。创业机会评估是机会开发决策的基础,同时它是一个持续的过程,每一个阶段都要对创业机会进行评估。

三、创业机会的评估

机会识别和机会评估是常见的,创业者在识别创业机会时也会进行评估活动。在分析框架中,机会识别和机会评估不是两个完全分离的概念。创业者需要评估机会发展的每一个步骤,即机会评估贯穿整个机会识别过程。在机会识别的初始阶段,创业者可以调查市场需求和资源,直到认为这个机会值得考虑或进一步发展为止。在机会发展的后期,这种评估变得更加规范,它主要关注的是特定的资本充足率组合是否能够产生足够的商业价值。国内外学者也对创业机会的可行性和价值进行了研究。

1.评估创业机会的可行性和价值

1) 评估创业机会的可行性

创业机会价值巨大,但并不意味着它一定是可行的。这里的可行性取决于创业者。同样的创业机会,一些创业者有能力抓住,有些则没有。面对一个宝贵的创业机会,只有少数人能抓住它。一些创业者拥有抓住创业机会的资源,则这个创业机会对他来说是可行的。因此,对创业机会可行性的评估是对创业者是否有资源抓住创业机会的最终分析。根据这个过程,我们必须首先分析需要哪些关键资源来抓住创业机会,然后分析创业者是否拥有这些资源或者创业者有什么优势来超越竞争对手。

较好的创业机会一般具有以下特征。

一是潜在市场规模大。潜在市场规模大是指大多数顾客对某种产品或服务具有很强的兴趣并产生市场需求。例如一种新产品的出现,可能牵动若干相关或相似产品的出现,形成一系列的潜在市场。在计算机发明以后,顺着计算机这根"藤",人们开发了适合计算机的各种程序,然后又发明了互联网,现在与计算机相关的产品数不胜数。

二是对顾客吸引力强。对顾客的吸引力强表现在最终为顾客创造或增加巨大价值,进而解决他们的重大问题或满足其重大需求或愿望。

三是成长性好。成长性好指创业者在创业阶段充满潜力,拥有可持续发展和高回报的投资机会。

四是产品或服务盈利能力强。对于一般创业者而言,追求富裕的生活是创业最主要的动力,因此一个良好的创业机会应能使创业者提供的产品或服务有较强的盈利能力。除了为顾客带来实实在在的价值,有良好的利润回报是一个好的创业机会应具备的基本条件。

对于创业者来说,关键在于如何从众多商业机会中寻找并抓住有价值的创业机会。

2) 评估创业机会的价值

创业者需要利用自己的商业敏感性来做出主观判断,同时也需要运用一定的科学方法进行分析。主观判断与客观分析相结合,可以识别并抓住创业机会。

所有的创业行为都来自于伟大的创业机会。创业者和投资者对他们的未来抱有很大的希望。创业者对创业机会带来的巨大利润充满信心。实际上,创业获得成功的概率大约不到1%。并非所有的机会都有足够大的价值潜力来填补为把握机会所付出的成本,包括市场调查、产品测试、营销和促销等一系列机会开发活动相关的成本。在成功与失败之间,除了无法控制的因素之外,显然还有很多创业机会,但有些一开始就注定会失败。创业本身就是一项高风险的活动,失败也可能成为下一次创业成功的基础。

创业是创业者和创业机会的结合。其核心观点是,一方面创业者认同和发展创业机会,另一方面,创业机会也会选择创业者,只有当创业者和创业机会之间进行适当的匹配时,创业才是最有可能发生,并且更有可能成功的。

2. 评估创业机会的内容

一旦创业者有了想法和机会,就需要进行筛选和评估。是否正确评估创业机会的内容是创业者能否赚钱的关键。而且,即使正确评估也不能保证一定成功,因为创业还涉及许多其他因素。但不可否认的是,它在降低风险和减少失败方面起着重要的作用。评估创业机会的内容包括很多方面。

(1)产业和市场。关键问题在于创业是否有市场。这个市场由购买力强的消费者组成,他们愿意购买创业者的产品或服务。因此,为了满足消费者的需求,创业者还应该考虑合适的价格、地点和时间。另外的重要因素是市场规模(消费者对产品和服务的需求)和行业的增长率。理想的情况是市场规模大,发展迅速,即使是一小部分市场也会有大量的销售。要成为创业者,需要收集这些信息。一些潜在的创业者觉得这项工作太难了,他们会说市场数据(市场规模、特征、竞争对手等)经常与真实的潜在商业机会背道而驰,并不能真正反映商机。也就是说,如果市场数据容易获得,并且能够清晰地反映潜在的情况,那么可能会有很多创业者进入市场,相应的机会也会越来越少。也有一些公共的信息源(又称为二次信息源),包括图书馆、商会、投资促进机构、政府部门、高校、外国驻华使馆、互联网、报纸等。除上述来源,信息还可以通过与消费者和供应商不断沟通来收集(也称为主要调查)。如果创业者准备以这种方式收集信息,则需要设计调查方法和渠道。

(2)窗口的大小。机会通常被称为"窗口"。换句话说,机会是真的,但并不总是开放的。随着时间的推移,市场以不同的速度增长,市场变得越来越大,市场变得更加不确定,所以时间很重要。另一个问题是要知道窗口打开了多长时间,是否能在窗口关闭之前抓住。

(3) 创业者的个人目标和能力。愿意承担风险对于任何投资者来说都是很重要的。所以除非真正想创业,否则他不愿意冒险。

另一个相关问题是,潜在创业者是否具备必要的创业技能(知识、技能和特质)。如果不具备,他们能学习和提高吗?许多小企业的成功都是以创业者的创业能力为基础的。创业者应具备的创业条件是否与创业者自身的条件相同,这对创业很重要。

(4) 团队管理。在许多风险投资尤其是涉及大量资金、高风险、成熟的市场、激烈的竞争等的投资中,团队管理是衡量投资吸引力的重要标尺。团队在相同或相关行业和市场领域中的技能和经验常常决定其业务的成败。这就解释了为什么风险资本家非常重视管理,他们经常说,与其投资一个产品或服务优异但管理不善的企业,不如投资一个产品或服务一般但管理好的企业。

(5) 竞争。有吸引力的机会必须有一些竞争优势。例如,与市场上的类似产品相比成本更低或质量更好。此外,进入市场需要大量的资本投资、保护(如专利权)、契约优势(如市场或供应商的特许权)等,这些都是影响投资者决定的重要因素。换句话说,如果一个企业无法避免潜在的竞争者进入市场,或者企业本身有很多进入市场的壁垒,那么该企业就很难吸引投资者。

(6) 资金、技术和其他必要资源。是否有可用资金、技术和其他必要资源将决定是否有机会。一般的规则是,如果一个想法、产品或服务在某个领域有一定的市场,那么企业就有一定的吸引力。例如,销售开创性的专利产品并不能保证成功,但确实创造了强大的竞争优势。

(7) 环境。企业的外部环境对机会的吸引力有着深远的影响。这里所说的环境既是自然环境,也是政治、经济、地理、法律和其他社会环境。政治不稳定使许多国家的创业机会不具有吸引力,特别是在需要高投资和回收期长的情况下。同样,即使回报率很高,通货膨胀、汇率波动或司法系统不足也都不利于吸引投资。缺乏可用的基础设施和服务(例如道路、公用事业、通信、交通、学校、医院)也会影响创业机会的吸引力。

(8) 可行性研究和创业计划。讨论和调查影响创业机会的因素的过程通常被称为可行性研究。投资者和创业者必须考虑上述问题,并以创业计划书的形式呈现。一份市场论证严密、文字表述清晰、内容简洁有效的创业计划书也在被评估的范围内。

3.创业机会的评估准则

根据市场和创业机会的利益,这里提出一套评估标准,阐述了规范因素的内涵,目的是为创业者提供参考,使创业者能够从更全面的角度进行评估。评估的准则有如下两种。

1)市场评估准则

市场评估准则包括六个方面。

一是市场定位。通过市场定位评估创业机会,包括创业机会的市场价值是否明确,客户需求分析是否明确,客户是否能获得开放、持续的产品等。创业价值越大,成功的可能性就越大。

二是市场结构。创业机会的市场结构分析有三种:① 对进入市场的壁垒进行分析;② 对供应商、客户和经销商进行分析;③ 对替代产品的威胁和内部市场竞争的激烈程度进行分析。市场结构决定企业未来的市场地位和能对竞争对手进行反攻的程度。

三是市场规模。市场规模较大,则进入市场的壁垒相对较小,市场竞争压力较低。如果进入一个非常成熟的市场,利润率将非常低。如果是一个增长的市场,如果有合适的时间,就会有利润空间。

四是市场渗透。对于具有巨大市场潜力的创业机会,市场渗透评估将是非常重要的。应该选择进入市场的最佳时机,即市场需求即将大幅增长的时候。

五是市场占有率。一般来说,要成为市场的领导者,至少要占有20%的市场份额;如果市场占有率不到5%,则新业务的市场竞争力不高,会影响未来企业上市的价值。特别是在双赢的高新技术产业中,新企业必须具备成为市场上少数具有较高投资价值的企业的能力。

六是产品的成本结构。从物质和人力成本水平、可变成本与固定成本之比和企业规模来看,我们可以预测企业创造的附加价值的大小及其潜在的盈利能力。

2)效益评估准则

效益评估准则包括四个方面。

一是税后净利润。一般来说,一个有吸引力的创业机会至少需要税后净利润达到15%。如果税后净利润低于5%,那就不是一个好的创业机会。

二是实现盈亏平衡所需的时间。两年内应达到合理的盈亏平衡。如果超过三年,就不值得投资。当然,一些创业机会确实需要长期艰苦的努力,通过早期投资来创造进入市场的条件,并确保后期的持续盈利能力。这种投资可以看作一种早期投资,以承受长期的利润和亏损。

三是投资回报率。考虑创业者面临的各种风险,合理的投资回报率应该在25%以上。如果投资回报率低于15%,创业机会就不值得考虑。

四是资本需求。普遍欢迎投资者以低资本要求的创业机会。事实上,高资本化并不利于创业成功,甚至对投资回报率产生负面影响。通常,知识密集型创业者所获投资机会越大,资本需求越低,投资回报率就越高。因此,一开始,最好是通过积累剩余资金来创业,降低资本将有助于提高每股收益,并可以进一步提高未来上市的价格。

第二节 创业环境

创业环境是指创业者在进行创业活动的过程中,足以影响和制约其实现创业目标的所有不可控因素形成的整体。创业环境是由许多因素相互交织、相互影响、相互制约而形成的有机整体。创业环境是培育新业务的基础,对开创新业务将产生重大影响。Elinor Ostrom 说过:"拥有创业梦想的组织所面临的中心任务是利用环境的变化所带来的机遇。"

一、创业环境对创业的影响

创业成功与否与创业环境有着非常重要的关系。创业环境包括自然环境和社会环境。

1. 自然环境对创业的影响

自然环境包括气候环境、地理环境、水源环境、土地资源环境、地形地貌环境、空气环境、生产原料资源环境等。

创业者在创业之初,就要充分考虑自然环境对创业的影响。自然环境对创业的影响与创业者所选择的项目有关,如创业者拟建一座饲料加工厂,如果远离生产原料资源环境,使原料的运输成本增加,企业经济效益降低,就有可能创业失败。又如,生产矿泉水,要求水源环境要符合标准,天然的高质量的矿泉水不仅可以降低生产成本,还可以提高产品的品位,选择水源环境对于生产矿泉水的企业就至关重要。其他自然环境对创业的影响也是一样的,在此不再一一列举。

2. 社会环境对创业的影响

社会环境包括政治环境、经济环境、法律环境、文化环境、人口环境、风俗环境、市场环境、人力资源环境、交通环境等,对创业更为重要。

如法律环境,直接涉及国家对企业建立、发展的政策。哪些行业允许建立,哪些行业不允许建立;哪些行业国家给予鼓励政策,哪些行业国家限制其发展;国家对于创办特殊行业有哪些规定、要求等。这些法律规定和相关政策对创业有着巨大影响,甚至起到决定性的作用。了解、熟悉国家法律规定和相关政策,对于创业者来讲是必须的。创办企业要在符合相关法律规定的前提下进行,这一点创业者必须清楚。

市场环境,对创业者来说也是起着关键作用的重要因素。知己知彼,才能百战不殆。市场的需求是企业发展的根本,创业者在创业之前就要对市场情况做广泛深入的调查。不了解市场需求情况,盲目创建企业,最终结果就是走向失败。

人力资源环境也是影响企业生存和发展的重要因素。人力资源对于企业最重要的影响有两方面:一是人力资源市场能够提供可用的人力资源,满足企业对人力资源在健康程度、性别、技术能力等方面的要求;二是劳动报酬。这两方面直接关系人力资源的劳动生产率和人力资源的使用成本,若处理不好势必影响企业的生存和发展。我国改革开放以后,大批的国外企业涌入,在我国境内开办工厂,很重要的一个原因就是我国拥有大量的可供利用的劳动力。

总之,社会环境对创业的影响是多方面的,创业者需要充分考虑,可以充分利用社会环境。创业者利用社会环境越充分,创业成功的可能性就越大。

二、创业环境的特征及作用

国家的政治、经济、文化和社会的总体条件决定了创业环境的基本状况。

基于《全球创业观察中国报告》，通过对创业环境的分析，结合创业环境的发展，根据创业环境对创业的影响，将创业环境分为直接环境和间接环境。创业者既要了解影响创业的直接环境，也要了解影响创业的间接环境。作为创业者，要想成功创业，就必须清楚地认识所处的创业环境，在此基础上才能顺利开展创业活动。

在大多数时候，思考和分析的过程都是迅速完成的，不通过理性的分析，就难以全面地认清所处的创业环境。

1. 创业环境的特征

创业者需要掌握创业环境的以下几个特征。

(1) 整体性。创业环境是一个由各要素相互作用、相互联系、相互影响形成的有机整体。在研究创业环境时，必须运用系统的原理和方法，从整体的角度审视创业环境，而不能单独研究创业环境的某一个方面。

(2) 外在性。创业环境是外在的，创业者不可控制创业环境中的因素。如在 2008 年爆发的美国次贷危机中，创业活动显然受到影响，创业者只能在这样的特定环境中发现机会并整合资源。

(3) 动态性。随着时间的推移，创业环境也在不断变化。不论是直接环境还是间接环境都处于不断变化的过程之中。因此，创业者必须用动态的眼光去观察和研究创业环境，正确把握创业环境与创业活动之间的关系，适时调整创业活动的环境适应性。

(4) 影响性。创业环境对创业活动会产生正面或负面的影响。有利的创业环境能够促使创业活动顺利展开；反之，不利的创业环境则会对创业活动产生较多的制约，甚至使创业活动失败。所以创业者必须正确地分析与评估创业环境可能产生的影响。

2. 创业环境的作用

创业环境作为一种客观存在，对其他创业要素客观上发挥着重要的影响作用，进而影响创业活动的成败。

(1) 创业环境对创业机会的作用。所有创业机会都来自环境或环境的变化。对于潜在的创业者，创业成功的第一步是从环境中发现和捕捉创业机会。从识别创业机会的一般程序来看，首先创业者要对政治、经济、文化、技术、社会及人口等方面进行环境扫描分析，因为这些方面的现状及变化趋势往往孕育着一些根本性的创业方向及创业领域。对具体的创业者来说,仅对环境进行扫描是不够的。在明确创业的方向及创业领域后,创业者必须对其所处的具体创业环境,如行业、地区、竞争态势等进行较为详细的调查分析。最终使创业机会更好地从创业环境中凸显出来,有利于创业者更好地把握创业机会。

目前创业活动在我国得到国家及社会层面的积极鼓励和支持,创业者及创业成果越来越得到社会的肯定,这样的环境极大地激发了全社会的创业热情。同时,我国处于社会转型、经济高速发展阶段的现实国情也使得创业机会大量涌现,使我国进入一个全新的创业活跃时期。

(2) 创业环境对创业资源的作用。从全球范围来看,不同国家和地区因为创业环境的不同,对创业资源的吸引和积聚表现出很大的差异。有研究表明,近年来随着我国创业环境的进一步改善,海外资金、海外专业技术人才等创业资源一直处在流入的状态,这同时也进一步优化了我国的创业环境。

创业过程表现为创业者对创业资源的发现、构建及开发等一系列活动过程。在创业初期,创业资源往往比较匮乏,创业者所需的大量创业资源只能来源于环境,此时创业环境的优劣、创业者能否获取必需的创业资源、获取资源的成本高低、风险的大小、获取资源的途径及获取资源的合法性程度等都对创业的成败以及创业的绩效有巨大的影响。

事实上,创业者在一开始对创业环境进行分析的时候,必需的创业资源获取的可能性与难易程度也是其决定是否开始创业活动的重要考虑因素。

(3) 创业环境对创业战略的作用。创业环境对创业战略的选择有较大影响,新企业通常先对创业环境进行分析,再根据环境分析结果选择与制订创业战略。只有创业战略能够高度匹配创业环境,新企业的创业活动才得以顺利开展,才能取得较好的创业绩效。因此,不同的创业环境必然要求不同的创业战略与之相匹配。如在革命时期或政权更迭时期,不要说新企业,就是已有企业都在关、停及收缩;而在改革探索时期,政策稳定性比较差,创业战略往往也不是积极扩张的态势;相反,在政策稳定、经济繁荣时期,创业战略往往更多地采用大胆扩张的方式。

(4) 创业环境对创业项目的作用。创业项目主要来自于创业环境的不确定性,而创业环境构成因素的多少、关系的复杂程度、变动的频率都会增加创业环境的不确定性。对创业环境较为深入的分析,有利于创业者更好地预见环境变动趋势,发现适合自身需要的创业项目,并且本着趋利避害、扬长避短的原则开展创业活动,有效减少创业风险。

总之,创业环境对创业活动和新兴业务的迅速发展和崛起以及创业成功都具有非常重要的现实意义。研究和利用创业环境,是创业者的基本素质要求,也是创业者应具备的重要能力。

三、创业环境分析

创业者如果只根据自己的知识、经验和技能来分析创业环境,往往会犯经验错误。因此,学习规范性的方法来分析创业环境,遵循一定的环境分析程序,可以帮助创业者避免一定的风险,促进创业活动顺利开展,具有重要的意义。

1. 创业环境分析的意义

创业环境是一个多因素、多层次、不断变化的综合体。创业环境的发展和变化可能给创业者提供机会,也可能给创业者带来威胁。通过对创业环境的分析,创业者可以清楚地认识到优势和劣势,从而确定创业环境对创业是否有利。只有这样才能把握有利的时机,规避不必要的风险,实现创业目标。创业环境分析的具体意义体现在以下两个方面。

（1）规避环境风险。全球创业的成功率非常低。创业环境的劣势,如融资困难、缺乏政策支持、法治环境不完善、社会服务水平低下等,都将严重影响初创企业的生存和发展。因此,通过对创业环境进行分析,有利于规避来自环境的风险,提高创业的成功率。

（2）利用环境机会。创业环境的各个方面对创业活动都有很大的影响。不同的因素对创业活动有不同的影响,相同的环境因素对不同的创业阶段有不同的影响。例如,当政府推出一项新政策时,它会给创业者带来什么样的影响？如何将新政策与创业活动结合起来？探索和利用创业环境中的有利因素,正确评估创业环境的影响力,可以使创业活动更有效,从而提高创业成功率。

研究表明,当前我国的创业环境正在发生着结构性的变化,这样的变化将越来越有利于创业者进行创业活动。《中小企业促进法》的实施标志着我国中小企业的发展已进入一个新的历史阶段,应该说,这个时期的创业环境在我国发展的历史上是最好的。

2.创业环境分析的程序

要对创业环境进行分析,就要对创业环境中的主要因素加以识别,并集中对创业环境的未来发展趋势进行研判。创业环境分析应该遵循一定的程序,具体分为以下四个独立但紧密相连的任务环节。

(1)环境扫描。环境扫描就是创业者对创业环境中的关键因素及其特征进行识别的过程,主要确定创业环境的变化和发展趋势。通过环境扫描,创业者可以有充分的时间来应对可能发生的变化。对于创业者来说,环境扫描看上去往往更像是一种直觉,还缺乏充分的理性分析。

(2)环境监控。环境监控是对环境的变化进行持续的监测。环境监控要求持续跟踪影响未来新企业生存和获利能力的关键因素的变化、进展和顺序。扫描过程获得的信息被输入监控过程中。对所识别出的与新企业相关的趋势和事件应该进行实时监控,以便证实或者采取相应措施。监控过程获得的信息与结果是直接环境的各种因素影响企业的数据和模型,虽然它并不能真正地反映真实的发展状况,但是可以使创业者有一个可行性的描述和见解。

(3)环境预测。环境预测是根据监测到的环境变化情况,对创业环境的未来发展趋势进行预测,如对购买力水平、利率的变化、通货膨胀等的预测。预测应遵循以下步骤:① 选择对新企业有重大影响的环境参数;② 确定预测的信息来源;③ 选择恰当的预测技术;④ 及时将预测结果应用于创业环境评估及决策之中。

(4)环境评估。环境评估是指评价和估量创业环境的变化及其发展趋势对创业活动的影响,是创业环境分析中最困难、最重要的环节。此时,创业者主要从企业设立和成长的角度对创业环境提供的机遇及威胁进行全面的考量,为未来企业的发展方向及路径等提供决策依据。

第三节　创业资源

创业的前提条件之一就是创业者拥有或者能够支配一定的创业资源。所谓资源,依照目前战略管理中很有影响的资源基础理论的观点,企业是一组异质性资源的组合,而资源是企业在向社会提供产品或服务的过程中,所拥有的或者能够支配的用以实现其目标的各种要素以及要素组合。简而言之,创业资源是企业建立和成长所需要的各种生产和支持要素。对于创业者而言,只要是对其创业项目和企业发展有所帮助的要素,都可归入创业资源的范畴。

一、创业资源的特性

成功的创业者对把握创业机会过程中所需要的创业资源以及这些创业资源的所有权和使用权有着自己的独特看法,他们在企业发展的各个阶段都会努力争取各种创业资源,并努力提高资源的利用率。

相对于已有企业来说,新企业的创业资源不仅具有一般资源的特性,而且还具有其自身的一些特性,主要包括以下几个方面。

1. 资源的稀缺程度更高

创业资源的稀缺体现在两个方面。首先,与创业者的创业需求相比,创业资源是稀缺的。不是说这些资源是不可再生的或濒临枯竭的,而是说,与创业者在某一时期的需求相比,创业资源的供应是相对不足的。其次,新企业的资源结构和需求往往是不平衡的。

现有的企业一般都是在新企业中成长起来的。随着企业的发展,现有的企业倾向于开发更多的资源。已有的基础常常使其更容易获得外部资源。然而,新企业并没有积累的资源。因此,新企业获得外部资源比现有企业更加困难。在一定的时间和空间内,新企业资源的丰富性和资源结构的平衡性将影响新企业的规模、形式、路径选择和创业绩效。事实上,一个成功的创业过程是一个逐步丰富创业资源和逐步合理化资源结构的过程。

2. 资源的外部依赖性更强

新企业创业资源的稀缺,意味着没有足够的内部资源直接支撑新企业。与此同时,创业者往往缺乏与企业管理相关的知识、经验和能力。因此,新企业往往具有资源稀缺和资源利用不足的双重矛盾。利用外部资源不仅可以解决创业资源的稀缺问题,还可以解决资源利用不足造成的资源结构不平衡问题,降低新企业的风险和成本。例如,许多创业者在创业过程中要特别注意学习先进的管理经验,从现有企业中吸引优秀的管理人才加入创业团队,迅速提高创业绩效,有效规避创业风险。所以,资源的外部依赖性更强。

新企业使用外部资源的根本原因是为了解决创业企业资源稀缺的问题。

但现有企业可能会利用更多的外部资源来考虑竞争和扩张。因此,在一个日益活跃的商业环境中,创业者如何创造性地获取和利用外部资源,对新企业的生存和发展变得越来越重要。

3. 资源的个性化特征更明显

任何企业都深刻地体现着创业者创业的初衷,但是新企业的个人创业特征更加明显。与现有企业相比,新企业的生产线通常与企业自身的社交网络联系在一起。例如,新企业的重要资源往往是家族成员或创业者所处的相关群体,创业基金往往来自创业者及其亲友等相关团体。

二、创业资源的分类

早期,学者将创业资源分为三类:物质资源(库存、设备)、财务资源(资金、贷款)、人力资源(劳动力、经理)。资源基础理论强调资源的异质性和唯一性,因此这些资源演变为描述更详细的组织资源(技能和知识的组合)、技术资源(技术诀窍)和后期资源。后来学者提出了资源型社会资本,强调了创业者的重要性,即所谓的网络资源或关系资源。此外,创业过程通常被解释为组织的形成过程。因此,对于新企业来说,组织资源是一个里程碑式的资源类别。

学术界对创业资源的分类大致有以下五种方法。

1. 按来源分类

创业资源按其来源可以分为自有资源和外部资源。自有资源是指创业者或创业团队自身所拥有的可用于创业的资源,比如自有资金、技术、商业信息等。外部资源是指创业者从外部获取的各种资源,包括从朋友、亲戚、商务伙伴或其他投资者等处获得的投资资金、经营空间、设备或其他原材料等。自有资源(特别是技术和人力资源)的拥有状况会影响外部资源的获得和使用。

2. 按存在形态分类

创业资源按其存在形态可以分为有形资源和无形资源。有形资源是指具有实物形态的资源,例如组织所依赖的自然资源、建筑物、机器和设备、原材料、产品、资金等,以现有货币来评估其价值。无形资源是指非物质形式的资源,如信息资源、人力资源、政策资源和企业信誉、形象等,难以使用货币准确评估其价值。无形资源往往是撬动有形资源的重要工具。

3. 按性质分类

创业资源根据其性质,可分为六大类:物质资源、声誉资源、组织资源、财政资源、智力和人力资源、技术资源。

(1) 物质资源。物质资源是指经营活动所需的有形资产,例如工厂、土地、机械设备等,有时还包括一些自然资源,如矿山、森林等。

(2) 声誉资源。声誉资源是无形资产,包括人格、信用、尊严、同情心和尊重等。在商业关系中,良好的声誉资源已成为企业经营成功的决定性因素,它比有形资产更为重要。

(3) 组织资源。组织资源包括组织结构、运作流程、工作标准和质量体系。组织资源通常指组织内部的正式管理系统,包括信息沟通、决策系统和组织内正式和非正式的规划活动。一般来说,人力资源需要更好的组织资源支持,企业文化需要在良好的组织环境中发展。

(4) 财政资源。财政资源包括资金、资产、股票等。对创业者来说,资金主要来自个人、家庭成员和朋友。由于缺乏抵押等,创业者很难从外部获得大量的资金。

(5) 智力和人力资源。智力和人力资源包括创业者、创业团队的知识和经验,以及创业者的专业智力、判断力甚至人际关系网。创业者是新企业中最重要的人力资源,因为创业者可以从混乱中看到市场机会。创业者的价值观和信念也是创业的基石。可以毫不夸张地说,新企业之间的竞争实际上是创业者之间的竞争。

人力资源包括社会资源,主要是指由成千上万人的社会关系和网络形成的关系资源。人力资源对于创业者来说非常重要,因为它们为创业者提供了获取大量外部资源的机会,有助于通过网络关系减少潜在风险,提升合作伙伴的信用和声誉。

(6) 技术资源。技术资源包括关键技术、制造工艺、操作系统和专用生产设备等。技术资源与人力资源的区别在于后者主要存在于个体中。随着人才流动,大多数技术资源和物质资源的组合可以通过法律手段加以保护,形成无形资产。

4. 按其在生产过程中的作用分类

创业资源根据其在生产过程中的作用可以分为生产资源和工具资源。生产资源直接用于生产过程或其他资源的开发过程。例如,机器、汽车或办公室等物质资源被视为直接用于生产货物或服务的生产资源。工具资源由于其巨大的灵活性,特别用于获取其他资源,如财政资源、人才和设备。基于属性的技术可能是生产资源,也可能是工具资源,取决于它所依赖的条件。

5. 按其在创业过程中的角色分类

创业资源按其在创业过程中的角色可以分为两类:一是运作资源,包括人力资源、技术资源、资金来源、物质资源、组织资源和市场秩序。二是战略资源。生存和发展的战略性新资源主要是指知识资源。知识型社会给企业带来了持久而深远的影响。知识是企业生产和竞争的关键。企业组织的重要任务是有战略性地开发和利用知识资源。由于新业务的高度不确定性和创业者与资源所有者之间的信息不对称,知识资源可以促进企业资源的获取和利用。

另外,创业资源还可以分为离散资源和系统资源。离散资源的价值相对独立于组织环境,契约和技能即属于这种资源。系统资源的价值反映在网络或系统中。

三、创业资源的识别

创业资源对创业者的创业行为有重要影响。为实现创业目标,创业者需要识别其所需的创业资源。创业资源识别指创业者对初始资源和关键资源进行识别,根据创业目标确定创业行为的资源需求。确定所需资源不仅要评估资源的类型,还要确定资源使用的数量、质量、时间和次序。一般来说,有两种基本的方法来识别创业资源。

1. 决策驱动型资源识别

决策驱动型资源识别意味着创业者决定创业并存储自己的资源,结合创业机会对这些资源进行深入分析,然后以明确的方式获取资源。

在这种资源识别方式中,创业者首先需要形成创业决策,进一步明确创业资源的来源及获取的途径。由于创业者产生了投身创业活动的迫切意向或创业理想,因此,创业者将努力挖掘现有资源,从现有资源中发掘实现创业理想的机会。其次,创业者对自身所拥有的资源与理想中的创业机会进行匹配分析,不仅对自身所拥有的资源进行反复分析,而且对与之相匹配的创业机会也进行深入思考、分析和不断论证。最后,创业者进一步确定符合创业需求的自身资源,以及对其他外部资源的具体需求和获取途径。

2. 机会驱动型资源识别

机会驱动型资源识别是指创业者通过对当前创业机会的判断,进而明确如何获得与创业机会相匹配的资源。

这种识别资源的方式是基于创业者确定了创业机会的方式。首先,创业者发现了可行的创业机会,并从需求角度来发掘可以把握其创业机会的创业资源。其次,创业者对创业机会与自身所拥有的资源进行匹配分析,不仅对创业机会进行反复分析,而且对与之相匹配的创业资源也进行深入分析,从而找到更理想的创业机会及与之相匹配的创业资源。最后,创业者进一步明确符合创业需求的自身资源,以及对其他外部资源的具体需求和获取途径。

虽然从结果来看,决策驱动型资源识别与机会驱动型资源识别都能达到相同的效果,但是两种资源识别方式的基础是不同的。决策驱动型资源识别以创业初始资源匹配创业机会为基础;机会驱动型资源识别以创业机会匹配初始创业资源为基础。创业者可以从不同的驱动因素出发,对创业资源进行识别,可谓殊途同归,最终目的都是确定创业资源的获取途径,为创业者有效获取创业资源奠定坚实的基础。

四、创业资源的获取

1. 创业资源的获取途径

获取创业资源的途径分为市场交易途径和非市场交易途径两大类。在进行创业活动时,若所需要的资源有活跃的市场,或者有类似的代替资源进行交易时,可以采用市场交易的途径,其他情况下则可以采用非市场交易的途径。

(1) 通过市场交易获取资源。市场交易包括购买、联盟和合并。购买是利用金融资源通过市场购买获取外部资源,主要包括购买厂房、装置、设备等物质资源,购买专利和技术,聘请有经验的员工等。需要注意的是,如品牌、信用、专利等隐性知识资源虽然可能会附在非知识资源之上,通过购买物质资源(如机器设备等)得到,但大部分情况下很难通过市场直接购买,因此需要通过非市场途径去开发或积累。对创业者来说,购买资源可能是最常用的资源获取方式。大多数资源,特别是物质资源、技术资源、人力资源等,都可以通过市场购买获得。

联盟指联合其他组织开发难以或不可能发展的资源。该方法既能提取显性知识资源,又能提取隐性知识资源。但联盟的前提是联盟的资源和能力是互补的,具有共同的利益,可以就资源的价值和使用达成共识。通过联盟的方式共同研究、开发、获取技术资源也是创业者经常采用的方式,尤其是对于高科技企业来说,通过和高等院校和研究机构联盟,可以在不增加设备投入的同时,及时得到企业发展所需要的技术资源,使企业保持可持续发展的后劲。

资源并购是企业通过股权收购或资产收购将外部资源内化的一种方式。资源并购的前提是双方的资源,尤其是知识和其他新资源具有较高的相关性。并购是一种资本经营方式,可以帮助创业者缩短进入新领域的时间,从而及时把握创业机会,实现创业目标。

(2) 通过非市场交易获取资源。主要可分为资源吸引和资源积累两种方式。

① 资源吸引是指发挥无形资源的杠杆功能,通过对创业前景的描述,利用创业团队的声誉来获得或吸引物质资源(厂房、设备)、技术资源(专利、技术)、资金和人力资源(有经验的员工)。创业者在接触风险投资或者技术拥有者的过程中,可以通过描述创业前景或展示团队良好声誉,获得信赖,吸引投资。

② 资源积累是指利用现有资源培育内部企业,形成必要的资源。包括自建厂房、设备,内部开发新技术,通过培训增加员工的技能和知识,通过自筹获得资金等。

创业者常常会使用资源积累的方式来筹集企业所需的人力资源或技术资源。通过资源积累的方式获取人力资源可以作为一种激励方式,激发创业团队成员或企业员工的工作积极性,提高工作效率;通过资源积累的方式获取技术资源,不但可以掌握核心技术优势,还能保护好商业机密。

获取创业资源的整个过程在创业初期发挥更为重要的作用。对于大多数新企业来说,由于缺乏初始资源,创业者需要获得资源供应商的信任才能获得资源。但无论如何,采用多种途径同时获取不同资源总是正确的选择。

Laurence Capron(美国策略学教授)和 Will Mitchell(美国管理学教授)经过对 162 家电信公司进行长达 10 年的研究后得出结论:资源来源多的企业比资源来源单一的企业有优势,其运营绩效比依赖联盟的企业高出 46%,比集中并购的企业高出 26%,比坚持内部研发的企业高出 12%。

第三部分 创业准备

第三章 创业者素质培养与能力提升

创业是一项艰巨而复杂的工程,创业者作为其中最关键、最具能动性的因素,其能力和素质直接关系着创业活动的成败。因此,研究创业者的能力和素质,具有十分重要的意义。

第一节 创业者素质

虽然不同的创业者成功的过程、面临的困难、采取的手段和方式不完全相同,但毕竟创业的结果是相同的。同样的结果背后必然有一些相同或相似的因素存在。

一、创业者

1. 何为创业者

创业者(entrepreneur)一词由 Richard Cantillon(法国经济学家)首次引入经济学。1800 年,Jean Baptiste Say(法国经济学家)首次提出了创业者的定义,他将创业者描述为将经济资源从生产率较低的区域转移到生产率较高的区域的人,并认为创业者是经济活动过程中的代理人。Schumpeter 则认为创业者应为创新者。

在欧美学术界和商界,创业者被定义为管理和承担商业业务或商业风险的组织、个人。创业者有两个基本含义:一是指企业家,对现有企业中的业务和决策负责;二是指创始人,通常被理解为新企业的创始人或新的商业领袖。

因此,创业者就是要找到一些信息、资源、机会或拥有一种技术,使用或借用相应的平台或载体,在某种程度上,创造更多的财富、价值,并实现其追求或目标的人。

作为新兴企业的先行者,创业者是每个社会中最活跃、最有激情、最有活力、最有创意的人。成功的创业者除了具有通用人才的共同特点外,还具有最显著的创新特征,既要继承前人的成果,又要发展和超越,不断创新,不断进取。成功的创业者可以充分利用自身、他人和社会,利用知识、技术、信息、资金、管理等资源,产生新思想,创造新的知识、新的生产力、新的工作机会、新的财富和新的社会效益,促进社会的进步与发展。

创业者本身应该有决策能力、组织能力、创新能力和学习能力,并能够平衡这四种能力的发展。成功的创业者,要有良好的心理素质、知识素质、能力素质,通过自己带动整个创业团队,使企业逐渐走向成功。

2.创业者的心理特质

经研究发现,创业者的心理特质比其天生特质重要得多,而心理特质在一定程度上可以改变和培养。有的学者认为创业者区别于一般人的心理特质表现为以下六个方面。

(1)创新。创新是创业精神的本质所在,大部分创业者都具有创新精神。创业者用创新迎接不同的挑战。

(2)目标导向。创业者几乎无一例外都是目标导向型的人,他们很自然地设定个人目标并且确保完成这些目标。

(3)独立。创业者是出了名的独立自主。他们中的绝大多数都高度地自我依赖,都很自然地倾向于独立工作来完成他们的目标。

(4)内控型人格。创业者很少把自己看作环境的受害者,而是自己掌控自己的命运。这可能是由于他们具有把消极的环境看作机会而不是威胁的趋向。

(5)低风险厌恶。创业者不会为了风险带来的利益而去寻找风险,而是对风险有更多的包容性,并且在找到降低风险的方法上更具有创造性。

(6)对不确定性的包容。创业者总是比其他人更加适应动态变化。

3.大学生创业者的素质

有关大学生创业者的素质,不同学者的界定不尽相同,因为从各种创业案例中发现,创业者的素质、外部环境与机遇等都不是完全相同的,这方面的研究尚未形成普遍共识。本书参照陈永奎主编的《大学生创新创业基础教程》概括性地构建了一个大学生创业者素质金字塔模型,具体包括三类知识、四项能力和五大特质。

知识是可以直接通过学习获得的,位于金字塔的最上面;能力是需要通过较长时间训练才能掌握的,位于金字塔的中间;特质则是长期积累的习惯和思维,处于金字塔底部最基础的位置。个人特质是学习知识和提升能力的基础。

1) 三类知识

大学生创业者必须具备行业知识、商业知识和综合知识这三类知识。行业知识是选择创业机会的基础,商业知识是经营管理企业的基础,综合知识则是建立良好社会关系的基础。

(1) 行业知识。大学生创业者必须对所要进入的行业有相当深入的了解,这是寻找和把握创业机会的关键。在准备创业时,有必要全面了解行业的发展历程、现状、前沿趋势与竞争格局,透彻理解市场需求的情况,尤其要从客户角度来理解行业知识,进而了解行业内的成功案例,熟悉相关的产品、服务以及技术知识。创业者可以通过四种方式来学习行业知识:一是阅读行业内有影响力的著作和杂志;二是向行业内知名的专家和企业家学习,阅读他们发表的文章;三是从行业知名网站了解最新资讯;四是结交行业内人士,通过参加行业活动或俱乐部等方式接触业内人士,探讨疑难问题,借鉴别人的成功经验,虚心向前辈请教。互联网上有着非常丰富的相关资讯,大学生对网络的熟练运用,为他们研究和学习行业知识提供了良好的基础。

(2) 商业知识。大学生创业者有必要掌握市场营销、财务管理、法律、决策、谈判与商务礼仪等涉及商务方面的基本知识,这是经营管理中需要掌握的。大学生创业者学习商业知识的方法主要是从书本中学习,其次是从实践中学习和向成功的企业家学习。一些技术型创业者轻视商业知识的用处,一些过于强调实践的创业者则错误地认为书本理论不实用,以为实践才是最好的学习方式。事实上,间接经验远比直接经验重要,一定要学会货真价实的知识和理论。最优秀的创业者和管理者正是那些善于学习理论的人,他们从科学的理论中得到指导自己创业的方法和工具。有一些很出色的商业刊物,值得创业者阅读,如《哈佛商业评论》《商学院》《中国企业家》《世界经理人》《创业家》《销售与市场》等。

(3) 综合知识。国内的教育制度环境和文化在一定程度上造成大学生的知识面受到很大局限,比如很多大学生在走上职业生涯之后相当一段时间内难以与社会中的人顺畅沟通,因为大学生对生活中的沟通话题了解太少或者过于僵化。这样的综合知识是学校里不曾教的,需要大学生自己敏锐地发现、感悟和学习。

2) 四项能力

大学生创业者需要具备创新能力、学习能力、人际交往能力和领导能力这四项基本能力。

(1) 创新能力。创新是创业者发掘机会并将机会转化成市场概念的过程,创新能力是创业者必备的能力之一。创业者需要不断培养自己的创造性思维,越早开始越好。日本管理大师大前研一还在麦肯锡咨询公司工作时,就用每天上班坐电车的时间来观察电车上的广告,思考有什么更好的广告语,要是自己来做这个广告会怎么做等,他就是这样培养卓越的创新思维能力和思考习惯的。

(2) 学习能力。人类社会进入了知识经济时代,人们创造的知识总量也越来越多,知识与技术的更新也越来越快,新技术、新产品的生命周期也越来越短。因此,创业者需要快速学习、不断学习,才能跟上知识潮流的步伐并力争引领潮流。创业的道路上充满了未知,没有完全的经验可以照搬,创业者只有在理论与实践中不断学习、思考,才能成长起来。虽然大学生在学校学习了十多年,但这不代表他们真正具备了学习的能力,因为创业者需要的学习比一般的学习更具有"功利性",例如,重在掌握知识的逻辑演绎,并且能够灵活重组或创造性地将所学内容运用于实际中遇到的问题。大学生在提升学习能力上可以采用三种方法:一是细写读书笔记,将学到的知识形成自己的思考;二是将书中内容用自己的语言讲给别人听(通过博客、杂志包括企业内刊或行业刊物等发表),有助于升华思想和深度思考;三是将书中的方法和技巧用于实践,每天有意识地训练自己采用所学方法,并在实践中检验它们,甚至开发出新的更好的方法,达到超越书本的境界,真正学以致用。

(3) 人际交往能力。人际交往能力是创业者必备的能力之一。斯坦福一份调查报告的结论证明了人际交往能力对成功的重要性:一个人的成功,12.5%依赖于其掌握的知识,87.5%依赖于其人际关系网。具有较强人际交往能力的人可以通过人际关系网解决问题,大大提高工作效率,与周边伙伴愉快地合作,形成强大的凝聚力。创业者需要深刻理解,商业社会人际关系的核心原则是互利双赢,人际关系稳固的根基则是信誉,这是人际关系可持续发展的基本保障。大学生创业者需要从进入大学校园开始,就有意识地提升自己的人际交往能力,除了多参加社团与社会实践活动以外,还有一些操练的方法,例如,每周结交一个陌生人,并且有意识地不断提高结交的质量,逐步拓展人脉关系。

(4)领导能力。创业者需要具备领导能力。领导能力可以理解为一系列行为的组合,这些行为将会激励人们主动追随领导者,而不是简单地服从。在所有组织、各个层次中我们都可以看到领导能力,这是企业有序经营的核心。创业团队一定要有一个领袖人物,他(她)可以指引方向、凝聚人心和协调团队成员。创业型企业初期的管理通常是不规范的,需要大家辛勤的付出,这就需要领袖人物来引领和激励大家共同前行,众志成城,克服创业过程中的种种困难。大学生创业者需要在学校和工作中有意识地训练自己的领导能力,逐渐建立自己的影响力,也就是建立别人对你的依赖,让别人愿意追随你,为构建创业团队打好基础。

大学生首先要成为一名杰出的追随者,然后向领导者学习领导之道,最后自己在模仿中学习,成为优秀的领导者。美国社会心理学家 Robert B. Cialdini 在《影响力》中提出了建立影响力的六大核心原理:互惠、承诺、社会认同、喜好、权威和短缺。例如,史玉柱对人义气,虽然公司元气大伤,但是作为老板的史玉柱待人忠厚,企业的关键人才、核心员工始终愿意跟着他一起创造和等待下一个辉煌,于是他们卧薪尝胆,同甘共苦,终于创造了重新崛起的奇迹。

5)五大特质

零点集团董事长袁岳认为,创业者最重要的资本是心理资本,要敢于冒险、不安分、坚持、沉得住。2002年11月的一期《哈佛商业评论》的《你能成为创业者吗》一文中,提出了测试人们是否具有创业潜质的"pH试纸"。该文通过五个问题来了解创业者的特质:你能否灵活地运用规则;你能否和强大的竞争对手竞争;你是否有耐心从小事做起;你是否愿意迅速调整战略;你是否善于达成交易。创业者需要具备高成就动机、自信、执着、高情商、冒险精神这五大特质,这些特质是从生活中沉淀下来的,对创业行为有着深远影响。

(1)高成就动机。所谓成就动机,是个体追求自认为重要、有价值的工作,并使之达到完美状态的动机,即一种以高标准要求自己,力求成功实现目标的内在动力。创业者是不甘于平庸的一个群体,他们具备很高的成就动机,并且勇于接受挑战和考验,希望创造出一番事业。美国哈佛大学教授戴维·麦克利兰提出的成就动机理论认为成就需求者具有三个特点:①喜欢设立具有适度挑战性的目标,不喜欢凭运气获得成功,不喜欢接受那些在他们看来特别容易或特别困难的工作任务;②在选择目标时会回避过分的难度;③喜欢能给予反馈的任务。大学生创业者可以在学习和工作过程中逐渐建立和激发自己的成就动机,选择有挑战但不是太难,同时能获得积极反馈的任务来做(如挑战杯之类的活动)。

(2)自信。产生自信心是指不断地超越自己,产生一种来源于内心深处的强大力量的过程。成就事业就要有自信,有了自信才能产生勇气和毅力,才有可能战胜困难,达到目标。但是自信决非自负,更非痴妄,自信唯有建立在诚实和自强不息的基础之上才有意义。大学生创业者需要建立对自己的信心和对创业成功的信心,这两种信心需要在不断完成任务的过程中强化。心理学中有很多方法和技巧可以让人更加自信,但归根到底自信源自实力,而不是简单的成功学激励。只有自己的知识和能力达到了一定水平,才能拥有真实的自信。因此,自信需要在不断取得进步的过程中一点一点构建。

(3)执着。正如比尔·盖茨所说,巨大的成功靠的不是力量而是韧性,社会竞争常常是持久力的竞争,创业的成功是大浪淘沙的结果,唯有有恒心和毅力的创业者才会笑到最后。新东方教育科技集团董事徐小平说:"创业的过程,漫长而艰苦,充满了风险和各种各样的'地雷',所以你要跳过去,靠的不是对财富的渴望,靠的是对自己心中梦想的执着。"曾国藩屡败屡战的故事说明了执着的精神对于成功的意义。屡败屡战说的是一个过程,成败还没有定论,这就是一种执着的精神。执着的精神是当代大学生群体比较缺乏的,20世纪80年代以后相对安逸的家庭环境,以及一直在校园中学习,使得年轻一代很少经历挫折和大风大浪。为此,有志创业的大学生要有意识地培养自己执着的精神,可以从任何小事做起,坚持做较长的一段时间,例如坚持每天写一篇日记、每天读50页书、每天锻炼30分钟等任务,既可达成计划的目标,又可培养自己执着的精神。

(4)高情商。"情商之父"Daniel Goleman认为,一个人的成功,智商(IQ)

的作用只占20%,其余80%是情商(EQ)的作用。情商包括五个方面:了解自我、自我管理、自我激励、认识他人情绪、人际关系能力。情商和领导能力有比较大的关联,提高情商有助于提高领导能力。大学生创业者可以从五个方面来提高自己的情商:①了解自我,知道自己是个什么样的人,最好请别人给你客观的反馈;②控制情绪,遇到任何事情先冷静思考,可用深呼吸或数数的方式来避免情绪爆发,明白情绪化无助于解决问题;③换位思考,改变以自我为中心的思维方式,从对方的角度来思考和理解别人的想法;④保持积极上进的心态,克服悲观情绪的困扰;⑤学习和掌握沟通技巧,训练表达能力。

(5)冒险精神。只要从事创业活动,就必然会有风险,且企业的经营范围和规模越大,取得成就越大,风险也越大,需要承受风险的心理负担也就越大。

创业者都是冒险家,他们选定事业和瞄准目标后敢作敢为,冒着承受失败的风险起步,总是表现出积极的精神状态。他们不断寻求新的出发点,及时采取行动,自信、果断,勇敢面对未知的世界,耐受挫折,宽容失败。他们敢于做一切事,但不会盲目冲动,而是根据科学的基本条件进行分析和探讨。创业者应该有能力评估风险程度,并有有效的方法和策略来控制风险。"赌徒式"的创业者虽然有可能侥幸成功,但一般情况下并不可取,成功的创业者总是事先对成功的可能性和失败的风险进行分析规划,选择那些成功可能性更大的目标和路径。

此外,创业者需要有良好的身体素质来做基础。零点集团的董事长袁岳认为,创业并不是有智慧就可以了,创业在本质上是拼身体、拼心理、拼耐力与拼人脉。他同时也认为,大学生创业的首要条件就是创业的大学生身体要超级好,能做到天天出操,再去创业。创业和早上出操有什么关系?袁岳是这么回答的:"如果你因为老师没有要求你天天出操就不这样做,那么创业也不是老师要求的,连天天坚持出操都做不到的人,要干每天都'出摊'的创业更是纸上谈兵。"此外,创业是一件非常辛苦的事情,"没有好身体,不仅自己会'死'得很快,连创立的企业也会'死'得很快"。一般创业者都要经受超过常人的工作负荷和心理负担,如履薄冰地经营企业,身体素质的好坏可以决定创业者能够走多远。我们经常会听到一些企业家年纪不大就突然去世的消息,也时常会听到一些高科技行业的精英英年早逝的消息,这都是沉重的代价。大学生创业者的读书时代是锻炼身体的最好时期,有时间也有良好的设施环境去锻炼。每个创业者都可以培养自己对某项或某几项运动的兴趣爱好,还能在锻炼过程中拓展人脉、学会团队合作和提升领导能力。国内很多知名企业家都重视体育锻炼,例如:柳传志坚持长跑;几经商海沉浮的史玉柱在浙江大学读书时就经常环绕西湖跑步,大学里锻炼出来的身体和心理素质支撑了他度过人生的起伏;台湾经营之神王永庆也非常热衷于跑步,甚至在八十多岁高龄还坚持跑步锻炼。

二、创业者的素质

"素质"一词,原本是生理学概念,指人的先天生理解剖特点,主要指神经系统、脑的特性及感觉器官和运动器官的特点。素质是心理活动发展的前提,离开这个物质基础就谈不上心理发展。现在不同的学科对素质有不同的解释,但它们都有一个共同点,那就是都认为素质是以人的身心现实为基础的,人的自然属性是基本的先决条件。教育学上的素质强调的是一种后天素质,是一种以先天素质为基础并与先天素质融为一体、不可分割的先天与后天的整合素质。

我们可以将创业者素质定义为:公民或某种专门人才,基于人的自然属性,在环境影响与创业教育的共同作用下具备的创业方面的基本素质,它具有相对稳定性,表现为在创业实践中有利于创业成功的基本品质和能力结构。具体说来,创业者素质包括以下几方面。

1. 创业者应具备的知识结构

创业者的知识素质在创业中起着举足轻重的作用。今天,随着知识的爆炸性发展和竞争的日益激烈,仅仅依靠积极性、勇气、经验或者单一的专业知识来成功经营企业是非常困难的。创业者必须充分利用自己的知识,建立一个涉及面广、合理的知识结构。

知识结构是指人们经过专业学习和培训后所形成的知识体系。企业实际发展需要最深刻、最专业、最合理、最优化的知识体系。合理的知识结构是实现创业目标的必要条件,也是个人事业发展的基石。

创业者要有扎实的专业基础和完善的知识结构。创业者的专业知识直接影响着创业目标的确定和创业活动的开展。除此之外,创业者还应该掌握与经营管理相关的知识。具体来说,创业者应该具备以下几方面的知识。

(1) 政策法律法规。理解法律与政策的内涵和意义,做到用足、用活政策,依法行事,用法律维护自己的合法权益。

(2) 科学的经营管理知识和方法。

(3) 与本行业相关的科学技术知识,依靠科技进步增强竞争能力。

(4) 市场经济方面的知识,如市场营销、财务会计、财政金融、国际贸易等知识。

(5) 有关世界历史、世界地理、社会生活、文学、艺术等人文素养方面的知识。

创业者应在创业之前建立合理的知识结构,培养科学的思维模式,提高实践能力,以满足创业的需要。

2.创业者应具备的能力结构

能力结构是指人的能力类型与各种能力的结合。不同类型的能力可以从不同的角度或层次来划分,每种能力都有不同的结构。创业者的能力是以知识、经验和技能为基础的,只有创业精神、创业激情是不够的,创业者至少应该具备以下能力。

(1) 创新能力:是指能够提出新思路、新方法,创造性地解决实际问题的能力。

(2) 决策能力:是指通过对企业所面临形势的分析,在企业的发展和问题的解决等方面做出决断、确定方向的综合能力。

(3) 预见能力:是指创业者根据当前经济或企业生存环境等方面的发展特点、方向趋势而进行预测、推理的能力,是思维能动性的表现,是创业能力结构的重要组成。

(4) 应变能力:是指创业者在外界环境和事物发生改变时,能够及时做出正确的反应和决策的能力。

(5) 用人能力:是指创业者"管人用人"的能力。

(6) 组织协调能力:是指根据目标分配资源,控制、激励和协调小组活动的能力。

(7) 沟通能力:是指善于交流与表达,与他人进行有效沟通的能力。

(8) 激励能力:是指根据人的行为规律采取有效措施,充分调动其工作积极性的能力。

创业能力是智力活动的核心能力,但同时它也具有较强的社会实践性,与创业实践紧密相连。创业能力的强弱决定了创业实践效率的高低。反过来,创业实践又能促进创业能力的形成和发展。只有在创业活动中,创业者才能通过完成各种艰巨而富有挑战性的任务而得到充分的成长。因此,并不是说创业者只有具备了以上这些能力后才能去创业,而是说,创业者必须有意识和实际行动,不断提高自身能力。

3. 创业者应具备较强的创业意识

创业意识是指在创业实践中创业者所表现出的个性意识倾向,包括创业动机、兴趣、理想、信念和世界观。创业意识为创业实践的态度和行为提供了方向。它具有很强的选择性和主动性,是创业者创业的动力源泉。它激励创业者不知疲倦地以各种方式来实现既定目标。

创业者应有强烈的创业欲望和明确的创业目标。只有具有强烈的创业欲望,才会有动力;只有具有明确的创业目标,才会有创业的方向。

创业意识的形成,不是一时冲动或想象,而是来自强大的内部需求,也就是创业需要。创业需要是创业活动的初始动力和主要驱动力。创业者的兴趣可以激发其深厚的感情和坚强的意志,进一步增强其创业意识。一般来说,创业实践取得了一定的成功,会引起更多的关注。当创业者的动机和兴趣积累到一定程度时,创业者的理想就形成了。创业者为了实现创业理想,经过艰苦的创业活动,也逐渐树立起创业的信念。创业者的世界观是创业意识的最高层次,是随创业思维的发展而形成的心理状态。

4. 创业者应具备强烈的创业精神

创业精神是指那些具有开拓思想、观念、个性、意志、风格和品质的创业主体精神。

创业的概念有两个不可分割的含义:第一,创业者追求机会;第二,创新。创业精神包括变革、创新,引入新方法、新产品、新服务或新的商业实践和增长。创业者谋求成长,不满足于小规模或现有规模,希望他们的企业尽可能地成长,员工努力工作。因此他们不断寻找新的趋势和机会,不断创新,不断推出新产品和新的经营方式。

创业精神是创业者自己的想法和努力。创业者创造新的业务,包括建立新的公司、组织新的单位,并提供新的产品或服务,以满足市场的需要。因此,创业者只要有寻求新的、变化的、发展的思想,就会创造新的业务和利润价值。可以说,这个过程是充满创业精神的。

创业的重点是"是否创造新的价值",而不是建立一个新公司。因此,创业管理的关键在于创业过程能否将新事物纳入现有市场活动中,包括新产品、新服务、新管理制度、新流程等。创业也是对机会的追求,而在这个过程中,创业精神是新企业形成、发展和壮大的源动力。

5.创业者应具备良好的创业心理品质

创业心理品质是指创业者在创业实践过程中表现出来的心理过程和个性心理特征。

无数创业者的创业实践表明,创业过程充满艰难险阻,波折重重,要实现人生价值,要想取得创业成功,离不开良好的创业素质,特别是良好的创业心理品质。国内学者认为创业心理品质主要有以下六个方面的内容。

(1)创业欲望。欲望是创业的最大动力,创业者只有拥有强烈的创业欲望,才有动力去创业并坚持下去。它能够引发创业行为,是推动个体或群体从事创业实践活动的内部动因,是创业行为产生的前提,能使创业者处于一种内在的积极的精神状态,具有较强的选择性、倾向性和主观能动性。强烈的创业欲望在很大程度上能直接引导创业,激发、拓展和实现创业者潜能,使创业者能够在创业进程中保持巨大的创业热情,进而帮助创业者获得事业上的成就和巨大的财富。

(2)诚信。这种品质在创业过程中表现为诚实守信、依法经营、依法行事、自觉接受社会公德和职业道德,在冲突中能够约束自己的行为。诚信是建立市场经济体制的基础,也是创业者从事创业活动的基本素质要求。创业者要有较高的诚信意识,依法诚信经营,这是创业成功的基本保障。

(3)自信心。创业过程中会遇到一些困难和挫折,这就意味着成功不是简简单单就可以实现的。因此,创业者在理性选择创业目标后,必须自信并坚定地向前迈进,相信自己有能力克服困难,达到预定的创业目标。

(4)自我控制与调节。良好的自制力是事业成功的重要基础。面对瞬息万变的市场,竞争激烈的创业者们能否在创业的过程中妥善处理各种压力,成为创业能否成功的关键所在。在外部环境和商业条件发生变化时,要随之变化。善于自我调节的同时还应该能够以积极的态度对待工作和生活,冷静分析,找出缓解压力的方法;要善于控制自己的情绪和行为,在困难和挫折面前不生气,在诱惑面前不动摇,始终保持冷静的头脑,坚定自己的创业信念。

(5)冒险精神。在市场经济大潮中,机遇与风险并存。创业是一种开拓新业务的活动,充满了不确定性,面临着巨大的风险。创业者要敢于实践,敢于冒险,有良好的风险评估能力,并能采取相应的措施规避风险,采取有效的风险管理方法和策略。

(6)创新意识。简单来说,创新意识就是具备积极进取、敢于解决自己未曾接触过的问题的勇气和欲望,并有意识地在学习、生活和工作中发挥自己的主动性和积极性。创新意识是人们进行创造性活动的出发点和内在动力,也是实现创业目标的重要保证。创业者应充分发挥自身的优势,充分利用各种资源,大胆创新,提高创业活动的绩效。

6.创业者应具备强烈的创业动机

创业动机是多种因素综合作用的结果:一方面,包括创业者的个性、创业环境、个人目标和可行的创业计划;另一方面,创业者可能将结果与自己的心理预期进行比较;此外,创业者还应关注付出与可能取得的收益之间的关系。创业者最初的期望和最终结果将极大地影响创业动机。当企业经营绩效达到或超过预期时,创业者行为将得到积极加强,创业者有继续创业的动力。是停留在目前的业务,还是创建另一个新的业务,取决于他们的创业目标。当实际结果难以达到预期时,创业者的创业动机就会减弱,并对经营产生负面影响。

创业者的需求层次不同,其创业动机也存在差异。机会驱动型创业者比生存驱动型创业者有更高的需求。机会驱动型创业者的创业动机是由自我实现的需求驱动的。大多数机会驱动型创业者都没有生活压力,但有一定的知识、经验和能力,敢于冒险,并相信能通过创业活动来实现自己的价值。生存驱动型创业者的需求水平较低,如身体或安全需求,生活压力是生存驱动型创业者创业的根本原因。因此,不同层次的需求决定了不同的创业动机,从而影响了创业行为的过程和结果。

第二节　创业者素质和能力的培养

一、创业素质和能力的训练与培养

美国国家创业指导基金会创办者 Steve Mariotti 认为创业者需具备的素质和能力包括：适应能力、竞争性、自信、纪律、动力、诚实、组织、毅力、说服力、冒险、理解力和视野。这些素质和能力基本上可以说属于"行动中的知识"。而这些知识主要以传递、理解和掌握为主，从课堂教学中是学不到的，只能通过"做中学、干中学"才能真正掌握。也就是说，创业素质和能力不是教出来的，而是练出来的。大量事实表明，创业者不是天生的，有些素质和能力可以通过经验和学习来培养。创业者创业素质和能力的训练与培养应从以下几方面进行。

1. 责任感与决策力

责任感和决策力是创业者应首先具备的素质和能力。有了责任感和决策力，创业者可以克服难以想象的障碍，并且可以弥补其他缺点。责任感与决策力通常意味着个人牺牲。衡量创业者的责任感可以从以下三方面进行：是否把自己净资产的一大部分投资于企业；是否愿意接受较少的薪水；在生活方式和家庭上是否做出较大牺牲。

2. 领导力

成功的创业者不需要凭借正式权力（多为组织授予的权力）就能向别人施加影响，这就是领导力。他们善于化解冲突，懂得什么时候以理服人，什么时候以情感人，什么时候该做出妥协，什么时候寸步不让。要想成功经营企业，创业者必须学会与许多角色，包括客户、供应商、投资人、债权人、合伙人以及内部员工等相处。由于不同的角色在目标上常会有冲突，因此创业者要成为一个调停者、磋商者而非独裁者。

3. 执着于创业机会

成功的创业者都会为创业机会而殚精竭虑。他们的目标是寻求并抓住好的创业机会，并将其变成有价值的东西。他们受到的困扰往往是陷在机会中不能自拔，他们总能发现机会，这就要求创业者能够区分各种创意和机会的价值，抓住重点。

4. 对风险和不确定性的容纳度

创业总是伴随着高风险、模糊和不确定性,成功的创业者需要容忍风险、模糊和不确定性。他们能乐观而清晰地看到公司的未来,从而保持勇气。创业者通过仔细定义目标、战略,控制和监督行动方式,并按照他们预见的未来加以调整,从而减少创业风险。

5. 创造和适应能力

成功的创业者不满足也不会停留于现状,他们是持续的革新者。真正的创业者会积极寻找主动权并采取主动行动。他们喜欢主动解决问题,通过创新和创造实现生存和发展。成功的创业者有很强的适应能力和恢复能力,能从错误和挫折中学习经验,在将来避免类似的问题发生。创业者总是优秀的听众和快速的学习者。

6. 超越别人的动机

成功的创业者有强烈的愿望去竞争,并追求和迎接更有挑战性的目标。新创企业中的创业者对地位和权力的要求很低,他们从创造企业的挑战中产生个人动力,他们渴望成就,而不是地位和权力。

二、大学生创业者创业素质和能力的培养

1. 注重自我修养

首先,一个成功的创业者必须具备创业思维、勇气和毅力等核心品质。因此,当代大学生必须重视自我修养,注重发展自己的能力,发挥自己的勇气,培养和锻炼自己的创业能力。

2. 在心理上和精神上磨炼自己

(1) 自信:对自己有信心,相信自己有创业的能力。自信给人以积极乐观的生活态度,面对失败和挫折,需要更多的信心。自我完善是建立在自信的基础上的,通过实践,不断提高各方面的能力,进一步磨炼自己的意志,使自己更强大。

(2) 自强:不受传统和世俗偏见的影响,不受舆论和环境的影响,可以选择自己的方式,善于设计和规划自己的未来,并采取适当的行动。

(3) 自立:自立的人立足自己的思想和双手,用自己的智慧和才华,凭借自

己的努力和奋斗,建立自己的人生和事业基础。

3. 广泛获取创业经验

目前,许多高校都开设了创业指导、创业管理、创业心理等课程,帮助学生了解创业知识。高校图书馆还提供创业指导方面的书,学生可以通过读书提高创业意识。学生还可以通过传统媒体(如报纸、广播、电视),如《企业家》《21世纪经济报道》《第一财经》《中国风险投资》,或网络媒体等得到很多的创业知识和信息。此外,学生可通过学校的社会实践活动、创新创业比赛等积累创新创业实践经验。

4. 注重综合能力的训练

学生应该学会认知,学会做事,学会生活,学会生存。创业涉及各个方面,需要处理不同的人和事,对个人的能力要求很高。他们要协调和处理好各方面的关系,还要开拓创新,不怕挫折、困难。创业者还需要了解商业和管理知识。因此,创业能力是非常全面的,包括管理能力、组织协调能力、创新能力、语言表达能力、判断能力、公关能力、适应能力、分析问题和解决问题的能力、心理调适能力等。大学生应注重综合能力的训练。

第四章 创业团队建设

团队是为了实现某个共同目标,由优势互补的人组成的团体。团队各成员密切合作,完成各自的任务,实现共同的目标和绩效。企业是由员工和管理者组成的共同体,合理发挥每个成员的知识和技能,共同解决问题,实现共同的目标。创业团队是指由一批能相辅相成、分担责任、愿意在创业初期(包括团队成立之初、企业创办之初)为共同创业目标而努力的人组成的特殊群体。

第一节 组建创业团队

一、组建创业团队的意义

创业不可能孤军奋战,必须注重创业团队建设。在当前竞争激烈的社会中创业,创业者必须有志同道合者与之共同奋斗。创业者必须充分调动他人的积极性、主动性,与他人和谐合作,组成具有凝聚力的团队,才能取得创业的成功。组建一个优秀的创业团队,对于弥补创业者自身素质缺陷具有很大的促进作用,也是创业成功的一个前提条件。没有创业团队,建立的企业可以生存,但受创业者的个人资源、视野和能力等限制难以成长和发展。高素质初创企业不仅可以相互借鉴,也可以拥有更多的资源、更广阔的视野、更强的实力,更有能力吸引民营资本和风险投资,增长实力。

由于当前的高科技行业所要求的能力远超过个人所拥有的,因此为了成功地创办一个企业,创业团队就显得非常必要。整体而言,由团队创办的企业比由个人创办的企业要多。研究表明,由团队创办的创业无论是在生存率还是在成长上都远远优于由个人创办的企业。而且一个企业的高层团队对这个企业的生存和发展最为重要。

由此得出,高素质的创业团队对企业的发展极其重要。创业者要想做大做强,必须要组建高素质的创业团队。这样更有可能利用创业机会,获得更大的创业价值。

组建创业团队的重要意义在于以下几个方面。

(1) 组建创业团队可以提高新创企业的生存能力。创业团队的组建有利于企业汇聚人才和资源。在当今市场经济浪潮中,人才的重要性是不言而喻的,由各种人才组成的创业团队决定着创业的失败或胜利。创业团队可以实现人力资源的充分利用和各种优势互补,其作用要远远大于个人创业者。新成员的加入,不仅带来资金、技术,同时也带来不一样的思想和观点。一个好的创业团队可以打破创始人的自有资源限制,可以从私人投资者和风险资本支持者手中吸引资本,使企业更容易走向成功。美国的一项研究表明,83.3%的高成长企业是由团队建立的,团队创业型企业的成长性明显优于个人创业型企业。

(2) 组建创业团队能够体现企业凝聚力与硬实力。团队不仅仅是人的组合,还是一种意识的统一、激情的融合、理想的碰撞。优秀创业团队的凝聚力、合作精神、立足长远目标的敬业精神会帮助新创企业度过危难时刻,加快企业成长步伐。任何企业的成功都体现在团队的卓越和优秀之上,是否拥有高素质的创业团队是一个企业是否具有后继发展实力的象征。

(3) 组建创业团队可以降低新创企业的管理风险,提高新创企业的管理水平。团队成员之间密切合作,协作到位,可以激发团队成员的热情和创造力。团队成员在知识和能力方面的互补、协调对新创企业的持续良好发展具有重要作用。

(4) 组建创业团队可以提高企业的创新意识和创新能力。创新意识决定了企业的活力,决定了企业创新的能力和水平。优秀的团队组合是提高企业创新能力的必要条件。只有人才越来越多,企业才能够有条不紊地运行,才能创造出奇迹。

二、创业团队的特征

创业团队由两名或两名以上具有特定组织职能的创业者组成,创业团队成员有共同的创业理想,具有不同的专业知识和能力,形成优势互补的动态体系。创业团队具备群体性、功能性和协同性三个基本特征。

1. 创业团队的群体性

创业团队的群体性是指两个或更多的创业者共同创业。创业团队的成员因为都有创业的激情,而且彼此之间互相信任才走到一起。创业团队的这种群体性,为团队功能的发挥奠定了初步的基础。

2. 创业团队的功能性

创业团队的功能性是指不同的创业者承担不同的职能,全体成员相互配合,发挥各自的优势,努力实现共同目标。创业团队各成员在知识、能力、心理特征和社会资源等方面各有自己的优势。如果在创业活动中遇到困难,可以充分发挥团队成员的优势解决问题。因此,一个优秀的创业团队,需要团队成员在知识、能力、资源等方面相互促进,相互支持。

3. 创业团队的协同性

创业团队的协同性是指创业团队中承担不同职能的创业者围绕创业目标,协同开展工作。在创业团队中,各个成员都有自己的任务分工,有人提出创意的构思,有人负责制订创业计划,有人负责创业计划的具体实施,有人协调和监督团队成员的工作……正是创业团队的这种协调性使得创业团队形成一个有机的系统,并有条不紊地运行。

三、创业团队的组成要素

1. 创业团队成员(合作伙伴)

创业团队成员是以创业者为核心的一群合作伙伴,是最活跃、最有价值的核心资源,也是推动新创企业发展的根本动力。创业者在选择团队成员时,要考虑团队成员各方面的综合因素,使创业团队成员结构合理且能够优势互补。创业者必须以人为本,加强与团队成员的沟通协调,通过共同目标和价值观来凝聚团队成员。

2. 战略规划目标

创业团队在创业活动中应有一个战略规划目标,该目标应成为创业团队的奋斗理想和使命。缺少共同目标的创业团队没有凝聚力和战斗力。因此,创业团队在组建时,要制订战略规划目标并把这一目标与成员发展结合起来,组成一个命运共同体,使团队成员为共同的理想去拼搏奋斗,而不仅仅只是把创业活动作为发家致富的途径。创业团队通过制订科学的短、中及长期战略规划目标,分步实施,从而有效指导团队的创业活动。因此,创业团队成员追求的最高目标应该是自我价值和社会价值,较高的成就感、使命感,而不仅仅为眼前利益。

3.团队定位

定位主要指创业的发展方向,也包括团队成员在创业活动中具体做什么工作,即分工的问题。合理的团队定位能够充分发挥团队成员的优势,使他们的工作能力达到最大化,潜质得到充分释放,并形成"1+1>2"的效果,推进新创企业健康成长。

4.团队制度

制度是团队运行的规则。制度决定团队工作及发展的稳定性。决策、工作运行、权力结构等都要靠制度约束与激励。例如,根据权责利统一的原则,每个成员必须被赋予一定的权力,承担相应的责任,获得一定的利益。这不仅有利于凝聚员工,使其参与创业管理,并且在规定的权限下进行决策,还有利于提高新创企业的工作效率。

因此,为了有效地推进创业进程,创业团队应有明确的战略规划目标和合理的人员配置,定位准确,责任明晰,按各项规章制度办事,这样才能使团队建设及创业活动取得较好的效果。

四、创业团队的价值

优质的创业团队对于企业的生存与发展具有非常明显的重要作用,如有利于专业技能的融合、各类资源的共享和智慧的凝聚等。

(1) 优势互补。创业是一把双刃剑,既是"梦的开始",又是"困难的开始"。但是,如果你有那么几个铁哥们,在你遇到困难时挺身而出,在你一穷二白时仗义相助,在你深陷泥潭时荣辱与共,在你寂寞无助时陪伴左右,在你生死关头拼死相救,那创业何愁不成?优质创业团队中的成员一定可以做到优势互补,这里的优势互补既包括专业特长,也包括个性特质。人们都会认同一句话,即"没有完美的个人,但可以有完美的团队"。一个人无论多么睿智或勇敢,无论专业素养有多强,他的整体能力也是有限的。但团队则不同,团队中的每一位成员身上都蕴含着巨大的力量,而当这些力量碰撞到一起时,必然会产生绚烂的火花。企业在其整个生命周期中需要创立者投入多方面的智慧,如项目的分析、产品的设计、技术的完善、市场的开发与稳固、企业的管理、风险的评估等,所有这些工作都需要投入巨大的心力,绝对不是一个人能完成的。但如果将这些工作分配给拥有对应专业特长的成员,那么这种"不可能"就会变为"可能"。

(2) 资源共享。创业团队的一个重要价值在于成员之间资源共享。创业者在创业的过程中必须要经历许多阶段,如确定创业目标、寻找创业项目、筛选创业项目、分析项目价值、评估项目市场、撰写创业计划书、获取启动资金、创办新企业等。而这些阶段都需要创业者拥有大量的各类资源,如信息资源、资金资源、专业技术资源、人才资源、人脉资源、渠道资源等。一个人同时获得这么多资源的概率是非常小的,但一个团队可以做到。团队成员各自掌握着不同的资源,当这些资源汇集到一起时就可以满足创业的需要,将创业的想法变成现实。

(3) 激发智慧。俗话说:"三个臭皮匠,赛过诸葛亮。"这句话不是指人多力量大,而是指人多智慧多。当创业团队的成员就某一问题寻找解决方案时,每个人都会从自己习惯的角度去思考问题,因此每一个人给出来的解决方案都暗藏着一个独特的切入点。当所有成员都提出了各自观点之后,这些观点又会对其他成员产生一种刺激,进而形成更具创新性的想法。这个过程就是团队成员之间的头脑风暴,它能够帮助创业者激发更大的智慧。

(4) 降低风险。通常情况下,创业团队都是由互相熟悉的人组成的,他们或者是同学,或者是战友,或者是亲人,或者是一起长大的朋友,他们有着相似的价值观和一致的目标。这样的团队构成使得成员之间都非常了解,大家对于彼此的个性、喜好等都非常清楚。团队成员之间相互理解、信任,能够很快地融合,保证在创业道路上能够很快做到步调一致。例如,比尔·盖茨就是与自己的同学兼好友保罗·艾伦一同开创了商界神话。因此,团队成员之间的"熟悉"可以在很大程度上降低企业运营因人而产生的风险。

五、创业团队的组建原则

1. 理性与非理性原则

有些创业者遵循理性逻辑来组建创业团队,他们会理性分析创业所需要的资源和能力,并将其与自己所拥有的资源和能力相比较,将组建创业团队视为弥补自身资源和能力空缺的一种方式,目的是整合优秀的资源来推动创业成功。

寻找合作伙伴,理应关注他们拥有的资源和能力。但现实中,创业者往往更倾向于找那些志趣相投而不是技能互补的人合作。创业要面对大量的不确定性,风险也很大,是否具有共同的兴趣点、是否具有相似的工作背景、是否具有共同创业理想等,对能否增强和保持团队成员的凝聚力十分关键。在很多情况下,成功并不是因为团队结构有多么优秀,而是因为团队成员之间齐心协力;失败也并不是因为团队结构有缺陷,而是因为团队成员之间存在内部争斗。

创业机会的特征是创业者组建创业团队时必须考虑的重要因素。如果创业机会具有更高的不确定性和更大的创造价值的潜力,这往往意味着创业过程中的任务也会更复杂。这时,创业团队的理性组建也许能更好地处理复杂的创业过程,有助于创业成功。例如,在高新技术领域,大部分创业者都在依据理性逻辑来组建创业团队,强调团队成员之间在技术、营销、财务等职能经验领域的互补性。

而如果创业机会所蕴含的不确定性较低,价值创造潜力一般,在这样的条件下,创业团队成员之间的齐心协力和信任感则更加关键。例如,在服装、零售、餐饮等传统行业,大多数创业者都依据非理性逻辑组建创业团队,"夫妻"店、"兄弟"店、"父子"店比比皆是。当然,选择与谁合作,也和创业者自身的能力有关。

2. 互补性与相似性原则

新企业的成功在很大程度上取决于它所获取的人力资源。其中一个需要首先要考虑的问题是,在角色上,创业者是在所有与自己相似的人之间进行选择,还是选择互补的方式来提升团队的知识水平、技能和能力。

人们往往愿意与相似的人互动,彼此更熟悉,更容易和自信地预测他人的反应和行为,更容易选择他们作为自己的合作伙伴。由于创业者也按照"相似导致相似"的准则,大多数创业者倾向于选择具有相似背景、教育经历和经验的人作为合作伙伴。

但是,这种做法存在的最明显的缺点就是冗余问题:相似的人越多,他们的知识、培训、技能和欲望重叠的程度就越大。例如,若所有人都是技术专家,这在设计一个现实中可行的新产品时十分有用,但对市场营销、法律事务或者有关员工健康与安全等方面用处不大。这通常不利于企业获取必要的财务资源以及有效运营。而且如果所有人都在同一领域,他们往往有重叠的社交网络,不利于扩大人际关系网络。

创业团队必须具有非常充足的信息技能,才能提高创业成功的概率。当创业团队的所有成员在所有重要方面都高度相似时,成功是不太可能发生的。理想情况下,如果某个团队成员的缺陷可以由一个或多个其他成员弥补,团队的整体效应将大于各部分之和,因为团队可以整合成员的知识和专业技能。在许多情况下,强调互补性在某种程度上是一种更好的战略,因为它为新业务提供了强有力和多样化的人力资源基础。

应当考虑相似性还是互补性,最终取决于创业者所考虑的维度。在知识、技术和经验方面具有互补性是非常重要的。为了取得成功,新企业必须获得丰富和有价值的人力资源。另一方面,相似性也是有利的,它增加了沟通的便利性并有助于形成良好的人际关系;动机方面的相似性也非常重要。因此,平衡的方法是主要考虑知识、技能和经验方面的互补性,同时考虑到个人特征和动机之间的相似性。

3.认知和情感冲突原则

认知冲突是指团队成员对生产经营过程中出现的问题有不一致的意见。简言之,认知冲突是一个群众自由的问题。从本质上说,团队成员在生产经营管理过程中存在差异是正常的,一般情况下这种认知冲突有助于提高团队决策的质量,提高组织绩效。

认知冲突是有益的。认知冲突通过促进开放沟通和不同选择之间的公开沟通来鼓励创造性思维,促进创造性方案。事实上,如果没有认知冲突,团队决策就不过是一个团队里最能自由表达的或者最有影响力的个别成员的决定。通过鼓励开放的沟通,整合团队成员的不同技能和能力,认知冲突必然推动成员对团队目标和决策情景的理解,增强成员对团队的责任感,有助于形成创业决策方案。

情感冲突有时可能是非常有害的。当一个创业团队中的冲突引起团队成员之间的个人仇恨时,冲突将极大地降低决策质量,并影响到创业团队成员在履行义务时的投入程度,影响对决策成功执行的必要性的理解。与那些基于问题导向的认知冲突不同,基于个性化的个体取向的情感冲突倾向于破坏团队绩效。简而言之,无论事情如何,情感冲突都是关于人的。情感冲突会引起成员的敌意、不信任、玩世不恭和漠不关心,这将大大降低团队效能。

因此,对于团队绩效来说,冲突既可能是有益的,又可能是有害的,主要取决于它是认知冲突还是情感冲突。认知冲突可以通过提高决策质量和提高决策成功率来提高团队绩效,而情绪冲突会降低决策的质量,破坏决策成功实施从而导致团队绩效下降。

六、组建创业团队

1. 影响创业团队组建的因素

创业团队对新企业的成败起着决定性的作用。创业团队凝聚力、战斗力等可以帮助新企业克服各种意想不到的困难,保证企业的生存。另外,团队成员之间相互支持、相互协调的关系,对新企业起到了提高管理水平、降低管理风险的作用。因此,组建一个高效、有序的创业团队就显得十分重要。一般来说,组建创业团队应考虑以下四个因素。

1) 核心创业者

核心创业者是指创业团队中的主导者。他是创业活动的发起人和组织者。他是创业团队的核心领袖。他是一个有使命感、荣誉感、责任感、思考能力、推理能力和判断能力的人。

核心创业者的能力决定了需要什么样的团队成员。这就要求核心创业者必须正确认识自己,认清自己在创业过程中的不足。核心创业者对自己应有理性的认识,他应该选择合适的创业伙伴来弥补自身的不足,从而创造高效稳定的创业团队,获得创业所需要的知识、技能、经验、社交网络等。因此,核心创业者必须从各个方面了解创业伙伴,组建一个真正发挥优势和互补性的创业团队。

2) 社会网络

社会网络是指社会成员之间相互作用形成的相对稳定的人际关系系统,通常称之为"关系"。社会网络可以给创业者带来人才、物质资本、项目和创业所需的其他资源等帮助。例如,在金融机构的社会网络中,创业者可以很容易地获得创业所需的资金;从政府机构的社交网络中,创业者可以更早地获得企业信息。因此,组建创业团队需要考察成员的社会网络,以便为创业活动提供相应的功能支持。

3) 机会成本

机会成本是经济学上的一个重要的成本概念,它指的是在某种资源被投入特定用途后,所失去的可以从其他用途获得的最大收益。创业者加入创业团队意味着放弃其他发展机会,因而创业者在加入某个创业团队之前需三思而行。

4) 项目发展

项目发展因素是指创业项目的发展需要何种类型的团队成员。创业项目可能需要各方面的专业人才,核心创业者应根据创业项目来挑选合适的创业伙伴。然而在选择创业伙伴时,项目发展因素往往并不是决定性的因素,创业伙伴与核心创业者是否具有类似的价值观以及是否能够互补互助,这才是最重要的。

2.组建创业团队的步骤

1) 树立共同的创业信念

让所有的团队成员相信他们有共同的命运,共同分享利益,共同承担风险,团队中的成员都是相互依赖和支持的。让团队成员相信他们是为了企业的长远利益而工作,而不是为了快速致富。让团队成员不仅了解团队发展的方向,而且了解团队的行动和增长潜力。

2) 确立明确的发展目标

由于团队成员不同的需求、动机、价值观和内心的恐惧,团队需要花费时间和精力来讨论和完善一个可以被集体和个人都接受的目标。团队目标来自业务发展方向和团队成员的共同追求,是所有成员奋斗的方向和动力,是全体成员真诚合作的旗帜。团队建设过程中的目标具有特殊的价值。第一,共同的目标可以鼓励创业团队克服困难,赢得胜利。第二,目标是一个有效的协调因素,使创业团队可以实现协同效应。只有拥有共同的目标,共同努力,创业团队才能取得最终的成功。

3) 培育团队精神

团队精神指的是团队成员为达成团队的利益和目标而表现出的团队协作和奉献精神,包括团队凝聚力、合作意识和士气。为了培养这种精神,领导者必须先树立榜样,做一个强有力的团队精神楷模;其次,团队训练要强化团队精神,最重要的是把这种精神贯彻到团队工作实践中来。没有团队精神的人很难成为真正的领导者。没有团队精神的团队是无法拥有团队合作的。团队精神是优秀团队的灵魂,也是成功团队的必备素质。

4) 实现角色互补和角色转换

团队精神的精髓不是团队成员牺牲自己去完成一份工作,而是充分发挥每个团队成员的个人特长来完成这项工作。因此,团队合理分配每个成员的角色,不仅能调动每个人的积极性,还能提高他们的创造力。当管理者建立一个团队时,他应该充分认识到每个成员的基本特征。在实践中,真正成功的管理者了解其下属的特质和特点,只有在此基础上形成的团队才能真正实现特质和结构的优化,成为一个高效的团队。

在一般意义上,要形成一个成功的团队,团队之间必须形成集体决策、共同责任、民主管理和自我监督的氛围。这是团队区分传统组织和普通人群的关键点。此外,从团队角色理论的角度,特别要注意培养团队成员的积极意识。

5) 建立学习型组织

让团队中的每个成员都明白学习的重要性,为其创造良好的成长环境,提供更多的锻炼机会。努力为他们创造学习机会,提供学习空间,赞扬学习进步更快的成员。通过一对一的交流、研讨会、培训课程,共同创造学习氛围,使团队成员在学习过程中成为团队精英。

6) 建立权责利统一的团队管理机制

严格的纪律和管理机制不仅是维护团队整体利益的需要,对保护团队成员的根本利益也有积极的意义。

一是正确处理创业团队内的各种权力和责任。在创业团队的运作过程中,确定谁适合执行什么任务,以尽量减少岗位和职责的重复。

二是妥善处理团队内部的创业利益。这与创业企业的薪酬有关。初创企业的薪酬制度不仅包括股权、工资、奖金等经济奖励,还包括个人成长机会和相关技能提升等非经济奖励。每个团队成员的价值观是不同的,有些人追求长期的资本收益,而有一些人则不这么想,更关心短期收入和职业安全。

由于初创企业薪酬制度的重要性及其在初创阶段的财务资源有限,因此应认真考虑在整个企业生命周期中设计合理的薪酬和奖励制度。

三是制订创业团队管理规则。为了妥善处理团队成员之间的权力和利益,创业团队必须制订相关的管理规则。团队管理规则应具有前瞻性和可操作性。坚持先求优、后求远,循序渐进的原则。这有利于维护管理规则的相对稳定,进而有利于团队的稳定。

3.创业团队成员的选择

创业团队必须在创业前慎重选择成员。选择团队成员时应考虑以下因素。

1）加入目的

在团队的形成过程中，必须选择那些对企业有兴趣、关注企业的未来发展、有抱负的合作伙伴。

2）知识结构

在一个创业团队中，成员的知识结构越合理，创业成功的概率就越大。仅仅由技术人员组成的创业团队倾向于创造最先进的、以技术为中心的产品，而忽略产品开发与市场的关系；而仅仅由市场开发人员组成的创业团队往往缺乏技术洞察力和敏感性，容易失去发展的方向。因此，创业团队在选择成员时必须充分重视人才的知识结构，兼容技术开发、企业管理、市场营销等方面。

3）爱好和兴趣

创业团队的形成，往往是由于被良好的商业前景所吸引。在创业初期，每个人都在艰难和痛苦中工作，并且充满创业热情，团队成员的个性特征很容易被人格差异和对待问题的不同态度所掩盖。一旦企业发展到一定阶段，个性冲突的矛盾可能会激化，使创业团队出现裂痕。因此，对创业团队成员应该慎重判断，慎重选择。

4）价值观

创业团队成员确定了企业文化的形成。创业团队成立之前，成员之间必须有充分的沟通和充分的理解。只有拥有相似价值观的成员才可以一起创造更好的业务，形成更好的企业文化。

第二节　管理创业团队

一、创业团队的构成

创业团队从狭义上讲，是最初的合作伙伴团队，他们创造新的企业，共同分享企业的利益，共同承担创业风险。广义的创业团队不仅包括狭义的创业团队,还包括董事会、专家顾问等利益相关者。

1. 初始合作伙伴团队

最初的合作伙伴团队由一些投资并参与创业早期阶段的个人组成。最初的合作伙伴团队的知识、技能和经验常常是最宝贵的资源。因此,通常通过评价初始合作伙伴团队的质量来预测创业的未来,具体包括以下内容。

(1) 受教育程度。初始合作伙伴团队的教育水平在一定程度上反映了其知识水平,而具有高等教育水平的初始合作伙伴团队往往具有重要的创业相关技能,如研究能力、见解、创造力和计算机技术能力等,而这些技能是影响创业成败的关键性因素。如果新创企业所涉及行业领域具有较强的专业特征,那么,接受过高等教育的初始合作伙伴团队就会具有显著优势。

(2) 前期创业经历。具有创业经历的初始合作伙伴团队,无论曾经取得成功还是惨遭失败,都可以成为新创企业成功经营的有利因素,甚至成为一种独一无二的优势。因为,他比初次接触创业的创业者对创业过程更为熟悉,并能复制过去成功的创业模式,或能有效避免导致巨大失败的错误。

(3) 相关行业经验。初始合作伙伴团队所拥有的相关行业经验,有利于创业团队更为敏锐地理解行业发展趋势,可以更加迅速地开拓市场和开发新产品。以开办一家生物制药企业为例,初始合作伙伴团队是否具有相关的生物制药技术就特别重要,如果他采取边学习边创业的方式,想成功地创建并经营好一家生物制药企业则极其艰难。

(4) 社交网络关系。拥有广泛社交网络关系的初始合作伙伴团队往往更有可能获得额外的资源。初创企业应当善于开发和利用网络化关系,构建并维持能够给企业带来竞争优势的良好人际关系,这种网络化关系也是创业者社会资本的具体体现。初始合作伙伴团队打电话给业务上的熟人或朋友,请他们介绍投资者、商业伙伴或者潜在客户,这是在创业过程中经常采用的行之有效的方法。

2. 董事会

如果创业者计划创办一家公司,则需要设立由公司股东选出的董事会来监督企业管理。董事会一般由内部董事和外部董事组成。董事会是创业团队的一个重要组成部分,它有助于创业,并通过提供新的业务机会为新公司创造持久的竞争优势。

（1）提供指导。虽然董事会具有正式的治理职责，但是，董事会所发挥的最大作用还是为企业管理者提供指导和帮助。实现这一目标的关键在于，公司选定的董事会成员应当具备胜任能力，经验丰富，能够提出深刻见解和深入分析问题。因此，一定要有目的地选择外部董事，要让他们填补创业者和其他董事在经验和背景方面的空缺。

（2）增加资信。董事会是由股东大会选举产生的，负责处理公司诸种重大经营管理事项。具有较高知名度和地位的董事会成员能为企业带来即时的资信。没有资信，潜在客户、投资者或求职者很难识别出高质量的企业。高素质的人不会拿自己的声誉开玩笑，当然就不会在低层次的公司董事会中服务。所以，当高素质的人同意在公司董事会任职时，他们实质上是表明公司可能成功的信号。

3. 专业顾问

在许多情况下除了以上创业团队成员，创业者还需要与专家顾问交流来获得重要的建议和想法。这些专家顾问往往成为创业团队的重要组成部分，在外部发挥着重要作用。

（1）咨询委员会。咨询委员会由业务咨询和法律咨询的专家团队组成。与董事会不同，咨询委员会不承担法定的业务责任，只提供不具约束力的建议。成立咨询委员会的目的既可以是一般的，也可以是具体的，以满足特定的主题或需求。因此，咨询委员会成员应尽可能覆盖广泛的人才和技术领域，在经验和技能上与创业团队成员相互补充。

（2）贷款方和投资者。贷款方和投资者将为企业提供有益的指导和信贷，并确保它们发挥基本的金融监管作用。有时贷款方和投资者也可以积极帮助企业通过多种渠道增值，如帮助识别和招聘核心管理人员，深入了解企业计划进入的行业和市场，帮助企业改善商业模式，扩大资本来源渠道，吸引客户，帮助企业进行业务合作等。

（3）顾问。顾问是提供专业咨询的个人。当新企业需要从专家那里获取诸如专利、缴税计划和安全规章等复杂问题的建议时，顾问的作用不会太大。但是，当一个企业的顾问以公司的名义进行可行性研究或行业分析时，顾问的角色至关重要。由于这些活动要花费一定的时间，无法让董事会或咨询委员会来承担，因此可以由顾问来完成。

二、成功团队的基本特征

一般来讲,成功的创业团队普遍具有下列特征。

1. 共同的创业信念和清晰的目标

这是一个成功团队的基本特点。共同的创业信念决定了创业团队的性质和目的,并涉及企业的目标和行为准则,这些准则指导团队成员如何工作以及如何成功。被团队所有成员接受的清晰的目标可以使整个团队凝聚在一起。如果这个目标能够与每个成员的个人目标完全一致,那么创业动机就会更加充分。

2. 互相团结和信任

成员之间的团结和信任可以说是任何一个完美团队的共同标准,只有这样,所有人才能够在沟通和协作的基础上认真完成任务。

3. 知识技能的互补

团队成员在技术上都会有自己的优势和弱点,并不是每个成员都精通所有的技术。关键是团队成员的知识和技能得到合理的匹配。团队成员之间的知识或技术可能有一些重叠,但应尽量避免。只要团队内具有不同能力和技能的人员可以共同协作,就能提高工作效率,化解团队内部的误解和矛盾。

4. 团队利益至上

事业是团队的事业、集体的事业,团队的目标比个人利益和目标更重要。团队成员应该能够一起工作,愿意为了长远利益而牺牲短期利益,比如团队成员不局限于短期工资、福利、津贴,而是分享创业成功后的利益。

5. 良好的沟通

优秀的团队不会回避不同的意见,而是在充分的沟通交流后能达成统一的意见。团队成员之间的良好沟通可以加强内部团结,解决内部冲突,提高信息共享和透明度,有助于迅速了解其他成员的意图,提升团队的工作效率和业绩。

6. 灵活的应变能力

团队应尽量适应与自身团队定位不冲突的各种任务,不断学习和追踪新技术、新技能和新知识,使团队适应能力和团队的生存能力变得强大。

7. 恰当的领导

最有资格的团队领导者并不是最强大的管理者。团队领导者不仅要明确团队的方向,设定短期目标和长远目标,组织、协调、监督和控制企业内外部的所有关系,而且要具有带领团队走出困境的能力。正确的领导包括以下几点:善于为团队提供指导和支持,能够给予合适的指令,能够为团队提供周到细致的服务。

8. 外部和内部支持

所谓外部支持就是要建立团队所需要的软硬件资源结构,内部支持是团队人员要恰当,机制运转正常,比如有一个准确的项目风险和成本审计机制、公平的考绩机制、及时的冲突解决机制、适当的培训和激励机制、良好的沟通机制、合理的分权机制和适当的人员配置机制等。

三、创业团队的管理

创业团队组建成功后,最重要的就是进行创业团队的管理。良好的创业团队管理是一个新企业走向创业成功的基石。联想集团的创始人柳传志认为,团队管理的三要素是"建班子、定战略、带队伍"。虽然创业团队存在一定的自身特殊性,但是对它的管理重点依然是对人的管理,也就是人力资源管理,主要包括团队成员的岗位配置、培训开发、激励等内容。

1. 创业团队管理的主要内容

创业团队组建成功后,创业者首先要使创业团队的理念和目标与新企业的战略、目标及文化等一致,在岗位评价分析及对团队成员深入了解的基础上,将团队成员安排在相应职位,让不同团队成员根据不同的岗位要求发挥长处,最终建立合理的绩效考核指标体系。创业团队管理的具体工作主要包含以下几个方面。

1) 制订良好的规章制度

规章制度是一个组织的底线,对于那些没能达到规章制度要求的行为应进行处罚。柳传志曾经说过,今天公司的发展确实有它自己的行为准则,我们需要设置一个旗帜,很清楚公司将要做什么,公司成员能做什么和不能做什么。同样,对于一个创业团队,规章制度是非常重要的,如果没有明确的规章制度来规定团队成员的行为,没有规定哪些事是符合规定可以去做的,哪些事又是明确禁止的,所有成员做事都是随心所欲,那么团队成员就难以向着同一个方向迸发,甚至有的成员为达目的会触犯国家法律法规。但是规章制度不可生搬硬套,而应该是一种适度人性化、弹性化的管理,需要根据实际情况灵活应变。

2) 明确共同的奋斗目标

有句古话说得好:"千人同心,则得千人之力;万人异心,则无一人之用。"这是中国古人对于团队的看法。"没有行动的远见只能是一种梦想,没有远见的行动只能是一种苦役,远见和行动并存才是世界的希望",这是现今人们对目标和行动的认识。从这两句话中我们可以看出,明确的奋斗目标以及有效的行动对于一个团队尤为重要。共同的奋斗目标是团队成员对团队领导者的要求,即希望其指出一个明确的努力方向;而团队的领导者对团队成员的要求则体现在希望成员朝着共同的奋斗目标努力。

团队共同的奋斗目标是团队成员个人工作目标的来源,明确的奋斗目标才能激发出真正的创造力。没有目标的创业团队,就只是一个聚集的人群,任何成员都没有一个清晰的奋斗方向,这样的创业团队成员之间没有基本的相互认同与协作,更不要说为实现目标而进行有效行动。

为此,创业团队要提出一个清晰明确并且合乎实际的目标,激发不同成员之间的相互协作,从而真正体现出创业团队的力量,更好地促进目标的完成。清晰明确的目标,能让团队成员即使遇到困难也会对未来充满希望,拥有战胜困难的勇气。值得注意的是,团队目标的实现建立在团队成员对目标的理解和接受的基础之上。创业团队成员只有认可目标,才能发挥所长,在行动过程中不断以目标衡量自己的行为,以保证行动不偏不误,成为有效行动。

目标的确立要注意以下几个问题:①要依据新企业的实际情况及所处行业的发展趋势;②必须是一个经过团队努力后能基本达到的目标,切勿太过虚幻;③必须是一个能为创业团队成员接受的、能引起团队成员共鸣的目标。

3) 确保有效的沟通交流

在这个信息快速传播的年代,创业团队内部顺畅的沟通交流是创业团队建设的基础,是提高团队效率的一个重要因素。沟通交流已成为维护一个创业团队整体性的重要工具。如果说创业团队的规章制度是维持创业团队队列整齐的外在的看得见的手,那么创业团队内部的沟通交流就是保持团队行动一致的内在的无形的手。它是完善的创业团队制度和积极向上的创业团队文化的体现,是团队持续前进的润滑油。

有效的沟通交流可以达到以下目的:首先,能够保证团队成员了解创业团队的整体目标和战略，以此来规范自己的行动，从而推动创业进程，同时在工作过程中增强团队管理者对团队成员技术和能力的了解，及时做出岗位人员的调整等决策。其次，能增强团队内部成员间的互相了解，从而减少各方之间的矛盾、障碍及冲突，提高创业团队成员的工作士气，营造良好的人际工作环境并提升工作效率。最后，能使团队成员知晓团队整体的业绩及所面临的问题，促使其积极为创业团队的发展献计献策，以达到群策群力的效果，让每一位成员都感到自己在创业团队里的重要性，从而增强创业团队成员对团队的认同感、责任感及主人翁意识。

4）进行适当的团队激励

每一位创业团队的管理者都希望自己的团队成员持续不断地向着既定的创业目标前进。马斯洛的需求层次理论存在两个基本假设前提：一个是人类行为是由动机引起的，动机起源于人的需求；另一个是人的需求是以层次的形式出现的。这两个基本假设前提告诉我们，人的行为受人的内在的、不断变动的需求所控制，要想激励团队成员使其产生持久不断的工作热情，就要满足其不断变动的需求。同时美国著名的潜能激励大师安东尼·罗宾也指出："要想成功，就必须学会调动别人内心深处的积极性，让他们发挥潜能，必须给他们的油箱加油。"为此，一个创业团队的领导者，需要时刻留心观察，发掘不同团队成员内心深处所隐藏的需求，选择合适的时期以满足他们当前欲望的方式进行激励，从而激发团队成员不断的工作热情。

5）实施合理的分权授权

团队管理事务繁杂，涉及面广，创业团队的管理者会受到个人精力、知识、经验条件等多方面的限制，其所能够有效领导的下级团队的人数及范围是有一定限度的。如果创业团队的一切经营决策、组织指挥等事务都需要同一个管理者拍板，即便他有三头六臂也会难以胜任。为此在创业团队的管理过程中要注意创业团队领导者的有效管理幅度问题，将集权与分权进行有机结合。不要抓住权力不放，而要有选择地尽可能授权给创业团队的成员。合理的分权授权将有利于创业团队成员根据实际情况迅速而正确地做出决策，也有利于创业团队的领导者摆脱日常繁杂的事务，集中精力抓住重大问题。合理的授权也可以调动团队成员的积极主动性。

2. 创业团队的管理技巧

1) 明确团队发展目标

目标是方向,是灯塔,指引着企业持续不断地发展。一个企业能走多远,关键看它有什么样的发展目标和愿景。创业团队应该有一个可以实现的、引发团队共鸣的发展目标。

在明确发展目标的时候,应注意以下几点。

(1) 避免太空洞,不现实,也避免太狭窄。

(2) 采纳核心团队成员的建议,与其他成员达成共识。

(3) 凝聚力强,指导意识强。

(4) 目标是固定的,不要随意更改。目标的实现是一个长期的过程,对于创业型企业来说可能会有相当大的困难,应该坚持到底。

2) 留住人才

管理是一门艺术,管理人更是一门艺术。留住人才,不是留住所有的人,而是"取精华,弃糟粕","远小人,近贤臣",宁缺毋滥,建议如下。

(1) 根据员工在企业工作时间的长短:短期靠工资,中期靠奖金,长期靠股份,永远留住靠思想。

(2) 关心员工,多想想员工需要什么,进行预期管理。

(3) 讲究诚信,说到做到。

(4) 对于核心团队,给他们一定的公司股份,让他们有强烈的归属感,他们不是打工的,而是为自己奋斗。

(5) "如果做不到,必须要讲到。"关于工资滞后发放,奖金少或不发,承诺因客观原因未兑现等问题,必须给出解释。沉默会使员工感觉管理者不关心这些,感觉管理者认为付出是应该的。

(6) 对待员工和大小股东要一视同仁,胸怀要宽广。

(7) 分析团队存在的问题,从而推动团队建设。

(8) 以德服人。

3) 增强团队的凝聚力

团队的战斗力,来自于团队的凝聚力,各自作战,其力甚微,小业绩靠个人,大业绩靠团队。团队作战才能发挥创业团队的积极性,燃烧团队的激情。增强团队凝聚力可以从以下几点做起:

(1) 建立团队共识,使团队成员愿意接受团队文化和目标;

(2) 营造稳定的团队氛围;

(3) 开展有利于团队团结的活动;

(4) 及时安排团队成员参与有意义的活动。

4) 提高团队的执行力

没有执行力,即使有最好的战略和计划也不起作用;不落实,工作就不会有任何进展。为了提高执行力,必须做到以下几点。

(1) 明确责任,对人负责,让每个人都知道自己该做什么。

(2) 奖惩明确,落实到位将获得奖励,执行不力将受到惩处。

(3) 过程控制和监督,分解工作,逐步完成。

(4) 限制完成工作的时间,必须到期完成。

(5) 监督工作质量。

5) 激发团队的创造力

创业团队的特点是具有很强的创造力。如何更好地发挥这一优势,产生更大的成果,是创业者应非常关注的。为了激发团队的创造力,我们必须首先创造一个合适的环境和氛围,让团队成员有更大的空间去创造和搭建平台。

3. 创业团队的激励

在新创企业中,必须关注创业团队成员特别是经理人员及关键技术人员的激励问题。其目的是最大限度地激发创业团队成员的积极性和创造性,进而实现新创企业的共同目标。对创业团队成员的激励有以下几种方式。

1) 认同激励

认同激励是指团队成员认同核心创业者的创业目标与思路,并愿意为之不懈努力,共同铸就其未来成功的激励方式。从某种程度上讲,认同激励是各种激励方式中最重要的,因为只有创业者的目标与思维具有一定的说服力,才能得到他人的认同,其创业活动才有一定的号召力和凝聚力,进而才能组建起一支优秀的创业团队。核心创业者必须明白,在创业过程中,他既要激励自己,又要激励团队、激励员工,用人格魅力让团队成员能够预见创业的前景,建立收益制度,保障团队成员的劳动所得。但是,所有这些工作的前提必须是自己的目标与思路能够得到大家的认同,并将他们牢牢地凝聚在自己周围。

2）产权激励

新创企业给予管理人员及核心员工以产权激励是十分重要的。因为产权激励能够使人产生企业有我的一份，自己在与企业同步成长的感觉。给予管理人员及核心员工(如关键技术人员)以产权激励时应采取期权激励的方式。一些企业实行这些制度，目的是促使产权持有者的未来收入与其努力程度及能力挂钩，以消除其行为的短期化。目前，有不少企业将高层管理人员及核心员工持股作为一种长期的激励方式，与工资、福利、津贴等短期激励方式共同构成了使企业高层管理人员、核心员工与股东利益相一致的管理模式。其中，股票期权这一由企业所有者向高层管理人员及核心员工提供的产权激励工具正在被广泛地使用。

3）兴趣激励

兴趣激励就是创业者要为团队成员寻求工作的内在意义，让团队成员做自己感兴趣的事情。马斯洛说："音乐家必须演奏音乐，画家必须绘画，诗人必须写诗，这样才会使他们感到最大的快乐。"任何一种兴趣都是通过参与伴随某种情绪过程的事物而得到身心满足的结果，从而产生更持久、更经济、更有效的内部激励。

在企业内部，兴趣和利益齐头并进，当两者能够被机制所激发并被整合时，团队成员将有巨大的使命感，以积极的奉献精神投入到企业的工作过程中，从而使人才资源得到合理利用。兴趣的影响力渗透在各种软性激励因素之中，以兴趣为代表的内在需要的满足已经成为激励团队成员的关键，从团队成员在工作中实现自己的价值、追求自我工作和自我发展的要求中体现出来。

4）信任与位置激励

信任与位置激励是指充分信任管理人员及核心员工，并使他们处于适当的管理或技术岗位。一个人处在正确、适当的位置，可以充分发挥自己的创造力，充分调动工作的积极性。

5）工作环境激励

工作环境激励是指要为核心员工创造条件，提供优越的工作环境，其中包括硬件环境和软件环境，而这种工作环境在其他企业中往往无法实现。

合适的激励机制是企业队伍不断发展壮大的内驱力。对每个成员给予适当的激励，不仅可以激励创业者最大限度地提高工作效率，获得更多的收益，而且有助于提升创业团队的稳定性。但是,鼓励和嘉奖的模式并不是墨守成规的。创业企业需要和追求的利益在不同的生命周期中会相应地发生变化。因此,激励模式应根据实际情况加以调整,使团队成员在各个时期都能尽最大的努力,为整个团队和企业的发展做出最大的贡献。

4.创业团队的风险管理

1)影响创业团队的风险因素

在企业创办过程中,无论企业的创业机会是好是坏,也无论团队成员是否密切合作,难免会遇到一些麻烦。企业可能无法摆脱被扼杀在萌芽期的命运,或者它将长期被苦恼的分歧性冲突所困扰以及为权力和利益而斗争。这些问题就算不会摧毁一个企业,也肯定会严重破坏其发展潜力。这是创业团队的风险,这在一定程度上成为创业道路上最大的阻碍。创业团队的风险因素归纳起来有以下几点。

一是信任缺失。在创业过程中,创业团队成员容易出现不信任,这种不信任既包括人格的不信任,也包括能力的不信任。创业团队的带头人,如果不信任别人,可能导致团队成员的工作热情减弱,更甚者会导致团队的崩溃。当这样的信任危机遇到利益分配不公和认知不同时,就会激化矛盾,造成团队崩溃等破坏性后果。

二是分配不公。在整个业务流程中,团队成员希望他们的收益与贡献相匹配,希望在利益分配上显示公平。但创业团队成员的贡献总是动态变化的,在创业的不同阶段,创业所需要的资源可能会大不相同,每个创业团队成员所拥有的资源也会发生动态变化。创业团队成员在创业初期往往能够为共同的理想和目标而共同努力,很少关注收益;然而,随着职业生涯进步,他们更关心个人的收益。很多企业由于发展初期缺乏明确的利润分配方案,而导致未来的利润分配方案存在争议。

三是个性冲突。个性是一个人区别于他人的,在不同环境中显现出来的,相对稳定的影响其心理特征的总和,包括需要、动机、兴趣、理想、信念、能力、气质和性格等。有很多创业团队是由一些合作伙伴共同创立的,他们拥有良好的个人关系。在这种情况下,团队成员的性格差异和处理问题的不同态度很容易被掩盖。这种情况往往导致创业团队的失败。

四是理念差异。大家知道,提高团队效率的关键在于团队成员要有一致的创业目标、创业利益、创业思路,一致的行动纲领和行为准则。但事实上,就特定的创业团队而言,关于这些问题,创业之初可能是清楚、一致的,也可能是不清楚、不一致的。在不清楚、不一致的情况下,共事一段时间之后,部分人就会发现原来大家没有共同的价值观,这时创业团队就有可能解散,这种情况是非常普遍的。

五是欠缺沟通。创业团队成员之间的沟通是非常重要的,和谐的人际关系有助于成员理解和接受团队的决策,并共同完成任务,最终有助于提高团队绩效。相反,创业团队成员之间缺乏真正的沟通,会导致情绪和人际关系的冲突。在创业过程中,由于缺乏完善的沟通渠道,特别是创业领袖中存在着"家长制作风",团队成员缺乏良好的沟通能力,沟通不畅就会给团队带来四分五裂的隐患。

六是失去信心。当创业团队成员面临重大挫折,当他们感觉到未来的黑暗时,创业可能会停止。当创业者找不到新的项目和出路时,创业团队就会自然而然解散,团队成员各自谋生。特别是在竞争激烈的情况下,如果团队成员的抗风险心理能力弱,过多地考虑自身的劣势,对外部可能产生的风险估计过高,对创业团队的未来没有信心,缺乏必胜的信念,而且没有提供及时、有效的激励,那么必然会危及团队的生命。

七是自我膨胀。自我膨胀是指超越自己的实际情况表现出来的自信,进而演变为盲目傲慢和自负自大。当一个团队成员认为,离开一个团队仍然能实现目标,不再需要他人的帮助,忽视其他团队成员自主创业的想法,最终可能导致创业团队的分化。特别是核心团队成员更有可能因自我膨胀而"自力更生"。

八是外部诱惑。在残酷的市场竞争中,人才的竞争更是激烈。当创业团队出现问题,团队成员遇到更好的发展机会时,人才流失的现象就可能发生。特别是掌握了核心技术和关键资源的成员流失,将会使团队遭受致命损失。

2) 创业团队风险防范对策

从管理的角度来看,创业团队风险是可以控制的系统风险。因此,团队形成之后,要维护创业团队的稳定,避免团队风险,还需要注意以下几个方面。

一是统一认知。企业的管理需要智慧,创业团队的管理更需要用心。在管理创业团队时,需要明确的第一件事就是统一认知、统一思想,关乎团队成长、建设的核心问题必须有一致的认识。例如,团队应采取何种决策模式,是大胆放权的民主式，是小心谨慎的集权式，还是取两者之长的适度放权式。创业团队必须对诸如此类的关系企业生存发展的重大问题有足够的"默契"，才可以保证团队的稳定运转和企业的快速成长。

二是明确权责。企业的建设是一项系统工程，要完成这一工程，团队成员需要协同作战，不仅要有共同的愿景，还必须根据各自所长承担相应的责任，以保证团队权责明确。在划分团队权责时必须保证总量一致原则，即团队中所有成员承担的责任无重复、遗漏，每一位成员承担的任务总和刚好等于团队的总任务量。团队成员权责明确，各司其职，才能保证企业稳步成长。

三是有效沟通。保证创业团队高效运作的一个关键因素是团队成员之间能够进行有效的沟通。只有有效地沟通，团队成员之间才会产生一致的认知，才能激发新颖的想法，才能去除误解和矛盾。有效沟通本身是一门学问、一门艺术。创业团队要保证沟通的效果，至少要做到三点：明确问题，抓住重点；允许表达，但不赘述；重视反馈，统一认识。不同的人走到一起，组成一个团队，一同创业，一起"打江山"，这本来是一缘分，而缘分的延续需要真诚的情感和努力，所以在推动团队运转的过程中一定要保证充分而有效的沟通。

四是充分信任。创业的道路无比艰辛，一个人即使能力再强、本事再大，也无法以一己之力成就一番事业。因此，现在是团队的时代，但团队的运转和管理却面临着信任危机。毫无疑问，成员彼此之间缺乏信任的团队是走不远的，而一个人能让自己得到信任的前提是勇敢地相信别人。对于有责任感的创业者来说，信任本身会形成一股强大的力量促使团队成员为团队做出更大的贡献。

五是共同成长。优质的创业团队是有生命的，它会经历稚嫩、成长和成熟等不同的发展阶段，而在这一系列变化过程中，团队成员一定是与团队共同成长的，包括在专业能力、心理承受能力、彼此的信任与默契、风险的预测和预防等方面。团队的成长会带来企业的成长，相反，团队的停滞也会导致企业的萎缩。因此，创业团队必须营造出一个良好的氛围，以保证成员可以不断地学习、不断地前进、不断地成长，不可安于现状或故步自封。

六是沉淀文化。纵观商场上现有的成功企业，每一个企业的团队都有着不同的"基因"或不同的"味道"，而这一份"不同"主要来自于团队文化。因此，在创业团队的运转和管理方面，最高深的内容之一就是培养并沉淀团队独有的文化。当团队成员拥有了相似的价值观时,在工作中就会高度默契、高效决策、快速执行。因为,拥有文化支撑的团队,在运转的过程中企业文化已经渗透进了团队成员的"基因",他们的思维和行为模式已经烙上了团队的印记。

第五章 创业项目选择

第一节 创业项目概述

一、创业项目的分类

创业项目是创业者要实施创业的依托。创业者首先要选择好的创业项目,才能确定清晰的创业方向,进而开展创业活动。创业项目的种类有很多,范围也很广,涉及社会发展的方方面面,也包括人类的吃、喝、玩、乐、发展等方面。随着创业活动的兴起,学者们对创业项目的分类有过许多研究。从方法的角度,创业项目分为自主创业、加盟创业、体验式培训创业和创业项目指导创业;从创业活动的性质来看,创业项目可分为岗位创业项目、服务业创业项目、科技创业项目、网络创业项目、生态创业项目、社会创业项目六种类型。

下面,将着重分析根据创业活动的性质分类的六类创业项目的特点。

二、创业项目的特点

1. 岗位创业项目的特点

岗位创业的实质是改变企业用人的主体和利益关系,推进劳动者、岗位和劳动关系之间"三个关系"的转变:一是劳动者主体身份的转变,从打工者转变为合作者,实现了利益主体关系的平等,有利于劳动关系的和谐发展;二是岗位责任主体的转变,从履行岗位职责转变为岗位创业,彻底改变了被动工作的劳动关系,员工真正成了企业发展的主人;三是劳动关系的转变,从雇工关系转变为合作共赢关系,强化了市场意识,形成了良性的风险共担、利益共享的运行机制。可见,这是一种建立在市场化基础上的新型劳动关系,它通过劳动主体和利益关系的改变,极大地激发了员工的潜在能力和积极性。

岗位创业项目还解决了企业用人的根本问题。通过岗位创业,变员工为创业者,变被动为主动,变"要我干"为"我要干",能在较短的时间内激发员工的创业梦想,使他们能够发挥聪明才智,真正实现自己的人生价值,成就创业梦想。

2.服务业创业项目的特点

(1)服务业创业项目对资金与技术的要求不高,但创业项目和创业模式的有效性取决于服务对象对项目的生活体验,因此,服务业创业项目的设计与运行必须贴近人们的生活或者企业运作的机制,满足人们的需求,解决企业的痛点,才能体现其价值。因此鼓励大学生一定要积极参与社会实践,积累生活阅历,扩大眼界,因为服务理念不是凭空创造出来的,它很贴近生活,非常真实,看起来很简单,对仅仅注重理论学习和专业学习的大学生来说其实是个大挑战。

(2)服务业创业项目特别需要创业者学会换位思考。创业者站在服务对象的角度,能够以专业的思维和对用户友好的服务流程来解决服务对象的问题和需求,敏锐地从社会问题、公众需求项目中找到价值。要做到这一点,创业者需要有一种强烈的"服务"意识和个性,这对许多自我意识强烈的独生子女来说是非常困难的。

(3)服务创意和服务机制必须具有创新性和独特性,才能快速占领市场,并获得市场竞争优势。服务业创业项目的创意和服务机制决定了创业者既需要具有非常强的资源整合能力,也需要具有非常强的进取心,还需要具有非常好的身体条件。过于保守与封闭的态度不利于让创业者的服务机制得到推广和创新。

(4)现代创新服务业与电子新技术、互联网的运用以及跨文化视野有很大的关系,因此创业者需要掌握互联网的相关知识,具有开放、敏感、快速的学习能力与态度。服务是落实价值的形式,特别是随着互联网技术的发展和推广,许多服务业创业项目必须融入更多的新技术与新文化,与创新结合,才能在同一服务机制中提供更大的价值与前沿的服务体验。

3.科技创业项目的特点

科技创业是指知识和技术通过创新成为新的业务流程或新产品。科技创业的关键是技术与科技的结合。根据经济学家的观点,科技创新和创业应该主要解决两个孵化器的问题,即抓住两个方面。一个是技术,也就是知识的技术化,关键是要让企业形成具有潜力和活力的"实验室经济",把"实验室经济"作为企业自主创新的孵化器。另一个是将技术转化为工业,即技术产业化,关键是要有风险投资。因此,要想形成良好的科技创业机制,就需要一个平稳的社会运行机制。

4. 网络创业项目的特点

(1) 创业门槛较低。与传统的商业市场相比,网络创业不需要传统商业市场那样较高的资本门槛和技术要求。目前,大多数网络创业者主要是精通互联网的年轻人。例如,无论是在读学生还是毕业生,无论大学所学专业是什么,只要他们具备良好的网络知识和技术,将互联网与创业公司结合起来就可以创业。同时,在网络和风险投资的帮助下,大学生只要有良好的思想观念和能力,就可以完全避免传统业务中原始资本积累最困难的阶段,利用创业融资实现低成本投资和快速扩张。

(2) 技术要求较低。据对网络创业者的随机调查发现,只有少数企业家认为缺乏一定的网络技能会制约网络创业的顺利发展。因此可以看出,网络创业对创业者的技术要求不高。特别是在当前网络技术加快升级、电子信息服务业务不断完善的情况下更是如此。在电子商务领域,中国已经有很多成熟的电子商务平台提供商和电子商务技术维护者。对于大学生来说,很多学生已经能通过各种网上交易平台成功进行网上销售。

(3) 投资风险相对较低。与实际创业企业相比,网络创业项目在创业过程中对场馆和人员的需求较低。因此,网络创业的投资不需要太多的固定资产投资。初创业的大学生,即使生意失败,其持续亏损也相对较低。由于初期投资较小,因此创业者承担商业损失的风险较小。

(4) 更自由的创业环境。在互联网时代,没有人预先设定网络成就的规模,因为成就取决于创业者创意的价值,也有创业者愿意为创业而努力。网络是一个相对公正、公平、公开的创业环境,创业者只要遵守国家有关的法律法规,就可以享有互联网带来的商机。

5. 生态创业项目的特点

生态创业作为创业的新途径,具有以下独特的特点。

(1) 首先,生态创业是生态参与。尽管生态创业项目实施过程中各生态企业的生态环境存在差异,但其往往具有绿色创新的内在趋势。

（2）生态创业有赖于绿色市场和绿色消费者。在项目选择方面，生态创业最突出的特点是以绿色市场为突破口，利用生态和绿色优势，实现项目本身的生存和发展。在产品市场定位方面，生态市场是生态创业的目标市场。生态市场没有形成，生态创业就没有生存的基础，没有发展的空间。此外，生态企业还必须让消费者意识到当前消费的技术和产品缺陷，以促进消费者对绿色产品的需求。

（3）生态创业项目具有长期回报和依赖国家政策的特点。绿色创业的周期长，社会责任大，往往是在政策鼓励或支持的背景下产生的，往往起到生态建设和创业的双重作用。

6. 社会创业项目的特点

社会创业作为一种新型的创业模式，不仅具有一般创业项目的特点，还有其独特的特点。社会创业项目的主要特点体现在社会和公共福利方面。

（1）朝着"解决社会问题"的方向发展。社会问题的存在是社会创业项目存在的前提和基础。虽然传统企业也承担着诸如捐赠和使用环保材料等负责任的社会行为，但并不直接解决社会问题。社会创业者精神源于发现未解决的社会问题或未满足的社会需求。"解决社会问题"是社会创业者的使命和终极目标。社会创业项目是为解决社会问题而创造的产品或服务。

社会创业项目主要是由社会回报驱动的。它力求最大限度地减弱问题带来的社会影响，并动员更多的力量和资源来解决社会问题。

（2）社会目的和使命很明确。社会创业者的直接使命是创造具有重要社会目标和使命驱动的社会价值观。经济价值（利润）不再是首要目标，因为经济价值是社会创业者精神的副产品。建立与使命相关的社会价值观（而非利润）才是评估社会创业者成功的主要标准。

（3）解决问题的创新方法。与企业型创业不同，社会创业面临的社会问题具有紧迫性和社会危害性。因此，社会创业者需要比普通创业者在解决问题方面更具创新性。这些创新包括解决问题的方法和解决问题的组织创新。社会创业创造了新的社会价值。因此，社会创业者或组织需要创新转型，发现新问题，开发新项目，组建新机构，引进新资源，弥补"政府监管不到位"和"市场失灵"的不足。

（4）社会资本的核心。为了确保有效地提供产品或服务，社会创业需要各种风险资本投资,如地点、设施、资金和人员。与创业企业不同,社会资本、社会关系、网络、志愿者和社会支持是社会创业者的核心资本。与物质资本和金融资本不同,社会资本不会因使用而减少,而是通过持续消费和使用而增加。

第二节 影响创业项目选择的因素

一、创业者与创业项目

1. 创业者类型

(1) 生存类创业者。这类创业者通常由于生活压力而选择创业,特点是启动资金较少,创业层次较低,创业规模较小,往往从小生意开始做起,目的是解决生活困境。创业项目一般集中于小商店、小作坊等商业贸易领域。生存类创业者创业初期没有具体的发展规划,走一步看一步是这类创业者的主要模式。在中国改革开放初期,生存类创业者一度占到中国创业者数量的90%以上,其中不乏把握住改革历史机遇而做大做强者。但目前来看,生存类创业者由于创业目的和创业领域单一,难以形成行业性的竞争优势,获得创业成功的概率大大降低。

(2) 投资类创业者。这类创业者通常具有一定的经济实力,以获得更大的资本回报为创业目的。在创业项目的选择上,投资类创业者主要关注投资收益,以投资收益率作为衡量项目的主要依据。

(3) 事业类创业者。这类创业者把创业当作自己的人生目标,一旦确定创业,则把创业项目当作自己的毕生事业去完成,通过创业来实现自我价值,获得社会认可。事业类创业者通常在资金、技术或社会关系等方面有一定的基础,自身素质较好,创业目标明确,创业成功概率较大。

2. 与创业项目相关的创业者自身因素

创业项目的选择往往和创业者的自身因素密切相关,这些因素包括以下几个方面。

(1) 资金因素。不同创业项目所需资金投入各不相同,同一创业项目在不同的实施阶段所需的资金投入也有所差别,此时,在创业项目的选择上要结合项目的特点和创业者自身的资金实力,量力而行,不可盲目。

（2）经验因素。在选择创业项目前,创业者需要分析自身是否具有与项目相关的行业经验,自身的专业知识、能力、兴趣点是否与创业项目要求相一致。因此,在选择创业项目时,应充分考虑自身经验,选择自己擅长的领域,扬长避短,并积极通过各种方式积累经验,更新行业知识和技能,为所选创业项目的运行做好铺垫。

（3）社会因素。这里所说的社会因素主要是指创业者的社会关系。创业者要取得成功,离不开各种社会关系的帮助。一般来说,社会关系主要包括客户资源和人力资源。任何企业要生存都离不开客户,良好稳定的客户资源是创业项目获得稳定收益的可靠保障。同时,创业企业的发展离不开良好的人力资源,创业企业的项目计划、筹资、运行等方方面面都需要人力资源保障。因此,选择创业项目时应充分考虑人力资源方面的配合。

（4）团队配备因素。

二、创业项目的信息

选择创业项目时,创业者要在对自身条件进行充分认识的基础上,对各种创业项目信息进行充分了解,包括项目的行业发展环境、技术要求、市场空间、市场竞争程度等信息。

1. 行业发展环境

创业者对创业项目所属行业进行深入分析,了解该行业发展现状及趋势,明确该行业处于上升期、成熟期还是下降期,明确所选创业项目是"朝阳产业"还是"夕阳产业"。一般来说,朝阳产业创新性强,容易获得政府或投资方支持,一旦成功则市场发展潜力巨大,但项目推进往往也伴随着一定的技术困难。夕阳产业大多技术成熟,项目前期推进较为容易,但市场竞争激烈,后期发展较为困难。

2. 技术要求

在创业项目包含技术产品时,必须进行产品技术分析。创业者需要了解该技术的创新程度、技术难度、质量规范、市场反应等方面的信息,选择符合市场需求、操作具有可行性并具有发展潜力的技术,避免难度过大、不便于操作实施的技术。

3. 市场空间

市场空间是指某一创业项目在市场上的参与企业数量。在选择时，应通过充分调研与创业项目相关的市场信息，包括项目所在地的经济发展水平、居民消费水平、当地风俗习惯等，进而估算出创业项目的市场空间。一般而言，市场空间大的创业项目当前的参与企业较少，创业者进入后容易抢占一定市场份额；而市场空间小的项目，由于已经有众多企业参与，创业者进入后要获得快速发展相对较困难。

4. 市场竞争程度

众所周知，一个参与企业多的市场，对新进企业并不友好，创业企业在其中必然面临各方同业竞争压力，大大增加了创业者的创业难度。因此，在选择创业项目时，创业者应充分考虑市场竞争程度，选择竞争对手较少的项目领域，规避创业风险，减小创业压力，增大创业成功概率。

第三节　创业项目选择

一、创业项目的选择原则

选择创业项目时应遵循一定的原则，做到有的放矢，避免盲目跟风。具体来说，应遵循的原则有以下几点。

1. 政策支持原则

创业者在选择项目时，要对国家宏观经济状况有相应的了解，明确现阶段国家大力支持和提倡发展的行业，哪些行业是限国家鼓励发展的，哪些行业是国家限制发展的，要做到心中有数。对应到具体项目，创业者应优先选择国家鼓励、扶持并有前景的行业，争取获得政策支持和补贴。对于政策限制的行业，创业者应避免创业项目涉及其中，以免将来项目发展受限。

2. 社会需求原则

创业项目的选择应该符合社会需求，顺应市场发展方向。需求不足的市场意味着市场中竞争加剧，此时进入则风险过高。需求旺盛的市场能给创业项目带来广阔的发展空间，让创业者有更好的机会获得成功。因此，创业者应进行充分的市场调研,了解当前市场需求,以需求为导向,确立创业项目。

3. 创新原则

创业企业要在市场竞争中立足,必须有所创新,创业项目的选择也一定要有创新性。项目创新不一定是要开创全新的项目,更多的创新是在已有项目的基础上进行改良。找到具有一定先进性并在某些方面具有独特优势的项目,平衡创新难度和企业发展速度,对于企业之后的发展至关重要。

4. 适合原则

创业是有风险的,在项目选择上创业者不能只凭一时的兴致,选择一些看起来比较炫目但操作困难很大的项目,实际上这样会大幅增加创业的难度和风险。创业项目的选择应结合企业资金状况、技术状况、市场状况等综合因素,选择适合持续发展的项目,量力而行,通过一定时间的积累逐步形成优势,以利于创业企业健康发展。

二、创业项目的选择方法

对于创业者而言,能否选择合适的创业项目,很大程度上关系到创业能否成功。如何掌握一定的方法,正确选择创业项目,是创业者面临的现实问题。创业项目的选择方法有以下几类。

1. 信息渠道法

信息渠道法主要是指利用现有条件,充分搜集项目信息,进而选择适合创业的项目。创业者应该充分拓宽信息渠道,利用诸如互联网、图书馆、电话信息、朋友家人、竞争对手等多种渠道获取项目信息,从而判断项目选择方向。此外,各种商贸博览会、投资交流会,政府部门出具的行业信息、产业发展规划等,也是重要的信息来源。在分析信息时,要注意鉴别信息真伪,提取相关有效信息,从中选出合适的信息以选择创业项目。

2. 从创业机会中选择项目

市场经济中,项目虽多,但可行的项目较少,适合创业的项目更少。要发现创业项目,先得了解创业机会。通过层层筛选,选出合适的创业机会,从而确立创业项目,这就需要创业者用敏锐的眼光去发现、识别创业机会。

创业机会是一种可能获利的商业机会,通常具有一定的持续性,且初始投入不是很大。转瞬即逝、昙花一现的商机并不是创业机会,合适的创业机会一般具有持续时间长、市场成长性高和利于创业者进入的特点。创业机会来源很多,主要包括技术变革、体制改革、人口构成变化、产业结构变革等方面。这些变革的出现,改变了人们以往的生活生产方式、日常行为方式,创造了巨大的市场需求,留出了广阔的市场空间,也给创业者提供了丰富的创业机会。

1) 创业机会的识别途径

对于成功的创业者来说,创业经常是从发现并把握住某个创业机会开始的,识别创业机会对创业来说显得尤为重要。通过一些途径对创业机会进行识别,能使创业者更好地把握创业机会。

(1) 现有市场机会。在现有市场中,总是存在一些不饱和需求,创业者可在其中寻找创业机会。已有市场中的机会,因市场参与者众多,容易被发现,显得竞争比较激烈。由于现有市场中总有部分需求没有被充分满足,创业者在其中选择机会,能降低其搜寻成本,减少创业风险。对于不完全竞争市场来说,企业间的不完全竞争状态决定了市场上存在各种分类需求,不同企业都能在其中找到合适的市场份额,创业者找到相应的机会,就能在其中有所作为。对于规模经济条件的市场来说,参与企业更注重规模效应作用,创业者参与其中则需要具备一定实力。对于企业集群的市场来说,某些特定产业内会出现一些相互有关联的企业集群,各自进行分工协作,具有较强的互补性,创业者可根据行业特点,抓住企业集群市场中的空缺需求部分选择项目,就可能加入企业集群网络,借助其企业平台获得发展。

(2) 潜在市场机会。隐藏在现有市场之中,还未被满足且不易被发现的市场需求,属于潜在市场机会,这类机会往往蕴含巨大商机。潜在市场机会来源于技术细分市场和人们日益增长的多样化需求。创业者要捕捉这类创业机会,需要对消费潮流和需求有密切的跟踪,对技术市场创新有详细的了解。一旦发现并抓住机会,此类创业项目将获得飞速发展。

(3) 衍生市场机会。由于经济活动的多样性和产业结构调整等因素,原有市场需求上会衍生出新的需求,伴随而来的就是新的衍生市场机会。随着第三产业和服务业的发展,人们对原有行业的要求越来越多样化,对服务层次的要求也越来越细,多样化、小型化、定制化服务需求也越来越强烈。随着经济体制的改革,一些原有的垄断行业逐步开放,对于中小企业来说增加了可涉足领域。创业者可在市场变化衍生出的机会中进行搜寻,在诸如中介服务、私人定制服务、物流信息等领域进行项目开发。

（4）边缘市场机会。市场经济是多元化经济，不同行业直接相互联系、相互影响，在各个行业的交叉结合部分，往往产生大量市场需求。这些边缘市场机会不容易直接发现，而需求的实现又比较迫切，一旦有创业者涉足，通常比较容易获得成功。

（5）未来市场机会。相对于目前的现有市场机会，未来市场机会一般是指目前行业发展、环境变化而带来的市场机会。未来市场机会着重于预测，创业者若能准确预测行业发展趋势，提前布局，在机会到来前充分准备，则可能获得较好的项目。

（6）广泛市场机会与局部市场机会。广泛市场机会是指在大范围市场中未能被充分实现的需求机会，而局部市场机会则是指在一定地域内或某个细分市场内的需求机会。创业者应根据不同市场的需求层次进行分析，确立适合自身的创业机会。

2）创业机会的识别方法

创业机会蕴含在不同市场之中，创业者可采用不同方法识别创业机会。目前常用的创业机会识别方法如下。

（1）趋势分析法。趋势分析法是指创业者分析某个行业的发展趋势，从中找出规律并发现创业机会。例如：通过分析产业结构变化趋势，创业者可发掘结构性需求机会进行创业；通过分析人口的变化，创业者可从人口变化趋势中寻找新的大众需求机会进行创业；通过分析人们价值观等认知层面的变化趋势，创业者可从人们的精神需求层面选择机会进行创业。

（2）问题发现法。问题发现法是指从现实社会中存在的某些问题入手，通过解决问题实现创业机会的选择。市场中问题的出现往往是由于需求得不到有效的满足，或者已有的问题解决方式落后。细心的创业者通过观察，结合自身因素找到合理的切入点，则可把握创业机会。

（3）市场研究法。市场研究法是指通过不断搜集市场信息，对信息进行统计分析，把相应问题的信息具体化，分析研究结果，结合国家政策得出结论并从中找到机会。创业者可以从市场研究中获取高质量的创业信息，根据这些信息进行创业机会识别，成功率能大大提高。

（4）技术创新跟踪法。技术创新跟踪法的思路来源于产业更新换代的技术路线,产业变革几乎都伴随着技术创新和进步,通过技术创新提高生存率,从而使产业升级。创业者若能很好地跟踪技术发展趋势,理清产业升级发展方向,则能从中找到很好的创业机会。

三、创业项目的评估及选择

创业者在创业之初,需要对所处市场环境有一个比较清楚的认识。通过市场调研和分析,了解清楚宏观经济环境和微观市场环境是非常有必要的。因此,对所选创业项目进行系统评估,理性选择合适的项目是创业的必经阶段。

1.创业项目评估原则

创业者在创业初期,为了促进创业成功,对创业项目的发展前景有更清晰的认识,需要进行深入的创业项目评估。一般而言,对创业项目的评估将考虑市场原则和效益原则。

1)市场原则

创业项目评估的市场原则即从市场需求和发展的角度来分析和评估创业项目的发展空间,包括以下几个方面。

(1)市场定位。创业项目市场定位是指创业者需要对市场创业能力、价格定位、需求分析、客户渠道、产品价值、替代品情况等进行详细的调查并做出准确的判断。一般来说,市场容量越大,需求越旺盛,替代产品越少,创业项目发展空间越大,客户渠道越广,客户需求越接近,客户反馈意愿越强,项目就可以做得更好,成功的机会就越大。

(2)市场结构。市场结构包括市场准入门槛、供求关系、客户渠道和关系等。通过分析行业内市场准入条件、供应商关系、销售渠道、客户关系、替代产品开发水平和市场竞争水平,创业者可以更好地预测创业项目所在行业的市场结构现状,从而更好地预测和分析风险项目,以评估风险投资的发展前景。

(3)市场规模。一般来说,产品需求旺盛、规模大的行业市场准入门槛较低,更有可能获得平均利润。如果创业项目在同类产品市场相对成熟的情况下进入市场,要获得超过平均水平的利润是非常困难的。但是,如果创业项目的同类产品或替代品较少,处于新兴发展阶段,这类创业项目更有可能获得中长期的快速发展,利润空间较大。

(4)市场渗透力。市场渗透力代表了创业项目的深入发展程度。选择一个合适的切入点,如在市场需求即将爆发时进入,将使得创业企业获得较快速的发展和壮大。因此,创业者在实施创业项目前,对其市场渗透力进行深入评估是非常重要的一个环节。

(5) 市场占有率。创业项目是否具有创业价值,很大程度上和产品服务的市场占有率相关。一般来说,20%以上的市场占有率能够有效巩固企业的市场地位,而如果市场占有率低于5%,则会严重危及企业的生存。因此,对创业项目一定要进行市场占有率评估,合理预测创业企业未来一段时期内的市场占有率,为创业者决策提供参考依据。

(6) 成本结构。创业项目产品或服务的成本结构会影响企业附加价值的增幅和利润增长空间的大小。对创业项目而言,产品原材料与人工成本在总成本中的权重,可变成本与固定成本的比值,规模产量的大小等不同的成本构成,都将影响企业未来的获利能力。

2) 效益原则

对创业项目的效益评估原则主要包括以下几个方面。

(1) 毛利率。一般来说,毛利率高的创业项目,风险相对较低,企业遭受决策失误或市场波动带来的损失会比较小。反之,毛利率低的创业项目,风险较大,一旦遭遇风险,企业受到的损失相对比较大。正常情况下,企业的毛利率一般应达到40%左右;如果毛利率低于20%,则应慎重考虑该创业项目,甚至可直接否决该创业项目。

(2) 税后净利润。合理的税后净利润是保证创业项目顺利进行、创业企业持续运营的关键。通常,有发展潜力的创业项目一般应达到15%以上的税后净利润;如果一个创业项目的税后净利润低于5%,则该创业项目不被看好,此时应重新寻找更加有吸引力的创业项目。

(3) 达到损益平衡所需的时间。达到损益平衡所需的时间即项目收益覆盖前期投入时所经历的时间。通常来说,达到损益平衡所需的时间为2~3年,如果3年以上仍不能达到,则说明该创业项目并不具有高成长性空间。创业者进行损益分析时,要充分考虑不同行业的影响,某些行业资金回笼快、周转时间短,相应的损益平衡所需的时间短,而某些行业则由于前期固定资产投资要求大,需要在项目运作几年后收益才会大幅增加,此时不能单纯套用一般的达到损益平衡所需的时间。因此,创业者需要根据项目所处不同行业对达到损益平衡所需的时间进行具体分析,这样才能得到合理的评估结论。

(4) 投资回报率。创业者在评估投资回报率时,应充分考虑创业风险因素。对于创业企业而言,合理的投资回报率应该在25%以上,以充分覆盖风险投资;如果投资回报率低于15%,一般认为收益不足以弥补风险投资,此时对该创业项目应不予考虑。

(5) 资本需求。资本需求低的创业项目,一般来说更有利于创业成功。大学生创业中有相当一部分集中于知识密集型行业,此类项目先期投入较少且投资回报较高。反之,资本需求较高的项目,先期投入资金量较大,短期内较难获得高投资回报,从而给创业企业带来一定的负担。

(6) 策略性价值。创业项目采用什么样的发展策略和模式,将影响其产出的附加价值。一般来说,策略性价值并不是孤立的,它和具体的行业规模、产业链结构、竞争程度和利益分配机制等都有密切联系。因此,对创业项目进行策略性价值评估是很有必要的。

(7) 退出机制与策略。一个有吸引力的创业项目应该为其项目投资者提供更好的退出机制与策略,以保障投资者利益。退出机制不仅取决于项目本身,还和市场环境息息相关。在评估创业项目时,退出机制与策略是一个非常重要的指标。

2. 创业项目评估的基本步骤

通常,创业项目评估包括初始判断、特征判断和详细分析三个基本步骤。

1) 初始判断

对创业项目的评估,创业者通常从大概的初始判断开始。通过对项目进行大概的假设和简单的估算,得到概括的收益指标,从而在宏观上得出创业项目是否可行的判断。这种初始判断在大方向上往往能给创业者关于创业项目构成的大致轮廓,但还需要进一步的分析研究。

2) 特征判断

判断创业项目是否具有较高价值,一般考虑如下问题。

(1) 利润是否丰厚。

(2) 是否具有持久性。

(3) 市场需求是否旺盛,是否能快速满足变化的需求。

(4) 产品和服务的附加价值如何;客户关系渠道是否有利。

3）详细分析

在对创业项目进行初始判断和特征判断后,接下来进行更加详细的分析。

(1) 项目成熟度。相对于市场上以前没有的新项目,已有项目的投资创业风险会小得多。创业者在考虑项目时,不应一味地以求新为目的,应该充分考虑已有成熟项目带来的便利性优势,如供应商渠道、销售渠道等。一般来说,刚刚度过种子期,正处于成长期,即将进入成熟期的项目最适合作为创业项目,因此对于创业者来说,选择具有这样特点的项目,能增大创业成功率。

(2) 市场产品的比较。创业项目如果能做到在产品上具有比较优势,则能使企业在市场上获得一席之地。一般来说,如果一种产品的质量和同类产品差别不大但价格能优惠不少,则会获得更多消费者青睐,这样的产品相比同类产品在价格上具有一定的比较优势。创业者应详细分析所选项目是否具有这样的比较优势,从而使企业处于市场竞争中的有利地位。

(3) 项目资源的控制性。项目资源包括硬资源和软资源,判断创业项目资源的控制性也要从这两方面去考虑。项目硬资源如资金、设备等的控制权若在创业者一方,则会给创业项目运行减轻很多成本压力,促进创业项目的推进。项目软资源一般指广泛的社会资源,如果创业者能经营好各方关系,掌握充足的软资源,则创业项目在长期将具有巨大的发展潜力。

(4) 项目成长性。创业项目要取得成功,一定要具有较高的成长性。进入一个需求饱和的市场,创业项目是没有太大发展空间的,而一个刚刚开发出来、有待进一步扩展的市场,往往预示着巨大的市场需求机会。此时进入,则创业项目将具有较高的成长性,未来往往具有极大的发展空间。

3. 创业项目的环境分析

创业项目的环境指的是创业项目在实施过程中的各种外部环境因素,包括政治、经济、文化、教育、科技、法律等一系列因素形成的综合整体。各种环境因素相互影响。变化的环境会给创业企业带来机遇和挑战,因此只有对外部环境进行分析,明确各环境因素对创业项目造成的影响,正确合理地做出项目可行性分析,创业者才能更好地把握机遇,获得创业成功。

1）创业项目的宏观环境分析

宏观环境分析主要是对创业项目所处的外部环境进行分析,主流的宏观分析即 PEST 分析,包括政治环境、经济环境、社会环境和技术环境等主要方面的分析。一般来说，宏观环境对企业有间接影响，但由于企业被动接受宏观因素，其影响程度通常非常大。因此，创业者在项目实施前，应熟悉宏观环境。

（1）政治环境。政府部门的不同政策，构成了企业经营的基本外部条件。创业者通过对国家和地区的政治环境进行分析，了解各种可控因素和不可控因素，有利于较好地规避政治风险，把握行业机遇，找准创业项目。

（2）经济环境和社会环境。经济环境一般是指能源和资源状况、交通物流状况、产业结构、不同产业占比关系等。同时，创业项目必然置身于一定的社会环境当中，对当地社会习俗、居民消费习惯、收入水平等因素进行分析，能让创业者找准项目定位，为创业项目找到适合的落脚点。

（3）技术环境。技术环境是指社会总体的技术发展水平及发展趋势，包括科技政策、技术发展趋势、科技水平、各种专利法规等。创业者对技术环境进行详细分析，有利于企业采取适合创业项目开展的发展策略。

2）创业项目的行业环境分析

行业环境是指与创业项目直接相关的各种因素，包括供应商渠道、客户和售后渠道、竞争对手等。不同行业的发展水平不同，其特征也不尽相同，对行业环境的分析决定了创业项目为企业创造的利润。通过行业环境分析，了解创业项目所处行业的发展状况及特点，有利于创业者发现新的机会，做出正确的决定。行业环境分析一般包括行业经济特征分析、行业竞争力分析、行业变革因素分析和行业竞争地位分析等几个方面。

4.大学生创业项目的选择

考虑到大学生的特点，为最大限度地发挥大学生的优势，大学生创业者在选择创业项目时可以参考以下标准。

（1）享有优惠政策的创业项目。为了鼓励大学生创业，各级政府和行政部门相继出台了一系列优惠政策。其中一些政策针对特定行业，例如大学生开展咨询、信息和技术服务等新业务，所得税为两年；开展运输业务、邮电公司等，第一年免征企业所得税，第二年减半征收企业所得税；开展公用事业、教育和文化事业、卫生服务等新业务，免征企业所得税一年。

大学生创业者可以根据自己的实际情况，在这些可以享受到优惠政策的项目中找到自己的创业项目。

（2）选择初始投资少的项目。由于大学生融资渠道较少，大部分大学生在亲友的帮助下创业,少部分用自己的储蓄作为创业基金。因此创业时,大学生应尽量选择初始投资少、现金流量快的项目。同时,大学生也需要避免选择有大量库存的项目。

（3）避免技术含量过高的项目。如果大学生没有充分把握,应该尽量避免创业一开始就进入高新技术产业,因为高新技术产业需要投入大量的研发费用,对于资本较少的大学生来说,是一个沉重的负担。大学生可以选择一些更容易做的行业,积累了一定的资金后再考虑转移到高新技术产业。

（4）避免选择新的未发展项目和不成熟的项目。大学生创业者一般都是二十出头的年轻人,他们喜欢新事物,在创业之初通常乐于选择刚刚开发出来的没有市场的项目。这样做有很大的风险。只有当一个项目在市场上已经开发出来,但现有的供应能力不足时,创业者及时介入,成功的概率才会大得多。选择在成长阶段的项目,不仅可以有效地降低风险,还可以获得更多的利润空间。

（5）精心挑选利基产品。小利基产品是满足特定市场消费者特殊需求的产品。虽然市场开放后的利润可能相当可观,但是开拓市场是极其困难的。缺乏市场经验的大学创业者应该避免此类产品。理想的选择是进入日用品行业,如面包店、文具店、五金店、日用品店、杂货店,资金可以很快回收。

（6）注重项目的独特性。创业项目的独特性除了能够避免和类似竞争对手同质化之外,还能提升产品的知名度,并具有较高的定价空间。有志于创业的大学生要密切关注市场动态变化,及时了解市场需求变化,找到市场空白,建立独特的创业项目。

第六章 创业计划书的编制

第一节 创业计划书概述

一、创业计划

1. 创业计划的定义

创业计划是创业活动执行的行动方案和实施步骤,是创业者计划创业的书面总结。它描述了与拟议业务相关的内部和外部环境条件和特点,提供了业务发展的指标,并能衡量业务进展程度。

2. 创业计划的类型

根据不同的分类标准,创业计划可分为以下类型。

(1) 根据创业计划的内容,创业计划可分为综合创业计划和特殊创业计划。

综合创业计划是全面实现创业战略的创业计划。如创业者计划开发、销售一种新产品,其创业计划覆盖产品的开发、生产、销售等各个方面,内容非常具体而烦琐,这是一份典型的综合创业计划。综合创业计划的主要阅读者为投资者、供应商、潜在客户、应聘的关键员工等利益相关者,目的是让他们了解创业计划,激发他们的兴趣,让他们也投入到创业活动中,进而促进创业的成功。

特殊创业计划是创业中的某一项目的专门计划,如创业融资计划、产品开发计划、市场开拓计划等,其中最重要的是创业融资计划,因为资金是确保其他项目顺利开始的基石。特殊创业计划为项目的发展确立了更明确的方向,以便项目中的相关人员能够了解项目的发展情况,并鼓励他们为项目的成功而努力工作。

(2) 根据创业计划的目标,创业计划可以分为吸引风险投资的创业计划、吸引创业伙伴的创业计划和获取政府支持的创业计划。

吸引风险投资的创业计划主要面向风险投资者,其目的是为风险资本家筹集资金。双方各有打算,仅靠空口许诺是无济于事的。对于正在寻求资金的新企业来说,创业计划就是企业的"通行证"。

风险投资者评估投资项目的首要依据就是创业计划,一份简练而有力的创业计划能让风险投资者对投资项目的运作和效果心中有数。这类创业计划在撰写过程中要注意以风险投资者的需求为出发点,尽可能表明项目具有足够的市场容量和较强的可持续盈利能力,项目实施计划健全、务实、可操作。许多创业计划在这些方面有所欠缺,有时候连约见风险投资者的机会都没有。通常吸引风险投资的创业计划应包括以下十项内容:计划概述,行业背景和公司概况,市场调查和分析,公司战略,总项目进度,主要风险和应对策略,管理团队组成,商业经济学,财务预测,公司能够提供的好处。

吸引创业伙伴的创业计划用于吸引创业团队的新成员以及有特定作用的关键员工。在最初准备创业的时候,创业者无论是从身边的亲朋好友中寻找创业伙伴,还是从并不熟悉的人群中寻找创业伙伴,一份结构清晰、展示良好前景的创业计划是吸引创业伙伴最有力的武器。这类创业计划不仅要清晰地阐明企业的商业模式和未来发展规划,更要对创业伙伴的利益分配和权责做出清晰的说明。

政府部门所制定的各项政策对创业活动的成败具有重要的影响。只有在政府政策允许和鼓励的条件下,新企业才能获得更多的国内外人才、贷款和投资、各种服务与优惠等。获取政府支持的创业计划应当强调新企业的项目投资可行性,尤其要着重关注新企业的社会收益和社会成本。只有创业项目的社会影响较为良好,才有可能成为政府关注的对象,进而获得政府的支持。通常这类创业计划应包括团队情况、产品市场需求预测、项目技术可行性、项目实施计划、投资估算与融资、项目收益分析与社会影响、项目风险与非确定性分析等内容,对这个项目的可行性进行全面的总结,希望政府提供具体支持。

(3)根据创业计划的表现形式,创业计划可分为基于理念形式的创业计划和基于文本形式的创业计划。

基于理念形式的创业计划是指创业计划书以理念的形式形成一幅蓝图存在于创业者的头脑中,创业者可以用语言将其创业计划展现给他人。这种表现形式的优点是能够深入人心,并且根据创业环境、创业资源等的变化易于进行修改;缺点是系统性差,主观随意性强。

基于文本形式的创业计划是指创业计划以文本的形式展现在创业者和他人面前。这种表现形式的优点是系统全面、理性表达;缺点是时效性差,调整迟滞。通常,完备的创业计划都是以文本形式表现出来的。

3. 创业计划的作用

创业计划是对新企业创立之前的所有准备工作的总结和整合,是为实现创业战略而制订的完整、具体、深入的行动指南。许多成功创业者的经验证明,只有科学、周密地拟订创业计划,才能少走弯路、减少损失,提高创业成功的概率。创业计划是创业者的行动导向和路线图,既为创业者提供指导和规划,也为创业者提供与外界沟通的基本依据。新企业的成长管理活动,包括融资、战略、营销、人力资源等各个方面,都可以在创业计划的指导下进行,因此创业计划的制订对于创业过程意义重大。通常创业计划的作用包括以下三个方面。

1) 帮助创业者理清思路

凡事预则立,不预则废。创业计划是创业者事业的蓝图,有了明确的创业计划,创业者才不至于迷失创业的方向,在受到干扰或挫折时才不至于乱了创业活动的节奏和进程。制订创业计划需要创业者以认真务实的态度分析自己所拥有的资源、市场状况等,冷静地分析自己的创业理想是否切实可行,清醒地认识自己的创业机会与风险,明确自己的方向和目标,并对某一项具有市场前景的产品或服务进行总体安排,进而理清思路。

2) 帮助创业者寻求外部资源支持

除了让创业者更了解他们将要做什么以外,创业计划的另一作用就是帮助创业者说服风险投资家投资。在这一点上,创业计划需要说明开办新企业的目的、建立新企业需要的资金、吸引投资者注资的优势等一些问题。无数的融资事例已充分证明,创业计划的质量以及其作为沟通工具的有效性,对引起投资者的兴趣和获得必要的投资是至关重要的。通过创业计划,投资者也可初步判断创业者的基本素养和办事风格。可以说,创业计划是投资者决定是否投资的重要依据之一,是帮助创业者获得创业资金的敲门砖。

3) 帮助企业员工明确方向

创业计划明确阐述了企业需要什么样的员工来从事相关岗位的工作,员工的行为将带来什么样的回报等问题,通过描绘企业的发展前景和增长潜力,使员工能够对企业的未来充满信心。因此,创业计划能让新员工了解创业目标,有助于企业员工协调工作,并通过一致的行动向目标前进。

二、创业计划书

创业计划书是创业项目引起投资人兴趣的最主要、最基本的文件资料。然而太多的创业计划书因为在写作上不得其法而被忽略,从而使创业者错失了最基本的创业机会。在很多情况下,投资人缺的不是钱,而是能进入其视野的好项目。如何在同其他创业项目的竞争中脱颖而出,通过创业计划书的编写完成投资人的初试,是每一个创业者必须思考的问题。学习编写一份合格的创业计划书,是每一个学习创业的大学生必须参与的课题。

1. 创业计划书的定义

创业计划书也被称为商业计划书,是创业者创业初期的蓝图,是产品开发与生产、市场营销、财务、人力资源等计划的整合。撰写创业计划书可以对创业进行全面、系统的内外环境及必要条件的客观分析,帮助创业者理清思路,引导企业顺利渡过难关。

因此,创业计划书既是引领创业实践的纲领性文件,也是创业者实现创业梦想的具体行动指南。创业计划书在创业项目运行或企业成立之前,对于游说潜在投资者与风险投资公司、赢取合作伙伴等具有重要的意义。

一般情况下,撰写创业计划书主要有两个方面的原因:对于企业内部或项目内部而言,创业计划书有利于团队成员统一思想,坚定愿景,从而全力以赴、齐心协力地工作;对于企业外部或项目外部而言,创业计划书有利于企业及项目寻找外部资源,从而获得发展与成功的机会。

2. 创业计划书的作用

创业计划书的重要作用主要体现在以下几个方面。

(1) 对创业实践的指导作用。作为创业项目运行中的基本纲领与行动指南,创业计划书的存在将有利于创业团队统一思想与认识,明确机遇与危机。创业计划书中大部分关于创业蓝图的描绘、对可能的商业风险及问题的预判,对于团队及项目在创业实践过程中可能遇到的实际困难有着重要的预警作用。团队基于创业计划书分步骤、按计划地设置相关任务,将使整个创业项目更具逻辑性与可操作性，从而进一步确保整个创业项目尽可能地处于可控范围之内，降低可能出现的风险，最大化地保障项目运行的安全。

创业计划书作为一份前瞻性的文件，其编写过程也可看作创业者及创业团队的一次模拟体验。在编写创业计划书的过程中，需要尽可能多地考虑相关问题。在市场变化风起云涌的今天，随时会出现不同的时机与形势，面对日益复杂的市场环境及不断细分多变的消费者偏好，创业者及创业团队需要在创业计划书编写过程中不断调整完善。这样的调整及完善过程不仅可能涉及销售策略的改变、经营思路的更新，甚至会对总体宏观目标产生波动与影响。但无论什么样的改变，都应出于对企业良性发展及成长的考虑。

（2）对创业思维的整合作用。创业计划书的编写是一个长期过程，它需要对宏观政策方向、中观市场变化、微观企业自身等多种要素不断集合提炼、预测判断，从而详细解释企业目标，提供营销路线乃至实现目标利润。

在这个漫长的过程中，处于不同阶段的创业者由于拥有的资源、对市场及自身认识变化等原因，可能需要对创业计划书进行不断完善、修改及调整。从思维的角度而言，将脑海中呈零散状态、分散化、碎片化的创业概念向具有严密逻辑性文本材料转化的过程需要大量的思考与整理加工，因此编写创业计划书的过程也是一个不断"肯定—否定—再肯定"的思维状态，是一个帮助创业者整理自身思维的有益过程。

需要特别指出的是，由于在创业计划书的编写过程中需要不断学习与思考，部分创业概念与想法会在该过程中不断被检验与论证，在这个大浪淘沙、优胜劣汰的过程中，一些创业概念与想法被否定、放弃或者替换都是正常的。

（3）对创业项目的推销作用。作为创业项目内外部沟通的基本依据，创业计划书有助于创业者将复杂的创业思维与构想以精炼清晰的文本形式向投资人、合作伙伴、入职员工及其他利益相关者进行介绍，从而提升成功合作的概率，增大项目目标或企业目标实现的可能性。

事实上，向创业者索取创业计划书的组织数量近年来不断增加，创业计划书的重要性日益凸显，大量的创业平台、双创园区及商业孵化机构都将创业计划书作为评选的重要依据，并针对候选者提出编写创业计划书的具体要求。作为提升项目可信度的重要依据，在诸如大学、省市教育机构、团委组织等机构举办的创新创业比赛中获奖的创业计划书，将更容易获得投资者的关注与信赖。

即使学生或团队在创业大赛后没有最终创办企业,这些经历对参赛者的作用与效果也是积极的。

需要特别指出的是,创业计划书不仅仅针对创业项目有推销作用,在吸引新加入团队的合伙人、重要员工,帮助其直观了解项目或企业概念,快速进入角色等方面也有着重要的作用。某些项目或企业亟需的优秀人才,可能会出于自身需求的考虑,被某个创业计划书中的概念或者描绘的愿景打动,从而决定加入团队;抑或新加入员工在阅读创业计划书后会快速增进对企业及项目的了解,熟悉相关流程与任务,从而明确角色与定位,最大化地发挥自己的作用与能力。

3.创业计划书应具备的特点

为确保以上作用效果的最大化,一份合格的创业计划书应具备以下特点。

(1)思维逻辑性——清晰的项目介绍。一份合格的创业计划书需对相关项目有清晰详尽的介绍与分析,从而帮助阅读者直观明晰地对项目进行了解与认识。这样清晰介绍的背后需要严密清晰的逻辑思维作为支撑,若写作者自身在写作时不具备思维逻辑性,则很难在材料中对项目有清晰的阐述。与之相反,写作时思维过于复杂,呈现的内容也容易让阅读者产生反感抵触的情绪,接收过多的信息之后导致思考时耗费心力。

合格的创业计划书应该让阅读者在有限的时间内尽可能多地对项目有宏观了解,从而对项目做出基本判断,进而树立信心与认识。好的创业计划书容易激发阅读者的阅读兴趣,使其减少疑虑,从而达到为创业项目锦上添花的作用;反之,不合格的创业计划书将起到负面作用,模糊项目概念,降低阅读者信心,使其对整个项目失去兴趣。

(2)实际行动性——可行的项目操作。在现实生活中,部分创业者在创业计划书的编写中容易进入以下误区:把创业计划书视作赢取投资或达到创业目的的唯一手段,舍本逐末,一味强求结果而忽略了项目现实的本质。创业计划书确实需要适当的包装与美化,从而激发阅读者的兴趣,但过度的、不切实际的吹捧将极大地降低创业项目整体的可信度。作为一份具有实际操作性的文件纲领,创业计划书中每一个要点的提出都需要切实可行的操作规划及逻辑推理。创业计划书的本质在于计划与规划,不具备可行性及操作性的创业计划书毫无意义。

(3) 市场前瞻性——有据的项目预测。有人说创业计划书是"纸上谈兵",这样的说法有一定的合理性,毕竟作为创业项目的整体规划,创业计划书中所涉及的绝大部分内容都是对当前的分析及未来的指引,并非商场中真刀真枪的实干。然而需要明确的是,创业计划书虽然无法与整个艰难复杂的实际创业过程相提并论,但是其中对于未来每一步行动的规划、项目的判断及预测都需要脚踏实地,立足于当前数据及形势,进行严密的分析判断,经过逻辑推理从而得出相关结论。

因此创业计划书的编制需要"脚踏实地、志存高远",作为迈向创业道路千里之行的第一步,既需要创业者明白当前自己需要"干什么",也需要创业者展望以后自己将会"怎么样"。这样的展望需要立足于当前的实际情况。任何缺乏依据、一厢情愿、未经过实际调查所得出的分析预测结论在创业计划书中都是不可接受的。因为这种站不住脚、缺乏支撑的结论只会导致整个创业计划在规划阶段就迷失方向甚至走向错误的道路,轻则加重工作量,让团队走弯路,重则破坏项目及团队成长,导致整个项目的失败。

第二节 编制创业计划书

一、创业计划书的内容和结构

一份好的创业计划书应该根据创业者自身资源及撰写目的进行结构设计。总体来说,一般的创业计划书均需涉及并解答如下问题:①What shall we do? (做什么?)②How can we do? (怎么做?)③Why do we need to do? (为什么?)④Which one is costumer? (卖给谁?)⑤How to sell? (怎么卖?)⑥How many? (卖多少?)。

围绕这六个问题,一份合格的创业计划书需要从微观内部资源,中观市场空间、消费者需求、供应链状况、准入门槛,宏观经济政策、形势等几个角度入手,逐步分析,递进推理,最后达到为投资人、合作伙伴、内部员工及其他利益相关者树立信心的目的。

因此,一份合格的创业计划书需要包括以下内容。

（一）封面

创业计划书的封面设计应明确主题，简洁新颖，同时具备审美与艺术性。这样的封面设计易于使阅读者产生好感，激发其阅读兴趣，体现出创业者的态度。

在封面上应该明确标注企业及项目名称，从而体现相关经营范围。建议以醒目字体标示出创业计划书的标题，便于阅读者了解相关信息。

（二）摘要

摘要是整个创业计划书内容的浓缩和精华，不宜过分繁复。

如果把创业计划书当作修炼一门武学的剑谱的话，摘要就应该算是剑谱的总纲。摘要应简洁清晰地展现创业计划书的要点和精髓，使阅读者一目了然，直接准确地建立对项目的基本认识。作为整个创业项目的集中展示，摘要需要在宏观层面开门见山地对整个项目的要点进行介绍，如果介绍内容过于具体，不仅容易违背摘要的目的，使阅读者陷入复杂思考的困惑，产生厌倦情绪，而且不易为阅读者留出想象空间，不利于后期内容的拓展。

（三）项目介绍

对目标项目及已存在的初创公司进行周全描述，既包括微观层面的企业及项目基本信息，中观层面的企业目标、经营策略，也包括宏观层面的项目、企业愿景及社会使命等信息，帮助在阅读者面前树立企业及项目形象。该部分内容是对项目及企业形象、概念的集中展示，注重简短干练的同时也要注意所传递信息的数量和质量。

1. 微观层面

微观层面的信息包括企业或项目负责人的联系方式，主要负责人的简要介绍，以及对企业或项目名称、商标形象设计的相关分析介绍，以提升企业及项目内涵。从品牌设计的角度来说，必要时可加上品牌故事，在增加阅读性的同时也利于企业及项目形象深入人心。要特别指出的是，品牌故事作为企业及项目品牌设计体系的一部分，意在以故事的形式深化阅读者的认识与概念，因此在此环节可以进行虚拟与想象，但从记忆的角度来说，品牌故事不应过于复杂，字数控制在400字以内为佳。

2. 中观层面

中观层面的信息主要包括项目及企业的运营目标、经营策略、成功案例分析、优势展示以及行业地位等,以展示该项目或企业在行业层面的相关信息。中观层面的相关信息不宜过多过繁,而是应该有选择、有重点、有针对性地进行突出展示,通过降低信息量的方式帮助阅读者强化记忆与认知。

3. 宏观层面

宏观层面的信息包括企业愿景、目标、使命、社会责任等。相较前两部分的内容,此部分相对抽象,多为远期规划或与实际操作联系较弱的信息。该部分内容的展示目的在于提升项目或企业形象,赢取阅读者的好感。

需要特别指出的是,宏观层面信息虽然与实际操作联系较弱,但对项目或企业本身而言有较强的代表意义,作为对项目或企业形象的拔高,不仅不应该一笔带过,反而应该深入加强描述,赋予项目或企业灵魂。以可口可乐公司为例,该公司在官网上明确表明,公司的任务在于"令全球人们更怡神畅爽""不断激励人们保持乐观向上"以及"让我们所触及的一切更具价值"。这样的品牌形象塑造方针在凸显自身产品特色的同时,也将公司任务与产品特质相融合,从而立体地提升了公司的品牌形象。

(四) 项目分析

此部分是整个创业计划书的核心部分,关系到投资者对项目整体的直接认识。在此部分中,需要从产品、产业及市场三个方面进行详细的逻辑分析,有理有据地推导出项目前景。

在产品分析中,需根据现有资源对产品技术、功能、应用领域、增值潜力、市场痛点的解决、用户体验服务等方面进行详细介绍;在产业分析中,需涉及准入门槛、供应链状况、竞争对手情况等要素;在市场分析中,需基于市场分析数据对市场规模、增长速度、生态链状况、市场风险等要素进行说明。详细说明如下。

1. 产品分析

产品分析总体说来包括三个方面,即"是什么、做什么、怎么做"。"是什么"的环节应对产品进行详细介绍,包括具体功能、制造(或服务)流程、使用技术原理、利润空间等方面的介绍分析。其目的在于让阅读者准确详尽地理解产品或项目的具体状况。"做什么"的环节主要对产品针对的适用消费者群体分析进行,包括市场痛点、消费者需求、消费者群体分析等。其目的在于让阅读者了解市场需求、产品对于市场的意义以及投放市场后所带来的效果。"怎么做"的环节提出向消费者开展营销过程的支持方案,包括消费者期望情况、消费者体验服务的介入等。该环节的核心问题是基于前两个环节的分析,详细推导出产品进入市场、开发市场以及占据市场的方式与方法,从而让阅读者明白达到创业目的的可行性与操作方法,以便进行评估。

2. 产业分析

产业分析主要从目标产品的上游、平行以及下游三个视角进行分析阐述,从而为产品或项目的发展环境提供分析说明。

上游视角分析主要涉及产品原料行情、供应链状况、产品加工层次的经济分析以及相关政府部门的政治分析。原料行情关系到产品详细的利润率波动状况。供应链状况关系到产品投放市场后的存续性以及对上游供应商的依存度。相关政府部门管控因素关系到项目及产品发展的政策扶持力度。原则上说来,对供应链要求越低的项目或产品可操作性越大,但随之而来的同质化程度也越高(即替代品和竞争对手也越多),消费者黏性不易控制,市场竞争相对激烈,对营销技巧及策略的要求也较高。对供应链要求越高的项目准入门槛也越高,产品及项目不易被复制,但市场范围也相对较小。

平行视角分析主要涉及准入门槛分析及竞争对手现状分析。高准入门槛的项目或产品进入市场不易,伴随的沉没成本及投入也相对较大,资金回笼速度慢,其市场竞争激烈程度相对较低,市场培育潜力大,前景开阔。低准入门槛的项目或产品因成本及投入相对较低,伴随的风险也较小,项目效益及资金回笼速度都较快,但竞争对手也相对较多,容易进入"产业同质化陷阱",不易长远发展。

下游视角分析主要在于产业链的完整性评估,关系到产品及项目的市场潜力。互联网时代的到来给了市场无限的组合可能,产业链链条越长,所带动的消费也就越充分,可挖掘的市场潜力也就越大,随之带来的产品增值空间也就越大。产品及项目对下游的关系直接影响到产品或项目自身在市场中的存续性,良好的关系及空间对产品的增值潜力影响巨大,而投资者对产品的增值空间、增值服务与增值潜力都是较为看中的。

3. 市场分析

市场分析是指对市场整体的宏观分析把控,所涉及的内容包括市场整体生态状况、市场规模、市场增长速度以及相关风险。

即使是好的项目,也需要考虑投资的正确时机及方式。在行业市场整体受到破坏,抑或市场规模出现萎缩、市场增长速度放缓、市场相关风险(包括政治、经济、文化、社会、环境、法律、技术等)较大的情况下,不同的投资者都将从项目本身出发,结合自身对项目进行判断。

综合以上介绍,下面以某餐饮店创业计划书为例,说明其项目分析部分。

作为一份进军餐饮业的创业计划书,在其项目分析的产品分析中,首先需要对项目本身进行介绍,即针对餐饮店的行业定位、具体位置、经营范围、菜品特色、供应量、相关成本等自身资源进行介绍与展示,从而使阅读者对该项目树立具体认识。其次,需要针对消费者进行说明,即针对目标消费者群体特点、偏好、购买力、期望值及需求等进行数据分析,从而得出相关结论。最后,根据以上两层分析结论,结合项目自身的资源与能力,有针对性地提出满足创业目的的设想与计划。

在产业分析中,从上游视角,需要对餐饮店原料进货渠道、供应时间及当地主管部门的相关政策或资源进行阐述。从平行视角,宏观上需要对餐饮店所在区域的餐饮产业发展状况及潜力进行分析说明;微观上需要对餐饮店所在商圈的同类商家进行分析说明,寻找竞争对手及合作伙伴,并针对准入门槛提出应对同质化竞争及可替代产品竞争的解决方案或办法。从下游视角,需要提出餐饮店经营的增值服务、盈利空间发展思路以及针对下游不同消费者的控制策略。

在市场分析中,不可避免地需要对餐饮行业市场整体生态状况进行详细的数据分析,以确保阅读者了解市场整体风向;并从市场整体经济情况及餐饮业整体发展情况入手,分析相关政策,探讨可能存在的问题与风险,并有针对性地提出解决思路。

需要特别指出的是,在以上三个部分的分析中,务必利用大量的调查研究分析数据进行支撑,从而保证结论的合理性与科学性。任何想当然的或一厢情愿的结论都是无法经受住市场考验的。从投资者的角度来说,以上分析如果没有详尽、科学的数据进行支撑,投资者将大大降低对项目或企业的好感,甚至放弃阅读剩下的内容,不考虑投资或进行合作。

(五)团队介绍

在风险投资人中流传这么一句话:"投的不是项目,而是人。"由此可见创业团队整体表现对于树立投资人或合作伙伴信心的重要作用。良好的团队是项目落地推进的重要保障,没有团队执行力的支持,再有前景的优质项目也只能是一纸空文。

在此部分中,需着重对团队成员信息、相关特长、资源、分工、团队互补性、决策机制、权责机制以及分红机制等要素做出详细的解释与说明。以上要素在创业计划书中可从以下几个方面进行阐述。

1. 团队基本信息

在团队基本信息中,需要对各团队成员的信息、特长及分工进行列举说明并附上简历。在简历设计中,需要针对各人分工有所侧重,内容不宜过分繁复,需要分清主次,详略得当。过于简单的介绍不宜帮助阅读者树立对团队的具体了解认识,过于复杂的介绍则容易喧宾夺主,挤占阅读者精力。切忌团队成员信息、资源及简历的同质化,一个毫无特色、成员毫无区分的团队注定毫无亮点可寻,自然无法吸引投资人或合作伙伴的兴趣。

2. 团队管理建设

在团队管理建设中,需要对团队各成员的权力、责任及团队角色进行分析阐述。各成员在团队中的角色定位不应该是随机分配的,而应该基于各人性格特点、特长、资源、专业领域及互补性要素进行逻辑分析。无逻辑、不经详细思考的分工方案会给阅读者留下草率的印象,从而降低阅读者信心,不利于产品或项目的推广。

3. 团队保障机制

团队保障机制方面的内容需要涉及以下要素:团队决策机制、项目跟进机制、项目问责机制、盈利分红机制、退出机制。以上要素的存在便于团队组建后快速高效运行,作为团队发展及存续的保障,这些要素必不可少。

需要特别说明的是,在"盈利分红机制"的阐述中,切记不可绝对平均。因为团队个人所得是基于成员的能力、资源、投入以及所承担的责任进行分配的,绝对平均、没有主次的分红模式既无益于调动团队整体的积极性,也不利于团队成员个人责任的划分,从而导致在决策及责任划分时出现推脱、扯皮、效率过低的情况,从根本上破坏项目的发展与成长。

(六)经营策略

能否制订合理的经营策略直接关系到企业及项目能否存续,也会影响创业者的心态。因此,需要结合以上部分的阐述分析,对营销计划、市场沟通、供应链模式、操作计划等方面进行经营策略的制订。

一份合理的经营策略是基于准确、科学的数据分析得出相关结论的。正所谓"对症下药",只有基于自身产品特点和所拥有的相关资源进行合理科学的分析,才能使有限的资源尽可能发挥出最大的效用,从而尽可能达到项目或企业的创业目的。

经营策略不仅是企业及项目达到创业目的的必要手段,更是一种建立在详尽、客观数据分析上的科学的主观假设与模拟。

需要特别说明的是,在当今主流商业模式中,消费者关系及消费者弹性等营销概念愈发受到人们的重视,在产品及经营模式不断细分的情况下,互联网的存在大大提升了产品同质化的进程及发展速度,越来越多地出现了产品"大同小异"的局面。因此,好的经营策略必须把培植和稳固消费者群体关系作为重点加以阐述。

（七）财务状况

财务状况分析是开展投资机会评估的重要基础,它体现出企业对于财务需求的相关预算与估计。现金流量、资产负债、股权分配方案以及利润四个方面的内容是此部分的核心。

针对已经开始运行的产品或项目,财务状况的阐述应相对客观详细,为追求投资达到充实资金链的目的而对数据美化修饰等违背商业道德及有损商业信誉的行为是不可取的。世界上没有不透风的墙,商业投资及合作作为一种较为严肃的商业行为,需要双方以开放慎重的态度推进与开展。因此,对此类项目应当从现金流量、资产负债、利润率等方面进行详细列举说明,在体现创业者自身开放合作态度的同时,也为投资者及阅读者在项目的分析判断上提供依据与线索。

针对尚未开始运行、亟需启动资金的产品或项目,财务状况的阐述应更多地偏重于未来项目运行时可能涉及的相关费用。因此,编写者应对项目的运行发展有着深入的了解,将所需预算分阶段进行递进阐述。编制所涉及的预算时,需要对不同性质的项目进行分类说明,并解释预算的原因、该预算对项目推进的必要性以及提出该预算的依据。需要特别说明的是,编制相关预算时,一些无关轻重的非必要性预算不宜过细,因为创业计划书中的财务分析多为站在战略层面进行的思考,虽然需要向投资人传达对每一分投资的认真态度,但也无需对每一分钱的去向都进行完整详细的推算与表述。

此外，在为争取投资所编制的创业计划书中，还需在此部分列举投资后的股权分配方案或者利润分红方案，向投资者及阅读者展示投资可能带来的利益。该部分对之后的相关合作谈判可以起到抛砖引玉的作用，因此应该为双方留下一定的空间，方便日后进一步的接洽。

（八）风险分析

不同的公司有不同的情况和不同的风险。这些风险可分为机会风险、技术风险、市场风险、资本风险、管理风险、生产风险和环境风险。为了成功地融资，必须在创业计划书中说明企业如何控制这些风险，并证明企业具有较强的抗风险能力。

（九）退出机制

退出机制作为团队发展的最后一道保障，既是团队利益的依靠，也是对团队成员的约束，需要尽可能地进行详细约定。没有退出机制的创业计划书意味着参与与退出毫无成本及保障可言，这对投资者来说是绝对不可接受的。

在退出机制中需要阐述两个方面的内容。第一个是团队成员退出程序，主要涉及股权转让、回购、分红等方面的事宜。第二个是投资人开始投资及结束投资的时间节点、投资流程、回报等。

（十）附录

此部分内容是对以上内容的相关补充，包括但不限于工作展示、市场数据、产品样品展示、宣传材料等，以确保整个创业计划书的完整与翔实。

二、创业计划书的信息搜集

创业计划书的信息搜集是指出于企业或项目发展考虑，通过各类信息渠道，采取相对应的信息搜集手段，有计划、有目的地搜集商业信息的过程。

如果说结构与内容是创业计划书的骨架，那么信息则是创业计划书的细胞。准确翔实的信息有助于创业者及阅读者了解市场行情、明确对手状况、反思自身优势与不足，从而确定发展方向与自身定位，继而制订相对应的发展策略与经营战术。

面对来自不同渠道的信息，创业者往往会感觉到无从下手，难以在短期内分辨出哪些是必要信息，哪些是关键信息，哪些又是看似无关紧要其实至关重要的信息。因此,运用一些信息搜集的模型显得十分必要。

一般说来,一份创业计划书的信息搜集需要涉及以下几个方面的内容及技巧。

(一)宏观政治经济环境

宏观政治经济环境关系到整个市场经济的发展状况,一些良好的政策扶持或号召对创业者的成长有着巨大的帮助。基于"PESTLE"宏观分析模型,该类信息主要涉及以下6个方面的内容:

① 政治政策环境(Political);

② 经济发展环境(Economic);

③ 社会人文环境(Social);

④ 技术条件环境(Technological);

⑤ 法律法规环境(Legal);

⑥ 自然发展环境(Environmental)。

宏观政治经济环境类信息建议使用文献检索法进行搜集。文献检索法是指将信息按照一定的方式进行组织与存储,并根据用户的需要找出有关信息的过程与方法。狭义的信息检索仅包括其后半部分,即从繁杂的信息集合中找出所需信息的过程,也就是人们通常所说的信息查询。

在查询时可使用直接查询和追溯查询两种方法。直接查询法是指利用信息搜索引擎,输入信息关键词进行查询。该方法的好处在于方便快捷,涉及信息量较大。然而面对当今社会互联网的海量信息,需要对所搜集的信息加以审核,分辨真伪,过滤虚假信息、模糊信息与低质信息。追溯查询法是指通过所涉及观点的参考文献,追溯到原文进行阅读分析,找到观点的支撑依据,从而得出信息结论。该方法的好处是将审核过程前置,利于在信息搜集的过程中不断强化相关概念,提升思维厚度,但缺点在于所需时间较长,工作量较大,所辐射的信息量相对有限,深度有余,广度不足。

(二)市场与行业状况

市场与行业状况信息的搜集有利于创业者加深对项目的整体认识。

在使用文献检索法的同时,观察法也可以成为获取市场与行业状况信息的重要方法。观察法是指通过观察者(创业者)本身的客观观察,以听、说、看的形式加强感性认知,并通过理性思考获取直接经验信息。以开餐饮店为例,创业者在思考的过程中既可以通过自身观察了解目标区域客流量状况、商家数目、整体发展态势,也可以通过与相关从业者的访谈交流来获取有价值的信息,从而树立对目标项目的总体认识。

观察法的优点在于获取信息简单方便,且信息经过自身的大脑思考加工过程,不易遗忘。但该方法的缺点也十分明显,即观察者受自身情绪、偏好、学识的影响,容易在客观观察中带入主观情绪,从而导致结论过于片面,缺乏客观性。

为避免产生调查偏差,使用观察法进行信息搜集时还需注意以下问题:

(1) 尽量通过不同角度进行观察,以确保信息加工过程在心态上的客观性;

(2) 尽量选取不同时间、地点进行观察,以避免信息的表面性与片面性;

(3) 在观察过程中,尽量使用文字或影像记录的方式,以确保信息翔实;

(4) 注意对被观察者隐私的保护。

(三) 竞争对手情况

"知己知彼,百战不殆",竞争对手及潜在竞争对手的发展情况同样也是十分重要的信息。创业者通过对此类信息的分析思考,既可以避免重蹈覆辙,也可以对创业后竞争对手的行为有所预测与准备。

在搜集竞争对手信息的过程中,在使用观察法的同时,还可以使用提问法和比较法确保信息的指向性。提问法是指先针对某些领域及要素提出问题及疑惑,之后再带着问题搜集信息,从而在信息搜集的过程中完成对问题的解答。比较法是指列出相关要素,对竞争对手进行有目的性和指向性的信息搜集,从而通过比较找出双方的差异和差距。

(四) 消费者需求与能力

消费者作为项目或产品面向的主要群体,是产品市场表现的核心评判人员,该群体对产品的响应程度、期待程度及购买能力,直接决定着产品的市场表现。对消费者需求与能力信息的搜集,建议采用以问卷调查法为主、多元信息搜集方式并行的形式展开。所涉及的信息主要包括群体特点、购买习惯、购买力、期望值、信息接收度、可替代产品响应度、消费者卷入度等。该部分分析较为复杂,此处不便详述,建议读者寻找有关"消费者行为分析"的书籍详细学习了解。

(五) 自身相关信息

在进行外向信息搜集的同时,创业者也需要转变目光,思考自身资源及能力的问题,只有对项目及团队开展深入的自我剖析,才能明确发展方向并针对外部信息制订反应方式与策略。原则上的信息分析思路为:资源(有什么)—能力(能做什么)—竞争力(做出来比别人如何)。

针对以上思路,相对应的信息搜集方法建议以列举法为主,即通过对各类自身资源及能力的划分,列举相关信息的种类,进而通过头脑风暴的方式,对自身信息进行分类挖掘讨论,从而明确团队自身拥有的内外部相关资源、运用资源的具体能力以及资源运用后可达到的具体效果。

第三节 撰写创业计划书

一、撰写创业计划书的基本要素

1. 商业模式

使用创业计划书来展示创业者的商业模式,让投资者知道企业是如何运转和赢利的。商业模式一般贯穿于整个经营计划,决定着企业的经营和发展战略。投资者特别关心的是,商业模式是否具有吸引力,以及是否存在对现有和潜在收益的重组和再分配机制。因此,除了明确投资者感兴趣的商业模式外,创业计划书还应该使投资者相信,他们的商业模式是成功的,而且随着市场条件的变化,他们的创新能力也会有所改变。

2. 市场

创业计划书还为投资者提供了关于目标市场的深入分析。因为投资者最关心的是产品或服务的市场份额,以及吸引顾客购买产品或服务的方式,为了消除投资者的疑虑,创业计划书应该对消费者购买产品或服务的情况进行详细分析,解释经济、地理、职业和心理因素对消费者行为和营销计划的影响。

3. 产品(服务)

创业计划书还需要提供有关产品或服务的所有相关细节,包括所进行的所有调查,产品或服务的发展阶段及其独特的特点,公司的销售策略、目标客户、生产成本和销售价格等。创业者应该努力让投资者相信,其产品或服务将对市场产生重大甚至是革命性的影响。与此同时,创业者应该确保创业计划书中的数据是真实可靠的。投资者最终会意识到,投资该产品或服务是值得的。

4. 竞争

创业计划书还必须包括对竞争对手情况的详细分析,涉及哪些是现有的和潜在的竞争对手,一个产品如何实现它的价值,与竞争对手相比有什么优势,为什么消费者喜欢该产品和服务,如何应对潜在竞争对手的挑战等问题。总之,创业计划书应使投资者相信企业不仅是行业中强有力的竞争者,而且也将是决定行业标准的领导者,企业的竞争战略能完全适应即将到来的竞争。

5. 管理团队

投资者更关心的是创业团队,而不是产品本身,因为关键是要有一支强大的管理团队,把一个好的创业机会转化成一个成功的企业。因此,创业计划书中应描述整个管理团队的责任、每个特殊人才的特色和成就、企业的管理结构等,让投资者对企业的管理团队有信心,相信企业的管理团队是适合创业的"梦之队"。

6. 行动

最好的想法也只能通过行动来实现。无可挑剔的行动很可能赢得投资者的青睐。创业计划书中要有明确的业务设计计划、生产经营计划、实际的营销计划和准确的财务计划。企业如何将产品推向市场,如何设计一条生产线,如何组装产品,需要什么材料,有什么样的生产资源,生产资源的需求是什么,生产和设备的成本是多少,产品如何定价……所有这些问题都必须在创业计划书中明确说明。

二、撰写创业计划书的基本要求

创业计划书是创业者编写的书面计划,用以描述新企业提供产品或服务时所有相关的外部及内部要素。创业计划书不仅仅是一种业务构思的策划和一份信息总结报告,也是吸引风险投资的宣传书,更是以后新企业运作的指导书。创业者在撰写创业计划书时应注意以下基本要求。

1. 针对读者,突出主题

创业计划书的阅读者可能是风险投资者、银行人员、供应商、消费者、雇员以及顾问。撰写创业计划书时一定要考虑目标读者,因为不同目标读者感兴趣的内容不同,例如,风险投资者关注市场增长和赢利能力,创业伙伴专注产品或服务、市场、赢利能力和管理团队工作能力,关键员工和管理团队关注新业务的前景。因此,为了激发读者的阅读兴趣,创业计划书应该针对读者,明确主题,详细阐述与主题相关的内容,避免与主题无关的内容。

2. 结构完整,内容规范

创业计划书要有完整的结构,各部分的内容要规范,严格按照顺序撰写。首先,创业计划书必须有目录和摘要。其次,在具体内容上,产品或服务的描述、行业分析、营销策略等应该使用相关术语,力求规范科学,财务分析最好使用图表描述。另外,应该注意印刷和打样效果,拼写和印刷错误可能会使创业者失去机会。

3. 周密计划,协调统一

由于创业计划书涉及的内容很多,所以应该提前做好计划,使撰写过程有条不紊。撰写小组通常制订一份创业计划书的编制计划,确定创业计划书的类型和总体框架,制订商业计划书的进度和录入分工。大家分工协作,各负其责,最后由组长统一协调定稿,以免零散、不连贯、文风相异。

4. 合理预测,数字准确

撰写创业计划书时,要确保市场份额、财务预测和投资收益等尽可能准确、合理,不应大致估算。不要过分强调或夸大收益和可能性。同时,对目标市场消费特征的描述也应有坚实的基础。因此,首先要进行市场调研,引用官方或学术研究机构的客观统计资料。如果有特定的产品原型,应该考虑首先进行消费者测试并获得专家意见,这将有助于提高创业计划书的质量和可信度。另外还要注意信息的及时性,及时更新相关数据。

三、撰写创业计划书的原则

1. 逻辑原则

创业计划书的编制应遵循以下四个逻辑原则。

(1) 保障原则。给投资者充分的理由,说明投资的可行性。

(2) 可操作性原则。解释可以做些什么来确保创业和投资的成功。

(3) 营利性原则。告诉投资者预期收益时间。

(4) 可持续性原则。告诉投资者企业能在这个行业中生存多久。

2. 内容原则

（1）结构完整。经常有缺乏财务预测、市场条件和竞争对手的数据的创业计划书，这样的创业计划书导致投资者评估速度慢，降低了创业者获得投资的可能性。

（2）逻辑清晰。清晰的逻辑结构会使投资者快速、明确理解创业者的想法。

（3）深入浅出。把深奥难懂的想法、服务与程序以浅显的文字表达出来，尤其是当资金来自银行或不具备专业知识的投资者时更需如此。

（4）消费者导向。简单地说，就是"针对口味调酱加料"。最好是根据面向对象，调整文章的语言、章节的布局、数据的表述、重点的强调等。

四、撰写创业计划书应注意的问题

创业计划书的质量往往会决定创业者能否找到合作伙伴、获得资金及其他政策的支持。撰写创业计划书时应注意以下问题。

1. 换位思考，重点明确

创业者要依照目标，站在创业计划书阅读者的角度进行换位思考，确定创业计划书的重点。针对不同的目标、不同的阅读者，创业计划书的重点自然也不尽相同。从潜在投资者的角度考虑，应强调三个重要问题：一是创业的政策；二是展示管理团队；三是展现美好的未来。事实上，一个有针对性、目标明确的创业计划书可以帮助投资者找到具有投资价值和增长潜力的初创企业，以弥补投资者和创业者之间的差距。这对于创业企业获得风险投资的支持是非常重要的。

2. 计划摘要，突出特色

创业计划书中的摘要十分重要。它是投资者首先要看的内容，必须浓缩创业计划的要点和核心内容，让读者感兴趣，渴望得到更多的信息，给读者留下深刻的印象。它捕捉与筹资最相关的细节，如公司基本情况、组织结构、管理团队、产品或服务的竞争优势、竞争对手、营销和财务策略等。它不仅应简洁生动地勾勒出整个项目的整体情况，而且应突出项目的重点，既明确项目的先进性和可行性，又明确项目的商业价值和高回报率。

3. 项目介绍，重中之重

项目产品或服务有关的所有细节介绍，是创业计划书的重中之重，包括所有启动实践的调查,产品或服务所处的发展阶段、是否具有独特性、目标客户群的定位,产品的生产销售、营销手段,新产品的开发计划,风险预测,财务预测等。在创业计划书中,应该用简单的词来描述,以避免模棱两可和误解。

4. 分析市场,注重细节

创业计划书为投资者提供关于目标市场的深入分析。创业计划书还应特别注意销售的细节,包括主要营销计划、广告宣传、推广和公关活动领域,确定每项活动的预算和收益等。

5. 不避竞争,充满自信

在创业计划书中,创业者应该仔细分析竞争对手的情况:竞争对手是谁,和竞争对手之间有什么异同,竞争对手的营销策略,每个竞争对手的销售、毛利、收入和市场份额,相对于每个竞争对手的竞争优势,为什么客户青睐竞争对手,企业将采取何种方法和战略战胜竞争对手,企业在创业孵化器中的特有优势,等等。同时,在创业计划书中自信地展示管理团队。把创业愿景变成一个成功的创业公司的关键是拥有一个充满激情的团队。所以在创业计划书中,应该明确指出团队的人才结构、优势、潜力和特殊条件下的作战能力。只有这样,投资者才能从创业计划书中看到计划可行性和企业竞争实力,才敢于投资。

第四节 创业计划书实例展示

以广西大学创业项目"大学生资源互补平台"的创业计划书为例,展示创业计划书的目录及部分内容,如下所示。

目 录

1. 执行总结 ……………………………………………………………………
1.1 公司概述 …………………………………………………………………
1.1.1 公司名称 ………………………………………………………………
1.1.2 运营网站 ………………………………………………………………
1.2 公司产品 …………………………………………………………………
1.3 创业团队 …………………………………………………………………

1.4 市场分析

1.5 营销策略

1.6 风险分析

2. 市场分析

2.1 宏观经济分析

2.2 行业发展

2.2.1 中国互联网发展状况

2.2.2 二手交易电子商务发展状况

2.3 竞争对手分析

2.3.1 广西大学及周边高校、其他高校二手市场调查

2.4 STP 分析

2.4.1 细分市场

2.4.2 目标市场

2.4.3 市场定位

2.5 TOWS 分析

2.5.1 威胁

2.5.2 机会

2.5.3 劣势

2.5.4 优势

2.5.5 整体战略

2.6 市场前景预测

3. 公司战略

3.1 公司名称

3.2 公司介绍

3.3 愿景陈述

3.4 发展规划

3.4.1 短期目标

3.4.2 中期目标

3.4.3 远期目标

3.5 企业文化

3.6 公司管理团队介绍 ……………………………………………………
3.7 公司组织框架 …………………………………………………………
4. 商业模式 …………………………………………………………………
4.1 二手市场 ………………………………………………………………
4.1.1 校园二手 ……………………………………………………………
4.1.2 学生二手 ……………………………………………………………
4.1.3 二手体验店 …………………………………………………………
4.2 资源共享 ………………………………………………………………
4.2.1 易购认证资源 ………………………………………………………
4.2.2 学生认证资源 ………………………………………………………
4.2.3 学生资源共享 ………………………………………………………
4.3 发布需求 ………………………………………………………………
4.4 服务对象 ………………………………………………………………
4.4.1 需求方面 ……………………………………………………………
4.4.2 供给方面 ……………………………………………………………
4.4.3 服务对象小结 ………………………………………………………
4.5 运营模式 ………………………………………………………………
4.5.1 网站运营 ……………………………………………………………
4.5.2 二手体验店运营 ……………………………………………………
5. 赢利模式 …………………………………………………………………
5.1 "买断"模式 ……………………………………………………………
5.2 广告收入 ………………………………………………………………
5.3 会员费 …………………………………………………………………
5.4 物流收入 ………………………………………………………………
5.5 手续费 …………………………………………………………………
5.6 数据信息费 ……………………………………………………………
6. 创新点 ……………………………………………………………………
6.1 "买断"模式 ……………………………………………………………
6.2 开发部 …………………………………………………………………
6.3 二手体验店 ……………………………………………………………

6.4 以物换物 ……………………………………………………………

6.5 易购币 ………………………………………………………………

6.6 发布需求 ……………………………………………………………

7. 营销策略 ………………………………………………………………

7.1 整体营销策略 ………………………………………………………

7.2 企业营销策略 ………………………………………………………

7.2.1 推广策略 …………………………………………………………

7.2.2 营销手段 …………………………………………………………

7.3 "易购"主营销策略 …………………………………………………

7.4 个人用户营销策略 …………………………………………………

7.4.1 初期推广 …………………………………………………………

7.4.2 广告词设计 ………………………………………………………

7.4.3 利用社交工具推广 ………………………………………………

7.4.4 优惠券营销 ………………………………………………………

7.4.5 公益营销 …………………………………………………………

7.4.6 服务营销 …………………………………………………………

7.4.7 学生宿舍宣传 ……………………………………………………

7.4.8 在搜索引擎上注册 ………………………………………………

7.4.9 网站资源整合 ……………………………………………………

7.4.10 网络广告 …………………………………………………………

7.4.11 电子邮件营销 ……………………………………………………

7.4.12 无线网络营销 ……………………………………………………

7.4.13 病毒式营销 ………………………………………………………

8. 网站构架 ………………………………………………………………

8.1 一级页面构架 ………………………………………………………

8.2 部分二级页面构架 …………………………………………………

8.2.1 校园二手 …………………………………………………………

8.2.2 资源互补 …………………………………………………………

8.2.3 个人中心管理页面构架示意图 …………………………………

8.2.4 分类信息页面构架示意图 ………………………………………

8.2.5 单个信息页面构架示意图

8.3 网站功能

8.3.1 秒杀区

8.3.2 个人账户

8.3.3 信用评价体系

8.3.4 会员管理

8.4 支付系统

8.4.1 支付方式和交易流程

8.4.2 支付宝安全支付

8.4.3 货到付款

8.4.4 第三方支付平台

8.5 其他功能

8.5.1 大赛比拼

8.5.2 抽奖体系

8.5.3 教育类广告业务和在线调查业务

9. 网站建设

9.1 网站开发策略

9.2 网站风格定位

9.3 网站开发关键因素

9.3.1 动态网页技术

9.3.2 CA 认证和 PKI 技术

9.3.3 电子支付技术

9.3.4 用户安全技术

9.4 网站开发周期

9.4.1 第一阶段：网页制作

9.4.2 第二阶段：网站测试

9.4.3 第三阶段：网站优化

9.5 网站维护

9.5.1 改变页面布局

9.5.2 网站更新

9.5.3 网站错误的检测与排除 …………………………………………

9.5.4 添加或删除功能模块等 …………………………………………

10. 财务分析

10.1 基本假设 ……………………………………………………………

10.1.1 税率 ………………………………………………………………

10.1.2 贴现率 ……………………………………………………………

10.1.3 利润分配方案 ……………………………………………………

10.1.4 固定资产折旧 ……………………………………………………

10.1.5 无形资产一次摊销 ………………………………………………

10.2 投资预算与融资方案 ………………………………………………

10.2.1 投资预算 …………………………………………………………

10.2.2 融资方案 …………………………………………………………

10.3 收入预测 ……………………………………………………………

10.3.1 收取学生发布资源手续费(需求、二手物品) …………………

10.3.2 赚取二手物品差价 ………………………………………………

10.3.3 赚取 VIP 会员费 …………………………………………………

10.3.4 广告费 ……………………………………………………………

10.3.5 交易额提成 ………………………………………………………

10.3.6 平台卖新品的利润 ………………………………………………

10.4 预计财务报表 ………………………………………………………

11. 风险规避与退出机制 …………………………………………………

11.1 风险规避 ……………………………………………………………

11.2 退出机制 ……………………………………………………………

11.2.1 初始公开发行 IPO …………………………………………………

11.2.2 企业并购 …………………………………………………………

11.2.3 股份回购 …………………………………………………………

11.2.4 清算或破产 ………………………………………………………

12. 风险分析以及解决方案 ………………………………………………

12.1 技术风险 ……………………………………………………………

12.1.1 技术风险分析 ……………………………………………………

12.1.2 技术风险对策……………………………………………………………

12.2 市场风险………………………………………………………………………

12.2.1 市场风险分析……………………………………………………………

12.2.2 市场风险对策……………………………………………………………

12.3 管理及人才风险………………………………………………………………

12.3.1 管理及人才风险分析………………………………………………………

12.3.2 管理及人才风险对策………………………………………………………

12.4 财务风险………………………………………………………………………

12.4.1 财务风险分析……………………………………………………………

12.4.2 财务风险对策……………………………………………………………

1. 执行总结

1.1 公司概述

1.1.1 公司名称

广西帅氏电子商务有限责任公司

1.1.2 运营网站

大学生资源互补平台(大学易购电子商务网站),网址为 www.dxyigo.com,以下简称"易购"网站。

"易购"网站是一个 B2C 的整合大学资源再分配的平台,融合 C2C 运作模式,使大学资源得到充分合理的运用,它的主旨是通过一个专门针对大学生资源开发的平台,提高全国高校大学生资源的利用率,建立资源节约型的可持续发展战略。同时,它促进了大学生养成勤俭节约的生活习惯,满足了大学生低消费、好品质的生活需求。

网站通过人性化"买断"模式和托管、论坛等方式,以处理大学生(尤其是大四毕业生)二手资源业务为主,为大学生提供一种全新的资源互补方式。该网站从形式上看是"线上线下二手交易+资源共享+发布需求"的结合体,"发布需求"在此是指发布服务需求,而不是二手需求。

1.2 公司产品

"易购"网站服务两个群体,大学生群体和企业群体。其为大学生群体提供的服务包括校园二手服务、资源共享服务、发布服务等,详情请参见"8.网站构架"。

1.3 创业团队

我们的创业团队由广西大学的本科生和其他团队成员组成,分工合理,各有优势,团队精神强。详情请参见"3.6 公司管理团队介绍"。

1.4 市场分析

今天,随着国民经济的发展,互联网已经蔓延到全国各个角落,物流行业也发展迅速。这给网络产业的发展带来了巨大的商机。全国各地的高校越来越多,大学生网购已经成为时下主流,我们的服务在大学生中潜力无限。

随着人类社会生产力的发展、物质文化生活水平的提高、社会经济和市场竞争的加剧,以及城乡经济发展和家庭收入不平等客观存在的不平衡,不同的人有不同的物质和文化观念,其消费水平也不同。同时,随着现代技术的快速发展,产品功能和款式升级换代周期大大缩短,因此,一些耐用消费品在社会中变得越来越普遍。资源互补市场的形成和发展是必然的。

"易购"网站应抓住"个性化""专业化"和"多元化"三大特点,在机遇和挑战并存的情况下,在大学服务领域占有一席之地。详情请参见"2.市场分析"。

1.5 营销策略

由于服务对象主要集中在高校,所以我们的营销策略要注重客户的特点。如利用"一切服务免费,贴近服务需要"的策略,构建大学生资源服务网络的信誉系统。详情请参见"7.营销策略"。

1.6 风险分析

公司针对技术风险、市场风险、管理及人才风险、财务风险进行分析,确保在面对这些风险时有充分准备与对策。在发生紧急情况时,可以启动应急预案,确保公司正常健康运行。

2. 市场分析

2.1 宏观经济分析

近几年间,中国的经济飞速发展,国内生产总值(GDP)一直保持飞速发展,并且稳居世界前列。中国国内生产总值在不断上升,人民生活水平在不断提高,整体消费水平提高了。但是对于广大消费者,尤其是对于大学生来说,选择物美价廉的产品是主流。这给我们平台的发展带来了许多宏伟的期待。

2.2 行业发展

2.2.1 中国互联网发展状况

中国互联网络信息中心(CNNIC)于 2017 年 1 月 22 日发布了《中国互联网

络发展状况统计报告》(以下简称《报告》)。《报告》显示截至 2016 年 12 月,中国网民达到 7.31 亿,互联网普及率达到 53.2%,超过全球平均水平 3.1 个百分点,超过亚洲平均水平 7.6 个百分点。

《报告》显示,2016 年中国新增网民总数为 4299 万人,同比增长 6.2%。中国网民规模相当于欧洲的总人口。其中,移动互联网用户达到 6.95 亿,占比 95.1%。台式电脑和笔记本电脑的使用率已经下降。中国网民规模和网络普及率如图 1 所示。

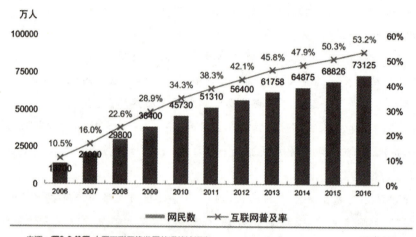

图 1 中国网民规模和互联网普及率

截至 2016 年 12 月,中国网民男女比例是 52.4∶47.6。上一年同期全国网民男女比例为 53.6∶46.4。网民的性别结构趋于平衡,基本符合人口性别比,如图 2 所示。

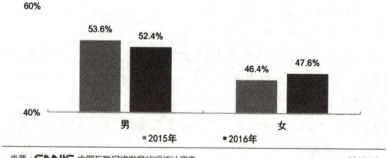

图 2 中国网民性别结构

截至 2016 年 12 月,20～29 岁年龄段的网民占比最高,达到 30.3%;10～19 岁和 30～39 岁的分别占 20.2%、23.2%。与 2015 年年底相比,10 岁以下和 40 岁以上网民的比例有所上升。中国网民年龄结构如图 3 所示。

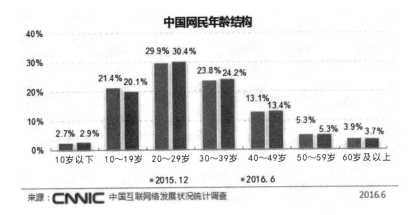

图 3　中国网民年龄结构

截至 2016 年 12 月,中国网民学历仍以中等教育程度为主。初中、高中/中专/技校学历的网民占比分别为 37.3% 和 26.2%。与 2015 年年底相比,小学及以下学历的网民比例有所提高。中国网民学历结构如图 4 所示。

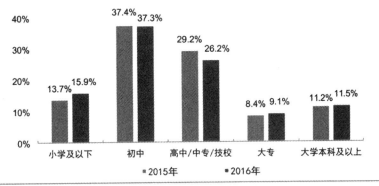

图 4　中国网民学历结构

截至 2016 年 12 月,中国网民中,学生占比最高,为 25.0%;其次是个体户/自由职业者,占 22.7%;企业/公司管理人员和一般员工占比合计达到 14.7%。与 2015 年年底相比,这三类人群的占比相对稳定。中国网民职业结构如图 5 所示。

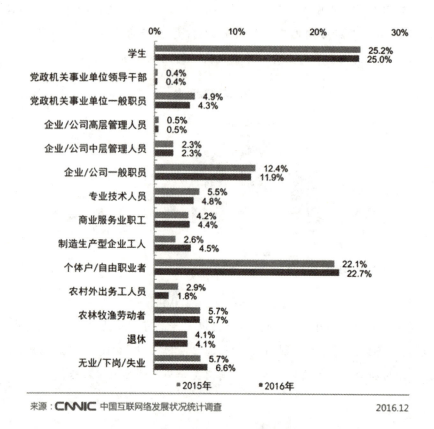

图 5　中国网民职业结构

由以上互联网发展状况的调查数据可知,中国网民中学生群体占比最高,由此可见目标群体市场较为乐观。

2.2.2　二手交易电子商务发展状况

二手交易市场最近两年发展尤其火热。2016 年 3 月 26 日,CBNData(第一财经商业数据中心)发布了 2016 年分享经济发展报告。报告指出,中国闲置市场的保守规模在 2016 年预计达到 4000 亿元,远超共享旅游市场,成为分享共同经济下一个爆发点。近年我国二手/闲置物品交易关注度如图 6 所示。

淘宝根据二手平台用户调研发布的一组数据表明,98% 以上的人都有闲置物品。据艾瑞咨询集团分析,2016 年国内二手/闲置市场交易额已经达到 4000 亿元。在这个网购热潮时代,闲置销售需求越来越主流。

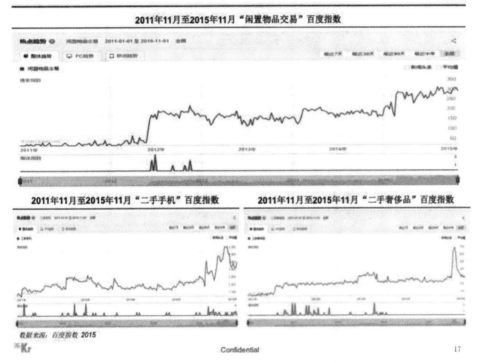

图 6 近年我国二手/闲置物品交易关注度

目前闲置物品交易市场主要有两大类,一类为专业回收模式,另一类为分享经济模式——由买卖双方在平台直接沟通。

2.3 竞争对手分析

截至 2016 年 4 月,iOS 平台二手买卖 APP 综合指数排行榜如图 7 所示。

目前,在二手交易行业,已经出现一些有知名度的公司,选取如下 4 个做对比分析,如表 1 所示。

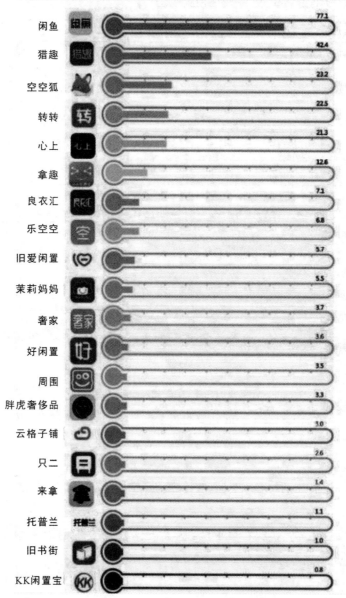

图 7　iOS 平台二手买卖 APP 综合指数排行榜

表1 二手交易行业知名公司对比

公司	闲鱼	转转	旧爱闲置	空空狐
公司定位	全品类,与拍卖合并,以鱼塘为核心的二手交易平台	以二手手机为切入点,卖点为转转优品,全品类的二手交易平台	主打二手奢侈品和数码3C,全品类的二手交易平台	主打女性闲置服饰交易,只有6个分类的二手交易平台
市场定位	在校大学生、上班族、个人等年轻互联网用户群体,代理商(个人、商家)	高校学生、上班族、个人等年轻互联网用户	以热爱数码、奢侈品人群为主	针对15~25岁的年轻女性高频次闲置服饰交易的需求
产品和服务	二手买卖、拍卖、淘宝一键转卖、兴趣鱼塘、发布求购信息、需要认证	二手买卖、3C服务、大件物品接入58速运服务、包邮专区、针对个人而不是商品评价、需要认证	支持身份实名认证、二手买卖、官方自营闲置物品	没有任何认证功能、达人模式
安卓市场下载量	5946万	2503万	373万	325万
用户数	注册用户超过1亿	未透露	注册用户超过30万	未透露
融资情况	阿里巴巴给闲鱼投资了1亿元	58同城旗下,不确定未来会不会分拆	3000万元人民币,天使轮,乐视领投	1500万美元,B轮,昆仑万维董事长领投
成长空间	引入芝麻信用,客户满意度较高,有一定的信用度;大件物品运输仍然是问题;评论是买卖双方互评,且针对一次性交易评价,参考价值较低;阿里巴巴投资,资金雄厚	引入芝麻信用、微信熟人关系,C2B2C模式,增加商品质量的可信度,瞬间打开了市场;大件物品接入58速运服务;评价体系针对个人而不是单次交易物品	支持身份证实名认证,但认证入口隐藏较深;提现到账慢	不需要任何认证;早期收费,后期免费;利用达人模式聚集客户,但私聊流程有问题;提现慢
备注	* 数据统计时间截至2016年7月18日 * 安卓市场下载量来源于酷传			

这些公司可以说是目前二手交易平台中比较有名的,规模很大,这给我们造成的竞争压力很大。目前二手市场纷繁杂乱,进而出现了一批细分化的二手

平台,总而言之二手市场还需要一定的时间逐渐进入正轨。

2.3.1 广西大学及周边高校、其他高校二手市场调查

广西大学有毕业季的爱心捐赠活动、图书回收活动、跳蚤市场活动(见图8)。爱心捐赠活动是指回收大四同学的衣服然后捐赠给贫困地区。据活动反馈,大四女生捐赠衣服较多,捐赠的衣服很大部分都有八九成新。图书回收活动主要为回收大四同学手中的课外书,通过捐赠给公益机构,最后捐给贫困小学。2016年5月,某公益组织开展图书回收活动,一天共收集课本1200多本,课外图书300多本。

广西医科大学每到毕业季,即将毕业的学长学姐会在宿舍楼下售卖手中的旧物品,现成立有一个专门卖二手书的书店。

总结:广西大学及附近高校内尚无统一、专业的二手服务平台。学生闲置物品多,处理闲置物品的渠道少。学生处理二手物品以跳蚤市场、捐赠为主;以学生集中在大四统一处理为主;以依赖公益社团开展捐赠、回收活动为主;捐赠的物品以衣服、书籍为主。

图8 跳蚤市场活动

2.4 STP分析

2.4.1 细分市场

通过调查分析,我们做了以下细分市场。

个人用户分为:大学生群体,高中生群体,初中生、小学生群体。大学生

群体主要需求为处理闲置物品、购买物美价廉的实用品、实习、兼职、驾校报名、组团旅游等。高中生、初中生、小学生群体主要需求为培训班学习、家教等。

企业用户主要为中小型企业,服务内容为发布需求。发布的需求包括兼职、企业实习岗位、驾校招生、各类课程培训班招生、旅游报名等。

2.4.2 目标市场

根据以上细分,我们划定了目标市场。

1) 第一阶段:广西大学

该阶段选择广西大学为目标市场,目标群体为广西大学在校学生。

选择理由如下。

(1) 地理位置优势。

团队成员都是广西大学的本科生,对广西大学的环境情况了解和掌握得比较充分,对广西大学同学们的心理状况能够产生共鸣。以同校交易为主,邻校交易为辅,以西乡塘区的广西大学为中心。

(2) 消费水平优势。

随着经济的发展,大学生的消费水平在逐渐提高,大学生会经常网购很多东西,因此或多或少都有具有实用价值但自己已不需要的东西。大学生有着相似的消费心理,有共同的生活环境、生活方式,大部分的交易都是学生自己需要的。

(3) 大四毕业生刚需。

大学生毕业后,对私人物品的处理问题让学生们烦恼不已。一些学生选择丢弃,造成资源的浪费。鼓励毕业生选择更合理的方式来处理闲置物品。

(4) 目前针对大学生闲置物品交易的平台无法满足学生需求。

目前,大学生闲置物品交易主要通过展位、微博、朋友圈等方式实现,远不能满足学生的需求。调查发现,学校的闲置物品市场具有以下特点:品种多,规模小,交易的随机性较强,时间分布比较均匀。当学生离开学校时,我们这个针对性较强的平台,可对大四的学生通过"买断"模式,解决他们比较急切的需求。

2) 第二阶段:南宁市区

该阶段选择南宁市区的各大学、高职高专院校等为目标市场。

选择理由如下。

将广西大学的运营模式复制到南宁市区其他各大高校,实施以区域布局的战略,先稳定西乡塘区的几所高校,再扩大到南宁市区,新增同城交易,稳中求进。且南宁市是广西的首府,在南宁立足之后可为进军广西其他市区高校奠定基础。

3) 第三阶段:广西地区

该阶段选择广西地区的其他高校,优先选择广西地区其他较大院校为目标市场。

选择理由如下。

进一步扩大市场,扩大平台影响力。平台此时已有一定的资源,建立起了自己的公信度,要进一步发展开辟出一条绿色通道。该阶段仍然以同校交易为主,邻校交易为辅,逐步增加并完善同城交易、同省交易。

4) 第四阶段:全国各大城市各大高校

凭借前期积累的经验和公信力,公司业务范围将扩展到全国主要城市的重点大学,从而建立起一个全国性的整合大学资源再分配的平台,使大学资源得到充分合理的利用,打造一个为社会、为国家提供发展所需的集聚全国大学资源的平台。

2.4.3 市场定位

经过细分市场和目标市场分析后,我们决定把网站定位为为大学生提供资源整合和分配的具有服务性质的二手交易平台。同时我们平台将以独特的模式(买断、发布需求、资源共享等)给广大学生带来不一样的体验。

该平台从形式上看是"线上线下二手交易+资源共享+发布需求"的结合体,它有别于其他二手交易网站,且专门针对大学生,具有针对性细分的市场。

2.5 TOWS分析

2.5.1 威胁

1) 建立良好信誉度需要一定的时间

目前出现的二手市场平台鱼龙混杂、弊端较多、门槛低,且商品参差不齐、数量杂多等,对学生心理造成了一定的影响,导致一直以来有关二手交易的平台在学生心里的信誉度都普遍较低,这给宣传带来了一定的难度。

2）来自闲鱼、转转等大平台的威胁

淘宝旗下的闲鱼平台，目前已累积用户过亿，销量超过1.7亿件。其官网介绍为"中国最大最活跃的闲置物品交易社区"。CBNData首次发布的分享经济报告表明，闲鱼从2015年10月13日开始上线，半年时间内有超过1亿的用户下载，而后几个版本的下载量也都大大提升，用户发展迅速。

闲鱼和转转分别有阿里巴巴和58同城两个强硬且资金雄厚的公司支持，将会是我们平台发展的最大的竞争对手。

3）投资者投机性大

经过多年的互联网发展，投资者对互联网业务的投资更趋理性化。高风险、高投资、高回报的事实在今天的互联网市场上是不适用的。所以在早期，如何有效地利用资金，保证资金流动顺畅，形成健康运行，获得投资者的信任是非常重要的。

2.5.2 机会

1）学生需求大

现代技术发展突飞猛进，产品功能及款式更新换代周期大为缩短，大四毕业生越来越多，目前有关校园二手平台的形式传统老旧且不够专业化，这些都导致二手交易市场远远不能满足学生们的需求。

2）模式创新化

我们平台不同于其他任何二手交易平台，二手交易更加专业化和专一，专门针对大学生服务，对大四的毕业生通过先买断后销售的方式解决了他们急于处理闲置物品的问题。平台开设二手新品频道（即买回来后发现并不需要，从而再次出售的新品），还有资源共享（即更加便捷的以物换物形式）、发布需求等，从形式上看是"线上线下二手交易＋资源共享＋发布需求"的结合体。

3）市场潜力很大

目前，很多业内人士都认识到校园是一个潜力巨大的市场。企业产品和服务涵盖课程、社交网络、图书馆、二级市场、外卖、俱乐部、招聘等。外卖可能是近期非常火的一个方面，也受到了众多巨头的青睐。但是，大多数产品和服务仍处于商业模式的探索阶段。

因此，这是我们的机会。我们要抓住这个机会，以提供最专业、最专一、最优质、最可靠的服务在校园二手市场占有一席之地。

4) 鼓励支持大学生创业的国家政策

这几年国家鼓励支持大学生创业，众多高校都建设有大学生创业基地，而国家的创业基金支持则为大学生自主创业解决了在校大学生最棘手的难题。把握住国家支持大学生创业的政策，利用国家政策提供的便利实现创业成功。

5) 共享经济时代的到来

在去年的全国"互联网＋"大学生创新创业大赛中，ofo小黄车共享单车获得全国季军，共享单车在不到一年的时间内迅速发展为全国的趋势。大学生资源互补平台与共享经济本质相差不大，将校园资源整合，与共享经济观念相近相符，在共享经济的背景下开创资源整合时代。

6) 机动性强

因为我们的目标群体是在校大学生，我们的目标之一就是挖掘和开发出更多的大学生可利用的资源，从最受欢迎的二手资源为切入点，并打造全国专业的校园二手市场，进而实现大学资源的开采及利用。我们最终的愿景是打造一个全国性的大学资源整合再分配的平台，使大学资源得到充分合理的利用，打造一个为社会、为国家提供发展所需的集聚全国大学资源的平台，促进社会、国家经济的发展，提高就业率。

2.5.3 劣势

1) 融资困难

对于一种新的商业模式，大部分投资者将处于观望阶段，而且由于刚起步，不知名，吸引投资者的难度很大。如果资金不足，公司很难开始运作。

2) 缺乏专业技术人才

公司从发展战略上倾向和花样互联科技有限公司合作。为了处理好网站的核心和专业的技术性问题，我们需要一支可靠的技术攻坚团队，但我们团队缺乏专业技术人才，导致在网站开发过程中需要花费较大的资金，而由于公司资金不足，实现对网站的升级有一定的困难，因此合作是较好的选择。

3) 没有可借鉴的商业模式

由于校园二手交易市场目前都在摸索中，且我们网站涉及的部分服务和功能是目前市场上所没有的，所以现在没有现成的商业模式可以模仿。现在我们团队不能很好地考虑到领域的全面性，从而使情况更加狭隘或片面，空间不明，这是我们的劣势,也是我们的机遇。

4)营销推广困难

在网站运营初期,在闲鱼和转转两个早已有一定知名度和信誉度的巨头面前,如何迅速让大学生了解我们的网站并相信我们,为网站积累人气已成为我们运营推广的一个难题。初期我们由于经费不足,无法投入大量广告宣传。

2.5.4 优势

1)服务群体明确

服务群体主要是相对集中的大学生。其他平台服务群体一开始就多种多样,而市场则鱼龙混杂,而且难于管理,骗子比较多。大学生们比较希望有一个专门针对他们且信誉度极高、服务全面的二手交易平台。

大四的学生因为即将毕业离开学校,更加急于把自己的闲置物品转让出去,而且对于大多数大学生来说,他们也没有很多的耐心管理和等待闲置物品的转让,希望能有一个针对性的平台帮助他们管理和转让。

由于我们的用户集中,我们可以为用户提供更人性化的服务,让用户对我们的网站有归属感。

从新生到不同年级的高年级学生,我们充分考虑到不同学生的不同需求,如购买具有成本效益的项目,购买二手书、资料等,资源共享,帮忙处理闲置物品,发布需求等。这是一般的二手交易网站所无法比拟的。

2)融入 B2C、C2C 运营模式

网站结合 B2C、C2C 运营模式,并且拥有官方的虚拟货币——易购币(G币)。"易购"网站上有一块区域专门用于展示官方收购并发布的二手资源(此类资源有极强的信誉度和质量保证),另外一块区域用于展示学生自己发布的二手资源。此外,"易购"网站还新增了二手新品展示区,用于展示转让的新品,极大地提高了交易效率和商品的性价比。

3)首创资源共享新模式

网站区别于其他平台最大的一个亮点就是"资源共享"。资源共享页面里的易购认证资源,以物品转换成易购币再转换成物品的形式进行以物换物,即"物品→易购币→物品",极大地提高了物品交换的效率,解决了以往物品交换双方想交换的物品不匹配的问题。

4) 服务质量高、质量认证

因为我们是一个专业、专一的网站,网站为出售的部分物品提供售后服务、保修补贴等,主要针对较贵重的物品或者二手新品。学生要实名认证才可以发布出售物品,且评价系统针对学生本人而不是一次性出售的物品。平台以优质的服务质量切入广大学生之中,很快就能建立起公信度,以口碑打开市场。

如何解决二手商品质量问题一直是大家都比较关注的问题,而我们由专业人员收购二手物品,对物品进行质量认证,在质量合格、可以进行二次交易的前提下进行收购,相比于全国大型二手电商如闲鱼等平台,当地服务质量更加有保障,更加容易获取本校学生的信任。

5) 交易时间迅速,无物流成本负担

二手物品交易主要集中在数码产品、婴幼儿用品、家电、视听电器、鞋类、配件等类别,根据电商的惯例,物流成本自然由买家承担。传统零售电商中,买家可以在商店购买多件产品来抵消物流成本,但二手物品交易的大多数卖家只销售单件产品,买家不能降低物流成本。

另外,一旦交易失败或者发生纠纷,谁来负责交付货物,这也是制约二手物品交易扩大的重要原因之一。

而我们的一大优势便是本地化优势,大部分交易皆为本校以及附近学校的学生之间的线下交易以及线下二手体验店的现场交易,与其他二手交易平台相比,交易时间迅速,可以随时约定校内指定地点交易,解决了物流成本和纠纷的问题。

6) 线下二手体验店,服务中心

目前全国二手电商平台普遍以平台在线交流、通过物流实现交易的形式进行二手交易,而且没有线下的服务中心。这导致客户对二手交易的体验仅仅局限于网上的信息交流。在各所高校开设专门的线下二手体验店,最大程度结合O2O模式,以线上宣传、线下体验店现场交易的形式,提高平台的信誉度。

2.5.5 整体战略

基于上述TOWS分析,我们整合了不同类型的策略,实现策略与目标的匹配与衔接,如表2所示。

表 2　整体战略

项目		S 优势	1. 服务群体明确 2. 融入 B2C、C2C 运营模式 3. 首创资源共享新模式 4. 服务质量高、质量认证 5. 交易时间迅速,无物流成本负担 6. 线下二手体验店,服务中心	W 劣势	1. 融资困难 2. 缺乏专业技术人才 3. 没有可借鉴的商业模式 4. 营销推广困难
O 机会	1. 学生需求大 2. 模式创新化 3. 市场潜力大 4. 鼓励支持大学生创业的国家政策 5. 共享经济时代的到来 6. 机动性强	SO 战略	1. 突出人性化服务,满足学生多种需求 2. 加强网站对学生的黏性 3. 多元化的服务整合策略,让学生依托我们的网站 4. 加强网站管理机制,提高信任度和美誉度	WO 战略	1. 加强与其他知名企业的合作,获得多渠道融资 2. 部门外包技术内容,充分利用外部资源 3. 充分挖掘未知资源,优先占领学生市场 4. 加强资金和仓库管理,尽快建立健全的管理制度
T 威胁	1. 建立良好信誉度需要一定的时间 2. 来自闲鱼、转转等大平台的威胁 3. 投资者投机性大	ST 战略	1. 充分利用宣传渠道,让大学生知道我们网站,利用平台特殊机制严格把控物品可信度 2. 借鉴大型知名平台的模式,并结合自己固有的差别性制订更加人性化的服务 3. 采取差异化战略,减少模仿的可能性	WT 战略	1. 加强公司内部管理,减少不必要的成本支出 2. 建立健全人才选拔和培养机制,选拔更多优秀的管理和技术人才 3. 不断进行监控和控制,减少风险系数

2.6　市场前景预测

由于缺乏资金和知名度,且免费服务,公司在初期将亏损。然而,由于公司经营的"人性化",客户的"专一化"和赢利模式的"多元化",在初步运作后公司可进入良性循环,占领二手市场。

第七章　筹集创业资本

创业者开展创业活动必须要有资源作为基础,因此创业者需要利用各种内部和外部资源去实现其创业目标,可以说,没有资源的支持,创业者即使有再好的创业理念和机会,也不能实现成功创业。一个企业从其诞生到发展,离不开资金的支持,融资是创业不可缺少的一个环节。选择适合创业企业发展的融资模式,在不同阶段引入相应的融资渠道,可大大帮助创业企业快速发展壮大。

第一节　创业融资

一、创业融资需求的确定

在创业之前,需要确定启动公司所需的资本。为了保证公司在初创阶创段的顺利运营,创业者需要在达到收支平衡之前,准备足够的资金支付各种费用。为了应对这一问题,创业者可以估计每一个实际成本的一部分,从而将估计成本保持在安全范围内。另外,创业者还应对预估融资金额的合理性进行验证,并采取各种方式将预算降至最低。

1. 测算创业启动资金

下面以开办汽车美容店为案例,说明如何测算创业启动资金。

汽车美容是指对汽车内外部进行彻底清洁和保护,例如汽车漆面加工、打蜡、改装、装饰、美化、保护等。汽车美容店最初的投资可大可小,从几万元到几十万元不等。汽车美容店固定成本投入大,退出成本较高。测算开办一家汽车美容店所需资金时应考虑以下因素。

(1) 定位目标市场是预算基础。

开办一家汽车美容店的前提是创业者对该行业应深入了解。创业者根据自身情况和当地的消费实力以及竞争情况确定市场定位,即主要面对的顾客群体的平均车价是多少。有了市场定位,才可以计算投资规模,如店铺规模、装修、人员配置、产品线、服务内容等。

(2)选址影响创业预算。

选址对开任何店的成败都有很大的影响,也是预测创业资本时要考虑的重要因素。房租是开办汽车美容店总投资的重要组成部分,最多的时候它能占到总投资的50%。

一般来说,以下三种地方是开办汽车美容店的理想场所。

①大型住宅区。

②加油站和汽车修理店附近。

③车流量比较大的公路附近。

初步选址后,需确定特定区域内符合开店标准的门面房的最低租金。根据市场定位以及周边竞争环境,综合考虑开店规模之后,计算出半年的房租。

(3)环保也会构成预算的重要内容。

汽车美容是一个特殊的行业,必须进行环境评估,申请营业执照,这是进入汽车美容行业的最大障碍。汽车美容店的设计、施工、运营、污水排放等必须符合环保标准。

(4)留出充足的人员预算。

根据市场定位,确定人员数量及工资标准。准备好6个月的人员工资和福利,这也是投资的一部分。有了这些钱,即使再困难也能度过半年的存活期,不会有员工流失。

(5)考虑装修、设备等费用。

开店所需的装修、设备、材料、物资等问题,均可根据市场定位来确定,没有市场定位测算出的资金金额是没有实际意义的。创业者需要一个精通市场行情或者开过店的行家指点迷津,在什么地方可以采购到质优价廉的商品。

(6)预留运营经费。

一家店新开张,要做好3~6个月生意没有起色的准备,事先筹备充足的运营经费,例如进货款等。

2.影响创业项目启动资金的基本要素

启动资金就是开办企业用于购买物资和必要的其他开支的资金。按照用途划分,启动资金可以分为固定资产投入和流动资金。

(1) 固定资产投入。

固定资产投入指企业购置价值较高、使用寿命较长的物资所需的资金,包括场地费、设备购置费、开办费(如培训费、加盟费、技术转让费、装潢装修费等)。在预算房租费用时,要根据当地市场行情和预计租期(如按季、按年等)预算。

房屋装修费用视其项目而定。例如,餐馆要按照当地卫生防疫相关部门的规定来装修,否则很难获得营业执照;直接对外经销产品的加盟店,其装修费用还要包括货柜橱窗的费用。

(2) 流动资金。

流动资金是保证企业日常运转所需要支出的资金,也称为运营资金。流动资金包括产品或原材料费用、员工工资、福利、保险、公用事业、电话、互联网、广告、维护、运输、外包费用、不可预见的成本(罚款、盗窃、遗失)等。如果有分期偿还的借款,各期偿还本金也要计算在内。

流动资金周转困难会导致破产,因此,需预测"流动资金持续投资期",也就是没有获得销售收入之前需要投入流动资金的时间。为稳妥起见,创业初期应准备一段时间(如3个月或半年)的流动资金。

同样的创业项目,因为目标市场、经营地点、创业者对该项目的预期等的不同,所需启动资金亦不相同。

3. 判断启动资金的合理性

启动资金应合理。如果筹集太多资金,则可能导致浪费,甚至可能导致公司负债过多,从而提高融资成本。但是,如果资金不足,会影响到正常的投融资计划和业务发展。因此,创业企业在进行融资决策时,应根据基金的要求和企业自身的实际情况进行融资决策,根据融资难度和成本等因素确定合理的融资规模。

创业者初步预估的启动资金是否合理还需多方验证,可以采用以下几种方法判断其合理性。

(1) 向同行咨询。调查和了解类似经营领域企业创业初期的各项运营成本,是判断启动资金合理性较好的方法。创业者也可向行业商会咨询。

(2) 询问供应商。在一般情况下,供应商愿意为创业者提供咨询和帮助,以获得更多的业务机会。创业者可以向多家供应商咨询设备租赁、批发折扣、信用条件、启动库存量以及其他降低前期成本的选择,进行比较后可以判断启动资金的合理规模。

(3) 网上咨询。很多创业网站提供专家咨询和类似创业项目介绍,还有一些创业者论坛、QQ群、微信群等互动交流平台,创业者可以通过这些渠道咨询启动资金的合理规模。另外,一些报纸、期刊、网站上与创业相关的文章和报道,也可以帮助创业者列出需要调查的费用清单,估算所需的启动资金。

(4) 请教专家。通过授课教师或培训机构联系有实践经验的相关专家进行咨询。

4. 减少启动资金的方法

在启动阶段,创业组织的资金获得渠道有限,因此创业者应采取各种方法降低成本。

(1) 充分利用政府支持创业的政策。相关政府政策包括政府的创业贷款政策以及各种补贴政策等。

(2) 节省场地费用。经营场地费用往往在创业组织启动资金中占有较大比例,因此可以运用一些技巧降低该笔费用。例如,可以选择住宅或商住两用房作为办公或经营场地,与其他企业合租办公楼,入驻由政府补贴的孵化器,采用移动办公方式等。

(3) 节省设备费用。创业者可以考虑通过网上竞拍、购买二手设备或二手办公家具、租赁、团购等方式降低成本。

(4) 减少资金占用。在购进原材料或产品销售阶段,创业者应尽量减少对企业内部资金的占用,尽可能利用别人的钱实现"借鸡下蛋"。当上游企业(卖方)要求创业组织预付货款时,创业者应尽力谈判以实现延期支付,从而减少资金周转的压力。对于下游企业或个人客户(买方),创业者应尽力谈判以达成预先付款,从而实现资金提前回笼。

二、创业融资金额的计算

确定合理的融资金额是创业者必须具备的素质之一。筹集资金不到位,会影响企业现金流,使创业企业面临破产清算的危险。另一方面,筹集资金过多,则会造成资金闲置,带来不必要的浪费。确立一个科学合理的融资金额对创业企业发展非常有必要。通常来说，创业融资金额包括投资资金和运营资金两部分。

1. 投资资金计算

投资资金是企业筹办期间所需的各种资金支出，包括企业开张前的流动资金投入、非流动资金投入以及其他费用支出。具体来说，投资资金既包括开办企业必需的厂房购置、设备购置及安装、员工工资支出、原材料费用等常见项目，也包括办公场地装修费用、市场调研拓展费用、相关广告费用以及各种渠道的维护费用。通常，建立一个投资资金估算表，详细列出所需资金项目，能有效管理和规范投资资金用途，提高投资资金估算准确度。

2. 运营资金计算

运营资金一般是指在创业者实现盈亏平衡前所投入的流动资金，需考虑企业的收入、成本和利润情况，并通过财务预测来进行计算。因此，测算营业收入、编制预计利润表和资产负债表构成了运营资金计算的主要部分。

(1) 测算营业收入。

营业收入是指企业在日常经营活动中形成的经济利益流入总额，主要包括销售商品、提供劳务、转让商品使用权等带来的收入，分为主营业务收入和其他业务收入。主营业务收入是指企业的正常业务和主营业务产生的收入。例如：制造销售产品、半成品和工业劳务收入；流通企业销售商品收入；票务收入、客户收入、餐饮收入等。主营业务收入占营业收入的比例较大，对企业经济效益具有决定性影响。其他业务收入包括材料销售、外购商品销售收入、废旧物资销售收入、房地产开发收入、咨询收入、担保收入等。其他业务收入占营业收入的比例较小。

在测算营业收入时，创业者应以市场调研为基础，充分获取同行企业的营业收入数据，通过一定的统计方法并结合专家意见进行科学测算，从而得出较为准确的预测营业收入。

(2) 编制预计利润表。

利润表是反映企业在一定会计周期内的经营成果的报表。因为它反映了一定时期内的情况，所以也称动态报告。企业在某一会计周期内的经营成果可能既有盈利又有亏损，因此利润表也称为损益表。它全面揭示了企业在一定时期内产生的各种收入、成本、费用或支出，以及企业实现的利润或遭受的损失。

编制预计利润表时,主要根据预计业务量来测算营业成本;根据计划内的销售策略来测算销售费用;根据预计业务量和企业经营策略来测算各种管理费用;根据预计采用的融资模式来测算相应的财务费用;根据现行行业税务规定来测算未来税费等;并以上述内容为基础,测算相应会计周期内的预计利润。一般来说,创业企业处于发展初期,各项财务指标并不稳定,因此在测算预计利润表时,会计区间不要取得太长,按月来编制预计利润表是一种较好的做法。

(3) 编制预计资产负债表。

资产负债表是公司财务状况在特定会计期末的主要会计报表。资产负债表按照会计差额的原则,将资产、负债和股东权益的交易主体按照会计原则分为两大部分,即"资产"和"负债与所有者权益",入账后分类账、试行、调整等会计程序,以静态业务日期为基准,集中汇报。作为会计上相当重要的财务报表,资产负债表最重要的作用在于表现企业整体的经营状况。编制预计资产负债表时,应根据创业企业未来发展状况进行合理假设,通常应包括"交易性金融资产""工程物资""固定资产""递延所得税资产""短期借款""交易性金融负债""应付票据""应付职工薪酬""应交税费""应付利息""应付股利""其他应付款""应付债券""专项应付款""预计负债""递延所得税负债""实收资本(或股本)""资本公积""库存股""盈余公积"等内容。和编制预计利润表相同,预计资产负债表在创业企业达到盈亏平衡前应以月为会计周期,在创业企业达到盈亏平衡后则可以季、年等相对较长期限作为会计周期。

三、创业融资渠道的类型

创业融资渠道是指创业企业筹集资金的方向与通道,反映资金的来源和流向。融资渠道主要由社会资本提供者及其数量决定。了解融资渠道的类型、特点和适用性,有助于创业者充分利用和开拓融资渠道,实现融资渠道的合理组合,有效筹集所需资金。创业融资的渠道主要包括私人资本融资、机构融资、政府专项扶持资金、互联网融资、知识产权融资等。

1. 私人资本融资

初创企业在融资方面处于劣势,难以通过传统的融资方式如银行贷款、发行债券等获得资金,使得私人资本成为风险融资的主体。世界银行对北京、成都、顺德、温州等地的民营企业的调查显示,中小民营企业的初创资金,90%以上由创业团队成员及其家庭提供,而银行和其他金融机构的贷款比例非常小。

(1) 自筹资金。

创业者倾向于将大部分资金投入到创业公司。个人资金的投资对风险企业具有重要意义。

一方面,开办新企业是一个抓住商机并尽可能投入资本的过程,以便在初创企业中持有更多的股份。当创业取得成功时,将获得丰厚的回报。通过这种方式,个人才能和资产可以共同创造高价值的创业活动。

另一方面,自筹资金是一种有效的承诺,它告诉其他投资者,创业者对自己的创业项目充满信心。这种信号会给其他资金持有人积极的建议,缓和信息不对称的负面影响,增加他们投资新企业的可能性。

当然,在没有外部资金的情况下,自筹资金是一种方式,但不是彻底的解决方案。一般来说,通过自筹获得的资金相对有限,难以满足资金需求,特别是创业初期的资金需求。

(2) 亲人和朋友投资。

亲人和朋友是创业融资的重要来源。家庭是市场经济的三大主体之一,在商业活动中起着重要的支撑作用。家人、亲戚、朋友愿意投资是因为他们与创业者的私人关系,这有助于克服非个人投资者面临的不确定性以及对创业者缺乏了解的问题。在创业初期,创业者往往缺乏正式的融资抵押资产,缺乏社会融资信贷和业绩,所以非正式的金融借贷——向家人、亲戚和朋友获得业务所需的资金是非常普遍、非常有效的融资方法。例如,温州民营经济的融资特点是在创业初期资金主要来源于民间资本和民间融资,当企业具有一定的规模和实力后主要依靠自有资金和银行贷款,而私人融资仍然是重要的外部资金来源。

尽管从亲人和朋友那里获得资金相对容易,但这种融资渠道也存在弊端。创业者必须清楚所获资金的性质是债务还是股本。在传统社会网络关系等方式的帮助下,必须运用现代市场经济博弈规则、合同和法律来规范借贷行为,保障各方利益,减少不必要的纠纷。

为了避免将来出现问题,创业者必须将投资的好处和风险告诉亲人和朋友,以将对亲人和朋友之间的关系的不利影响降到最低。如果创业者像对待其他投资者一样对待亲人和朋友,就可以避免未来的冲突。创业者也可以提前以书面形式确定所有项目,提供所有融资细节。

(3)天使投资。

天使投资是自由投资者或非正式机构对创业企业项目或小型初创企业的一次性早期投资。这是一种无组织形式的风险投资。与其他投资相比,天使投资是外部融资的第一步。即使项目还处在创业观念阶段,只要有发展潜力,天使投资者都会考虑投资,而其他投资者很少对这些"尚未出生或正在等待哺乳的婴儿"感兴趣。

天使投资人是用自有资金以债权或股权的形式向非朋友和家人的创业者或新创企业提供资本的个体。一般认为天使投资起源于纽约百老汇秀,原本是指利用丰富的个人贡献,给一些社会文艺演出提供帮助。对于那些充满理想的表演者来说,这些赞助人就像天使一样,让他们的美好梦想成真。后来天使投资应用于经济,扩展到对高风险、高收益的创业公司的早期投资。天使投资有三个特点:①对企业直接投资股权。②天使投资不仅提供现金,还提供专业知识和社会资源支持。③投资过程简单,短期资金可以到位。

惠普公司创业时,斯坦福大学的弗雷德里克·特曼教授不仅提供了538美元的天使投资帮助惠普公司生产振荡器,还帮助惠普公司从帕洛阿尔托银行贷款1000美元,并在业务技术等方面给予了很大的支持。

天使投资人在投资决策方面看重产品和市场,更看重创业者个人,一般包括创业者的热情、可信度、专业知识、受欢迎程度以及过往的创业记录等。天使投资更多是对创业者进行投资,在创业者和机会匹配的过程中,创业者的作用更大,更具有能动性。

2.机构融资

(1)商业银行贷款。

银行贷款是最常用的融资方式之一。创业者可以通过银行贷款补充初创企业的资金不足。个人经营性贷款包括个人生产经营贷款、个人经营性贷款、个人贷款、个人小型设备贷款、个人流动资金贷款、下岗失业人员小额担保贷款等。然而,由于经营风险较高和价值评估较难,银行一般不愿意发放太多此类贷款。当申请此类贷款时,创业者往往需要提供担保,包括抵押、担保和第三方担保。

最近几年,为了缓解中小企业融资困难,金融机构推出了许多新的金融产品。另外,信用卡透支贷款也是商业银行融资的一种新方式。信用卡取现是银行为持卡人提供的小额现金贷款业务,在创业者急需资金时可以帮助其解决临时的融资困难。创业者可以持信用卡通过银行柜台或是 ATM 提取现金。透支取现的额度根据信用卡情况设定,不同银行的取现标准不同,最低的不超过信用额度的 30%,最高的可以达到信用额度的 100%。另外,除取现手续费(各银行取现手续费不一)外,境内外透支取现都需支付利息,不享受免息待遇。创业者还可以利用信用卡进行透支消费,购置企业急需的财产物资等。

(2) 中小企业互助贷款。

中小企业互助贷款是指中小企业在融资过程中按照合同规定,由担保机构提供的合法担保方式,为债权人提供担保,若债权人不能按合同履行债权,由担保人承担合同还款的责任,从而保护银行索赔的财务支持体系。这是解决中小企业融资困难的突破口之一。

(3) 非银行金融机构贷款。

非银行金融机构是指通过发行股票和债券筹集资金、接受信用信托、提供保险等,并将筹集的资金用于长期投资的金融机构。根据法律规定,非银行金融机构包括经中国银行监督管理委员会批准设立的信托公司、企业集团财务公司、金融租赁公司、汽车金融公司、货币经纪公司、境外非银行金融机构驻华代表处、农村和城市信用合作社、典当行、保险公司、小额贷款公司等机构。创业者可以从这些非银行金融机构贷款,筹集生产经营所需资金。

(4) 风险投资。

风险投资是投资人向初创企业提供资金支持并取得该公司股份的一种融资方式。因此,风险投资属于权益融资。风险投资的投资人通常将风险资本投资于具有发展潜力的初创高新技术公司,在承担巨大风险的基础上,为创业者提供长期股权投资和增值服务,促进企业快速增长,数年后通过上市、兼并或其他股权转让收回投资。从投资行为的角度来看,风险投资是投资高科技、高风险产品的研发领域,促进高科技成果的商业化和产业化,以获得投资回报的过程。从运作模式来看,风险投资是一种向有专业人才管理潜力的高科技企业投资,协调风险投资家、技术专家和创业者之间的关系,分享利益和分担风险的过程投资方式。

3. 政府专项扶持资金

(1) 科技部科技创新基金。

中小型科技型企业技术创新基金由国务院设立,是用于支持政府中小型科技型企业技术创新的专项资金。通过拨款、贷款和资金投入,支持和引导中小型科技企业的技术创新活动。根据中小企业的不同特点,创新基金支持主要有三种方式。一是贷款利率,具有一定规模和效益的创新项目,原则上采用贴现法支持银行贷款用于扩大生产规模。二是免费赞助,主要是为中小企业技术创新产品研发和试点阶段提供必要的补贴,一般不超过100万元。三是资金投入少,创新水平高,后续潜力大,项目投产后预计会有较大的市场,有望形成新兴产业项目。

(2) 针对某个特定群体的创业基金。

目前,政府根据各地的实际情况,启动了一批鼓励特定群体创业的扶持资金。这些群体大多具有强烈的创业愿望,如大学毕业生、留学生,就业市场上的弱势群体,如下岗职工、失业青年、农民工等。例如,青年商业中国(YBC)是由团中央和全国青联联合主办的国际合作项目,旨在帮助中国青年企业家。

(3) 地方性优惠政策。

在支持创业企业发展方面,政府出台了税收优惠、小额贷款、中小企业信用担保、创业扶持等政策。例如,上海市政府为已经注册三年或以下的初创企业引入了小额贷款担保政策,担保金额达100万元,其中10万元以下的个人担保不在此列。同时,根据创业机构吸纳当地失业情况,在贷款期间协助和保障农村剩余劳动力,给予贷款利息补贴。在此前的大型投资基金中,为吸纳创业项目明显的就业效应,也可以给予示范启动前的小额贷款担保支持。在全国很多地方,也有类似的创业优惠政策和扶持政策。当创业者进入不同地区创业时,应该注意并熟悉这些政策。

4. 互联网融资

随着互联网信息技术的成熟,互联网金融得到迅速发展。互联网融资是一种依靠互联网信息科技,实现金融信息交换、资金融通和支付交易的融资模式。互联网融资以直接融资为主,其融资方式多为无抵押、无担保融资,融资成本低且效率高。投融资双方直接对接,配置效率和资源优化水平很高,个人和企业通过互联网提供信用信息或资产信息、发布融资信息,由互联网融资平台审核和评级完成后,个人和企业可以直接向投资者借钱或出售资产。新型互联网融资方式如P2P网络借贷、众筹融资、基于大数据征信的网络贷款等也成为创业企业的融资渠道。

(1) P2P 网络借贷。

P2P 是 peer-to-peer 的缩写，peer 有（地位、能力等）同等者、同事和伙伴等意。P2P 网络借贷是指网上个人对个人、点对点的借贷，其核心技术是通过借贷平台的内部信用评级和贷款利率定价，进行资金的匹配。代表企业有国外的 Lending Club、Zopa，中国的拍拍贷、宜信、人人贷等。

P2P 网络借贷平台主要为 P2P 借贷双方提供信息、对信息进行价值认定等便于交易完成的服务，但不涉及借款资金的债务。其具体的服务形式包括但不限于发布贷款信息、信用审计、法律手续、投资咨询、逾期还贷等增值服务。一些点对点借贷平台实际上也提供中介资金清算服务，但仍未能突破"非债务人"的边界。

(2) 众筹融资。

众筹融资(crowd funding)是指融资者借助互联网平台为其项目向广泛的投资者融资，每位投资者通过少量的投资金额从融资者那里获得实物（例如预计产出的产品）、资金利息回报或股权回报的融资模式，包括借贷融资、股权融资等。以 Kickstarter(美国)、天使汇、点名时间网为代表的这种模式冲击了传统的融资模式。每个人都可以通过众筹融资方式来创业，资金源不是来自风险投资机构，而是来自公众。与传统的融资方式相比，众筹融资更加开放，资金的可用性不再以项目的商业价值为唯一标准。只要用户喜欢这个项目，就可以参与众筹，为更多的创业者提供无限的可能性。

5. 知识产权融资

知识产权融资也是创业者值得关注的融资渠道。知识产权融资可以分为知识产权作价入股、知识产权质押贷款、知识产权信托等。

(1) 知识产权作价入股。

自 2014 年 3 月 1 日施行的《中华人民共和国公司法》（以下简称《公司法》）第二十七条规定："股东可以用货币出资，也可以用实物、知识产权、土地使用权等可以用货币估价并可以依法转让的非货币财产作价出资。"允许知识产权入股，明确了知识产权作为生产要素的原则。《公司法》还规定，不再限制股东（发起人）的货币出资比例，无形资产可以百分之百出资。这说明股东可以以专利、商标、软件著作权等无形资产进行百分之百出资，有效地减轻股东货币出资的压力。

根据《公司法》的规定,除法律、行政法规不得作为出资之外,股东可以使用知识产权和其他非货币性资产,按照货币价值进行估值,依法出资。

(2) 知识产权质押贷款。

知识产权质押贷款是指以合法拥有的专利权、商标权和著作权中的财产权,经评估后向银行申请融资,是商业银行积极探索的小企业融资途径。

(3) 知识产权信托。

知识产权信托是基于知识产权的信托。为了将知识产权人拥有的知识产权进行产业化和商业化,将知识产权转让给信托投资公司。根据我国目前的知识产权类型和信托案例,目前的知识产权信托包括专利信托、商标信托和版权信托。在美国、日本和欧洲等国家,知识产权信托广泛应用于电影拍摄和动画制作等短时间内需要大量资金的企业。一些流动性较低的文化行业公司可以与银行或信托公司签署合作阶段的新产品信托理念,银行或信托公司向投资者介绍新作品的概念,并向投资者销售部分未来所得"信托权",文化行业公司筹集资金,然后进入新作品的创作。

四、大学生创业融资的问题与策略

在当前我国大力提倡创业创新、鼓励大学生进行创业的背景下,大学生创业活动正积极展开。在创业融资环节上会遇到种种问题,受到各种制约,这其中既有宏观上的社会环境因素的问题,也有创业大学生自身的原因。了解创业融资过程中的主要问题,有助于创业大学生正确理解创业融资的难度,然后根据自身的经营状况理性选择融资策略,减轻创业融资的压力。

1. 制约我国大学生创业融资的主要社会环境因素

(1) 相关政策法规未有效执行。

对于大学生创业,国家近年来颁布了一系列政策,但由于经济发展阶段等原因,政策在执行过程中往往遇到各种困难。由于没有相关的经验作为参考,无形之中增加了大学生创业融资的难度。

(2) 风险投资事业在我国还不够发达。

虽然近年来风险投资模式获得了较快增长,但相较于西方发达国家,我国的风险投资事业还处于初级阶段。一方面,众多的大学生创业项目亟待资金支持;另一方面,融资模式总体上供不应求。"僧多粥少"的局面决定了能顺利获得创业融资的大学生创业企业实属凤毛麟角。这种局面的缓解还有待更多融资模式的发展。

2. 大学生创业融资中的主要问题

大学生作为当前创业创新的一大主力,在创业融资过程中受到各种因素的影响,其创业融资中的主要问题具体表现为以下几点。

(1) 融资方式单一。

根据现有资料的统计分析,现阶段我国大学生创业融资方式大部分为家庭融资,特别是父母融资,反映出大学生创业融资方式单一,过于依赖家庭和亲友。

(2) 相关规定了解较少。

一些大学生在创业时对与融资相关的政策、法律及相关规定了解较少,甚至根本不了解,对相关的操作程序不熟悉,使得创业融资过程困难重重,经常走弯路,融资效率较低。

(3) 过分强调关系。

很多大学生在获取创业资金时,更多地从社会关系网的角度去考虑,认为有了关系就更容易获得融资。从市场角度来说,丰富的社会关系会给融资带来一定的便利,但融资成功与否更大程度上取决于创业项目的创新性以及创业企业未来的发展空间。

(4) 准备不充分。

大学生创业热情很高,但普遍缺乏充分的创业准备,进行融资活动时经常因为前期准备不足导致和投资方接触失败。因此,在创业融资之前,创业者应首先评估自身优势和不足,找到核心价值,明确自身定位。在融资过程中,应有具体的融资方案,选择合适的融资渠道;应充分估计市场竞争的激烈程度,不要因一时的挫折而心灰意冷,停止创业的脚步。

3. 我国大学生创业融资的基本选择策略

当前,融资渠道虽然丰富多样,但融资方式基本上分为两种:股权融资和债务融资。

(1) 股权融资。股权融资是指企业的股东愿意放弃部分所有权,通过企业增资方式引入新股东的融资方式。

股权的总股本也随之增加。

股权融资不仅可以丰富企业的营运资金,还可以用于企业的投资活动。

股权融资在企业投资与经营方面具有企业法人治理结构较为完善、交易信息相对公开透明、风险和收益对应等优势,但也存在委托代理和逆向选择等缺陷。创业企业选择股权融资时,还应区别正常股权融资和非法集资,应该正视股权融资,加以合理利用,使创业活动得到及时、有效的资金支持。

(2) 债务融资。

债务融资是指企业通过向个人或机构投资者出售债券、票据等筹集运营资金的借贷融资方式。个人或机构投资者借出资金,成为公司的债权人,并获得该公司还本付息的承诺。创业者应该特别注意债务融资,债务融资只能获得使用资金的权利,债务资金的使用是一种成本,企业必须按时支付利息,而且必须在到期时偿还本金。与股权融资相比,除一些特殊情况下债务融资可能会引起债权人对企业的控制和干预外,一般不存在对企业的控制权问题。合理使用债权融资,能使创业企业获得一定财务杠杆,扩大企业规模,使企业获得快速发展;反之,债权融资使用不当,会导致企业债台高筑,严重影响企业运营甚至导致破产清算。

4. 大学生创业融资问题的基本对策

大学生创业融资是一个社会性的活动,不单单只是大学生自己的事情,全社会都应参与其中并为其提供有利条件。具体来说,包括以下几个方面。

(1) 大力开展大学生创业教育。大学生自主创业由于受很多客观因素的影响,其在创业融资方面处于不利地位。开展创业教育,能使大学生具有一定的创业融资相关知识,在融资过程中能更有效地找准融资方式,获得稳定而有效的投资渠道,提高创业融资效率。我国大学生创业教育处于起步阶段,相比西方发达国家还有不少差距,因此,更应该大力发展在校大学生创业教育,使更多的大学生在创业之路上少走弯路。

(2) 大力发展风险投资事业。风险投资自20世纪90年代以来在我国快速发展,不少的成功案例都表明,风险投资模式带来融资资金的同时,也带来了先进的管理理念。可以说,获得风险投资是创业者获得成功的有效方式之一。在当前我国经济形式下,继续大力发展风险投资事业,使其更多地服务于大学生创业融资,将会取得更加丰厚的成果。

(3) 创造良好的政策环境。国家对大学生创业非常重视,颁布了各种相关政策法规,提供了良好的宏观环境。不过,大学生创业毕竟在我国处于初级阶段,政策的操作实施还有不少困难。因此,国家应该进一步完善大学生创业融资的各项规章制度和操作程序,如督促商业银行向符合条件的大学生创业者提供微小企业贷款,给符合条件的创业项目发放创业补助等,为大学生创业提供有力的保障。

(4) 大学生创业者应学习和积累融资经验。大学生创业者应该积极主动地学习并积累创业融资经验,储备金融知识,争取创业融资主动权。在创业融资过程中,不要急于求成,要按照经济发展客观规律办事,广泛接触各类型投资者,扩充融资渠道。面对多种融资方式,应该仔细对比分析,选择适合企业发展的融资模式,最大化利用创业融资资金。对于已获得的融资,要本着对投资者负责的态度,合理高效地使用融资资金,用企业的成长壮大来回报投资者,以便将来获得更多的投资,实现创业的成功。

第二节　创业贷款

创业贷款的渠道很多,本节重点介绍其主要渠道——银行借款。银行借款可分为短期借款和长期借款。

一、银行借款的种类

1.短期借款

1) 短期借款的种类

短期借款通常包括信用贷款、担保贷款和票据贴现三类。

(1) 信用贷款。信用贷款又称无担保借款,是指在没有担保人担保或没有财产抵押的情况下借款人担保的贷款。

信用额度借款。信用额度是商业银行和企业在约定的时间内对企业信用状况进行详细调查后能够向企业提供无担保贷款额度。信用额度一般要作出如下规定:一是信用额度的期限。一般1年建立1次,更短期的也有。二是信用额度的规模。即银行能贷款给企业的最高限额。如果信用额度的规模是100万元,企业已从该银行借入的尚未归还的金额已达80万元,那么,企业最多还能借 20 万元。三是应支付的利息和其他一些条款。

（2）担保贷款。担保贷款是指由借款人或第三方依法提供担保而发放的贷款。担保贷款可分为以下三类：保证贷款、抵押贷款、质押贷款。其中，保证贷款是指按相关法律规定的担保方式，以第三人承诺在借款人不能偿还贷款时，按约定承担连带责任而发放的贷款。抵押贷款是指按相关法律规定的抵押方式，以借款人或第三人的财产作为抵押物而发放的贷款。质押贷款是指按相关法律规定的抵押方式，以借款人或第三人的动产或权利作为质押物而发放的贷款。

（3）票据贴现。票据贴现是指商业汇票的持票人在汇票到期日前，为了取得资金，贴付一定利息将票据权利转让给金融机构的融资行为。收款人或持票人将未到期汇票向银行申请贴现，银行按票面金额扣除贴现利息后将余款支付给收款人。票据一经贴现便归贴现银行所有，贴现银行到期可凭票直接向承兑人收取票款。票据贴现是商业信贷发展的产物，贴现业务能使客户快速将手中未到期的商业票据变现，预先得到银行垫付的融资款项，加速公司资金周转，提高资金利用效率。

2）短期借款的成本

银行借款成本用借贷利率来表示。一般，短期借款的利率取决于借款公司的类型、借款金额和时间。例如，银行向信用好、贷款风险低的公司依照较低的利率计算利息；反之，则依照较高的利率计算利息。此外，银行利率分为单利、复利、贴现利率和附加利率等，公司应根据不同情况确定短期借款成本做出选择。

（1）单利。单利计息是通过将贷款额度与贷款期限和利率相乘来计算的。多数银行通常按单利计息收取短期贷款利息，公司通常亦按单利比较不同银行的借款成本。就单利而言，短期借贷成本取决于利率的设定和银行如何收取利息。

（2）复利。复利计息，意味着存在对利息计息的情况。按照复利计算利息，借款人实际负担的利率要高于名义利率。如果在贷款到期以前定期付息的次数越多，实际负担的利率高出名义利率的部分就越大。

（3）贴现利率。按折现率计算，银行在发放贷款时将扣除贷款的贴现利息，将贷款面值与贴现利息之间的差额借予公司。因此，借款人借入的金额低于贷款面值，当然贷款到期时也可以免除利息。以贴现利率借贷时，借款人的借贷成本高于名义利率,远高于复合贷款方式。

2.长期借款

长期借款是指企业从银行等单位借款超过一年的各类借款。长期借款是各类企业债务融资的常用手段。长期借款和短期借款在信贷条件上基本相同。

(1)按贷款机构分类,长期借款可分为政策性银行贷款、商业银行贷款和其他金融机构贷款。

①政策性银行贷款。政策性银行贷款是指一家银行(通常称为政策性银行)提供贷款,实施国家政策性贷款业务。

②商业银行贷款。其长期借款的一般特征为:期限1年以上;企业与银行之间签订贷款合同,具体限制借款人;规定的贷款利率可以固定,或随着基准利率的变化而变化;主要实施分期付款,一般还款额相同。

③其他金融机构贷款。其他金融机构通常比商业银行向企业提供更多的贷款,要求更高的利率,对借款企业的信贷选择和担保更为严格。

(2)按有无担保分类,长期借款可分为按揭贷款和信用贷款。

(3)按贷款目的分类,长期借款通常分为基本建设贷款、改造贷款、研究开发和新产品试点贷款。

二、贷款银行的选择

除了贷款种类和成本外,选择贷款银行时还应考虑以下几个方面。

1.银行对待风险的基本政策

不同类型的银行对待风险的方式不同,有些倾向于采取比较保守的信贷政策,有些银行则偏好一些所谓的"创新业务"。这些政策多少反映了银行经理人的个性和银行存款的特点,也与银行的实力和环境有关。

2.银行所能提供的咨询服务

一些银行提供咨询服务,甚至设有专门机构,积极帮助贷款企业分析潜在的财务问题,提出问题的解决方案,为企业提供咨询和服务,并与企业交流相关信息。

3.银行与借款企业的关系

银行与借贷企业之间现有的关系是由以前的贷款业务形成的。企业可能与多家银行有业务往来,其亲密程度也不同。当借款企业面临财政困难时,一些银行可能会大力支持,帮助企业渡过难关。一些银行则可能会施加更大的压力迫使企业偿还贷款,或者付出高昂的代价。

4.银行贷款的专业化程度

银行贷款的专业化程度有很大的差异。大型银行有专业部门负责不同类型的专项贷款。小银行更重视公司经营所处的经济环境。借款企业可以从业务精通和经验丰富的银行获得更积极的支持和更多的创造性合作。

5.其他

银行规模、外汇管理水平等因素都是企业需要考虑的。

三、借款筹资的基本流程

1.向银行提出申请

向银行借款时,必须在批准的资金计划范围内,根据生产经营需要向银行申请。企业应当说明贷款的种类、数额、目的、原因以及还款日期,另外还要注明流动性占用金额、预计销售额、销售收入等相关资金利率。

2.银行审查业务申请

在收到企业提交的贷款申请后,银行应认真审查申请。审查主要包括:通过审查贷款的目的和原因,决定是否贷款。通过审查产品销售和材料保证情况,决定贷款的数量;通过审查企业现金流量和物资消耗情况,确定贷款期限。

3.签署贷款合同

为维护贷款人和借款人的合法权益,保证资金的合理使用,企业在向银行借款时,双方应签订贷款合同。贷款合同包括以下四个方面的内容。

(1)基本条款。这是贷款合同的基本内容,重点是双方的权利和义务。包括借款时间、借款金额、还款时间、还款期限、还款额、利息支付额、利息额度等。

(2)保修条款。这是保证货币顺利回收的一系列条款。包括贷款用途、相关重大担保、抵押财产、担保人及其责任等。

(3)违反条款。这是双方默认应该做的事情。

(4)其他附属条款。这是与贷款人和借款人有关的一系列其他条款。包括管理人员的条款、合同的生效日期等。

4.企业获得贷款

贷款合同签订后,如果没有特殊原因,银行应按合同规定的时间向企业提供贷款,企业可以获得贷款。如果银行没有按合同按期支付贷款,应该向企业支付违约金。

5.贷款的归还

企业应当按照贷款合同的规定按时足额支付本金和利息。银行应在短期借款到期日前一周内向企业发出借款通知书。企业应当及时筹措资金,如期偿还本息。

企业若不能按期还款,应当在到期之前向银行申请延期。但是,是否同意延期应由银行根据情况决定。

第八章 商业模式

第一节 商业模式概述

一、商业模式的定义

Robertson Steven(美国硅谷著名的风险投资顾问)曾说:"一块钱通过你的公司绕了一圈,变成一块一,商业模式是指这一毛钱在什么地方增加的。"2000年前后人们开始逐步形成共识,商业模式的核心是如何在变化的商业环境中创造价值。Taimosi认为,商业模式是指一个完整的产品、服务和信息流体系,包括潜在的利益、相应的收益来源和每个参与者参与的方式。在分析商业模式的过程中,我们应该关注市场上的一类企业与用户、供应商和其他合作伙伴之间的关系,特别是物流、信息流和资金流之间的关系。

Oster Walder(联合国大学校长)认为:商业模式是一个概念性的工具,包括一系列元素及其关系,用来说明特定于业务的业务逻辑。它描述了一个公司可以向其客户提供的价值,以及使公司内部结构、合作伙伴网络和关系资本能够产生可持续盈利的要素。哈佛商学院将商业模式定义为"企业需要的核心业务"。

有学者认为商业模式的定义是:商业模式的核心是实现最大的客户价值。整合企业内部和外部要素,形成一个完整、高效的具有独特核心竞争力的运作体系,通过形式的优化满足客户的需求,实现客户价值,实现持续盈利。其中"客户价值最大化"是主观目的。

商业模式最流行的定义是:用"故事"描述组织如何运作以实现其生存和发展。它涉及业务要做什么,怎么做,业务规则在具体应用中的盈利能力。

因此,商业模式和策略是不同的。首先,从为客户创造价值的角度出发,商业模式围绕着如何实现价值,当然还有从创造价值中赚钱。策略更多强调现有和潜在的威胁,并着眼于竞争优势。其次,商业模式的概念更注重为企业创造价值,而不是为股东创造价值。在商业模式中经常忽略财务因素,或者在默认情况下,早期启动资金来自公司自有资金或风险资本。最后,商业模式假设企业、客户和第三方的知识是有限的,并且容易受到习惯性的早期成功的影响。策略假定存在大量可获得的可靠信息,要求对其进行仔细分析、计算及选择。

二、商业模式的构成要素、特征及设计路径

1. 商业模式的构成要素

每种商业都有其模式,即向顾客提供服务并从中获取利润而产生的一系列商业设计和执行方式。

Adrian Slywotzky 在《发现利润区》中阐述了商业模式所包含的五个主要要素:第一,客户自选择与价值定位,即创业者决定要服务的对象;第二,价值捕捉及利润模式,即如何向客户提供持续的服务或者与客户维持商业往来;第三,战略控制,即如何向市场施加控制;第四,活动范围,即成功所需要的资产和活动;第五,组织架构,即如何将人员、流程、结构和管理进行配置,以保证成功。

哈佛大学教授 Clayton M. Christensen 和 SAP 德国首席执行官 Henning Kagermann 认为,任何商业模式都是一个三维的业务模型,包括客户价值、业务资源和盈利能力三个要素。

Oster Walder 在综合各种概念的基础上,提出了一种具有 9 个元素的商业模式。

(1) 价值主张:公司可以通过其产品和服务为消费者提供价值。

(2) 消费者目标群体:公司所针对的消费群体。确定消费者目标群体的过程也被称为市场细分。

(3) 分销渠道:公司用各种方式与消费者联系。

(4) 顾客关系:公司与消费者的关系。

(5) 价值分配:资源和活动的分配。

(6) 核心竞争力:公司实施业务模式所需的能力和资格。

(7) 伙伴网络:公司与其他公司之间的关系网络,以有效地实现价值并使其

商业化。

（8）成本结构：所用工具和方法的货币说明。

（9）收入模式：企业通过各种收入来源创造财富的途径。

在商业创新案例中，在构成商业模式的基本要素创新中，价值创新最为常见。例如，当手机出现在市场上，它提出了与固定电话不同的价值主张，即消费者可以随时随地自由通话。

2. 成功商业模式的特征

长期从事商业模式研究和咨询的埃森哲公司认为，成功的商业模式具有以下特征。

（1）成功的商业模式应该提供独特的价值。这种独特的价值可能是一种新的想法，也可能是产品和服务独特性的结合。这种组合既可以为客户提供额外的价值，也可以使客户以较低的成本获得相同的收益，或以相同的成本获得更多的收益。

（2）成功的商业模式很难模仿。通过建立产品或服务的差异性，如对客户的细心关怀，企业可以提高行业的准入门槛，确保利益不被侵犯。

3. 开发商业模式应考虑的因素

1）核心策略

在商业模式开发中考虑的第一个因素是核心策略，它描述了企业如何与竞争对手竞争，主要包括企业使命、产品和市场定位、差异化基础等。

（1）企业使命。企业使命是企业存在的原因，说明了企业优先考虑的事项以及衡量企业绩效的标准。

（2）产品和市场定位。通过良好的商业模式，我们应该能够确定企业所关注的产品和市场。

（3）差异化基础。新业务寻求在产品或市场上与竞争对手区分开来是非常重要的。从宏观角度来看，企业通常可以选择成本领先策略或差异化基础策略。采取成本领先策略的企业力求以最低的成本吸引客户。相比之下，采用有区分度的策略，提供独特和有区分度的产品的公司则在竞争、质量、服务、时间或其他方面进行竞争。在大多数情况下，由于成本领先首先要求规模经济，因此企业很难采用成本领先策略，这将耗费很多的时间；而差异化基础策略对新企业却十分重要，因为这是获得客户认可的很好的方式。

2）企业的战略资源

开发商业模式应考虑的第二个因素是企业拥有的战略资源。我们需要战略资源来支持企业的目标，而且差异化的竞争优势是以企业拥有的战略资源为基础的。对于新企业来说，企业的战略资源主要体现在企业核心能力和关键资产两个方面。

（1）核心能力。可以这么说，企业的核心能力是企业的杀手锏，它是企业优于其竞争对手的源泉。它不仅创造了产品或市场独特的技术或能力，而且对顾客的感知效益有很大的贡献，这是很难被模仿的。对于一个企业来说，它的核心能力在短期和长期内都很重要。在短期内，企业核心能力是进行差异化基础策略的基本保证；在长期内，通过核心能力获得增长并在互补市场中确立主导地位也很重要。

不断增长的数据显示，发展核心能力并专注于核心业务将极大地惠及企业。贝恩公司对几个国家的1800多家上市公司的研究表明，在长达10年的时间内，在那些实现价值创造并且年增长率达到5.5%的企业中，80%的企业在某个核心业务方面处于领导地位。

（2）关键资产。关键资产是公司拥有的稀缺、有价值的东西，包括工厂、设备、地理位置、品牌等。新企业应该注重如何创新性地构建这些资产，为客户创造更高的价值。其中，一个特别有价值和至关重要的资产是公司的品牌。例如，星巴克花费大量的精力来建立自己的品牌形象，而其他咖啡零售商必须为相同的品牌认知付出极大的代价。

因此，企业如何把自己的核心能力和关键资产综合起来以创造竞争优势，是创业者开发商业模式时关注最多的问题。

3）价值网络

在商业模式发展的过程中，企业必须考虑企业价值网络的构建。企业价值网络的建设应考虑供应商和其他合作伙伴。供应商是向其他企业提供组件或服务的企业。传统上，企业与供应商保持有限的关系，并将其视为竞争对手。例如，需要某种零件的企业经常联系多个供应商以获得最低的价格。然而，在过去的二十年中，企业逐渐放弃了与供应商的短期关系，转而建立了类似于战略联盟的合作关系。这种转变使竞争关系日益激烈，促使企业管理者为了节约成本，从而提高产品质量和进入市场的速度。管理者越来越关注供应链管理，因为它是整个产品供应链中所有信息流、资本流和物流的协调。企业管理供应链的销售量越高,其商业模式的运营效率就越高。

4. 开发商业模式的路径

对于创业者来说,一个成功的商业模式在创业过程中扮演着至关重要的角色,可以说,成功的商业模式是创业成功获得巨额利润的核心。困扰很多创业者的一大难题是如何构建一个成功的商业模式。《科学投资》杂志曾耗费数月时间对数百家企业进行统计分析,得到一组数据:在创业企业中,因为战略原因而创业失败的企业占总体的23%,因为执行原因而夭折的企业占总体的28%,因为没有找到合适的商业模式而走上失败之路的企业占总体的比例高达49%。构建商业模式时,第一个问题就是开发商业模式的路径,主要表现在三个方面:价值发现、价值匹配和价值获取。

1)价值发现

在创业者成功识别机会之后,必须明确创造价值。通过可行性分析确定的创新产品和技术只是创造一个新企业的手段,企业的最终盈利取决于是否拥有客户。在创新产品和技术识别的基础上,创业者进一步明确和细化价值,是商业模式发展的关键环节。

如果绕过价值发现的思维过程,创业者很容易陷入"如果我们生产出新产品,顾客会来买"的错误的逻辑。

2)价值匹配

一个新的企业不可能拥有所有的资源和能力来满足其客户的需求。即使企业愿意全力以赴,也必须在与供应商、经销商等其他企业建立良好伙伴关系的基础上,商业模式才能发挥作用。例如,戴尔的供应商不愿意接受实时供应新零件的原则,戴尔将付出很高的库存成本,也不可能随时向客户提供高质量的产品或价格竞争。

3)价值获取

获得价值的途径有两种,一种是新企业能占据价值链中的核心角色,另一种是尽可能保护商业模式的细节。对于前者,如果企业能掌握整个价值链中增值空间较大的创造价值的因素或活动,则会直接影响创新价值的获取。对于后者,有效的商业模式是保持创新价值的重要方式,如果商业模式被模仿,企业的利润就会受到影响,因此更多的创业公司为了能够长期拥有创新的利益,往往要对企业的商业模式进行保护。

从总体上看,价值发现、价值匹配和价值获取是开发有效商业模式的三条连续路径。在企业发展过程中,每一个过程都不能忽视。只有认真贯彻这一原则,新企业才能真正为客户和合作伙伴创造经济价值。

三、商业模式的类型

我们熟知的360杀毒软件和其他杀毒软件之间的"口水战",表面上看起来好像是在互相指责、恶意竞争,但它不是简单的商业利益竞争,而是商业模式的竞争。商业模式依据不同标准,可以分为不同的类型。

1. 依据价值链分类

1)运营性商业模式

运营性商业模式重点解决企业与环境的互动关系,包括与产业价值链环节的互动关系。运营性商业模式创造企业的核心优势、能力、关系和知识,主要包含以下两个方面的主要内容。①产业价值链定位:企业处于什么样的产业链条中,在这个链条中处于何种地位,企业结合自身的资源条件和发展战略应如何定位等。②赢利模式设计(收入来源、收入分配):企业从哪里获得收入,获得收入的形式有哪几种,这些收入以何种形式和比例在产业链中分配,企业是否对这种分配有话语权等。

2)战略商业模式

战略商业模式扩大和利用运营商业模式,主要包括以下三个方向。

(1)商业模式:为客户提供哪些价值和业务,包括品牌、产品等。

(2)渠道模式:企业如何向客户提供价值和业务,包括渠道倍增、渠道集中、渠道压缩等。

(3)组织模式:如何建立先进的管理控制模式,包括建立一个面向客户的组织等。

2. 依据行业分类

1) 传统制造商的商业模式

该模式是企业根据其战略资源,结合市场条件和合作伙伴利益设计的商业模式,一般涉及供应商、制造商、分销商、终端提供商和消费者的综合利益。目前,传统制造商的商业模式主要有以下几种形式。

（1）直供商业模式。该模式主要应用于市场半径较小、产品价格低或流程清晰、资金实力雄厚的大型公司。直供商业模式要求制造企业具有较强的执行力、良好的现金流条件、稳定的市场基础平台和快速的市场产品流。

（2）总代理制商业模式。这种商业模式为广大中小企业所使用，在一定程度上，代理人可以按这种方式完成原始资本的初始积累，保证企业又好又快地发展。

（3）联合营销机构的商业模式。在这种模式下，制造商和经销商共同出资建立一个既能控制经销商市场风险又能确保制造商始终拥有良好销售平台的联合营销机构。格力电器就选择了与区域性代理商合资成立公司，共同运营市场的商业模式。

（4）仓库商业模式。许多基于渠道分类成本的强势品牌非常优秀，制造商的竞争能力大大降低，选择仓库商业模式，可通过价格策略来构建企业核心竞争力。

（5）垄断商业模式。选择垄断商业模式需要具备以下三种资源中的任何一种或几种。①企业有很好的品牌认知度；②比较丰富的产品线；③成熟的市场环境。

（6）投资组合商业模式。投资组合商业模式是基于企业发展阶段的选择。

总的来说，无论企业或市场多么复杂，都应该有一个主流的商业模式。一旦选择了商业模式，往往需要对组织结构、人力资源、物流系统、营销策略等进行相应的调整。

2）服务业的商业模式

服务业的商业模式是指通过向客户提供服务或增加、创新产品的服务来增加产品的价值。最基本的是"商店模式"。零售业本身不能提升诸如产品质量等物质价值，但其服务的层次、形式和内容常常为产品增加价值。

第二节　商业模式的构建与检验

一、构建商业模式的原则

有志成为企业家的人一定要学会使用假说思考问题的方法。首先，自己试着设定一个假说,然后对它进行定量分析,并通过实践去确认。即使这个假说是错误的,也可以回到起点,重新修订。你可以无限地在脑海中、在行动中重复这个过程。构建商业模式应遵循以下基本原则。

1. 客户价值最大化原则

商业模式能否持续盈利与其是否能最大化客户价值息息相关。不符合客户价值需求的商业模式是不可持续的。相反,尽可能使客户价值最大化的商业模式,即使目前不盈利,最终也是有利可图的。

2. 持续利润原则

企业能否持续盈利是唯一可以判断其商业模式是否成功的外部标准。持续利润指的是利润和发展潜力,它是可持续的,而不是暂时的利润。

3. 资源整合原则

根据企业的发展策略和市场需求,重新配置相关资源,突出企业核心竞争力,寻求资源配置与客户需求的最佳结合。

4. 创新原则

一个成功的商业模式并不一定是有技术上的突破,也可能是重构一个原始模式的链接或重组,甚至颠覆整个规则。商业模式的创新贯穿了创业的全过程,贯穿于企业资源开发的各个环节。

5. 融资有效性原则

融资模式对企业具有特殊意义。资金已经成为所有企业发展的障碍,也是需要突破的一个瓶颈。构建商业模式时应慎重考虑融资有效性。

6. 组织管理高效率原则

企业要高效运行,首先要解决企业的愿景和使命问题,其次要有科学高效的运营和管理系统,最后还要有科学的激励方案。这三个主要问题解决好了,企业的管理才能实现高效率。

7. 风险控制原则

再好的商业模式,如果其抗风险能力差,不能抵挡任何风暴,那就像建在沙丘上的建筑一样。这种风险既包括政策、法律和行业风险,也包括产品变化、人事变动、资金缺乏等风险。

二、构建商业模式的方法

完善的商业模式设计需要分析业务模型,即利润来源的企业客户;有分析盈利点,即企业提供的产品或服务;分析盈利渠道,即对产品或服务的分销供应渠道进行分析;分析利润杠杆,这是一个生产产品或服务的内部运作;分析利润屏障,即战略控制活动保护的产品或服务。构建商业模式应遵循以下"五步法"。

1. 界定和把握利润源——客户

企业利润源是指购买企业的产品或服务的客户群,是企业利润的唯一来源。企业利润源决定了谁为企业创造价值。企业客户群可以分为主要客户群、辅助客户群和潜在客户群。好的目标客户群,一要有清晰的界定,二要有足够的规模。企业要对客户群的需求和偏好有比较深的认识。企业盈利的难度并非在技术产品端,而主要是在客户端。如果商业模式无法找到比较明确的客户需求,那么企业就会面临不能创造利润的风险。

2. 不断提高企业的利润点——产品

利润点是指目标客户购买的产品或服务。利润点决定了企业为客户创造的价值,以及公司的主要收入和结构。一个好的利润点是客户价值最大化和企业价值最大化的结合,不仅为目标客户创造价值,而且为企业创造价值。

3. 建立商业模式内部运营价值链

在企业中创造利润杠杆,建立内部运营价值链,是构建和完善商业模式的重要组成部分。它决定了一个产品或服务是否能为企业带来价值,以及带来多少价值。

4. 建立商业模式外部运营价值链

利润渠道是企业向客户提供产品和交付产品信息的重要外部价值链,是企业经营模式正常运作的重要环节。企业通过一定的方式或渠道,面向目标客户,对产品和服务组织进行分销和传播活动,目的就是方便目标客户理解公司的产品或服务,进而购买。

5. 建立有效保护利润的利润壁垒

利润壁垒是指企业为了防止其竞争对手抢夺目标客户而采取的战略控制措施,以保护企业的利润不受损失。更有效的利润壁垒包括建立行业标准、控制价值链、领导岗位、独特的企业文化、良好的客户关系、品牌、版权、专利，等等。

三、构建商业模式应注意的问题

一般来说，构建商业模式一般需要注意以下问题。

1. 紧抓市场需求

对于一个企业来说，如果它的价值要在市场和客户中得到体现，那么构建商业模式时首要考虑的问题就是市场上不同客户的需求。新企业可采取市场区隔分析的方法来明确客户的需求，进而寻求产品在市场中的定位。大众市场的市场细分程度高，基本上都被现有厂商以各种各样的类似产品占领所有权，一个创新的、差异化的产品，要立即挑战大众市场是几乎不可能的。因此，在构建商业模式时，需要充分运用市场细分分析来寻找未被满足的需求，并以差异化的产品来应对市场需求。而新兴科技领域市场尚未完全成形，客户需求还不是特别明确，企业对目标客户的了解也十分匮乏，往往缺乏具体的客户需求信息。因此，在构建新的商业模式时，企业必须找到相对明确的自利性市场需求。

2. 明晰企业利润结构

一个成熟的商业模式必须要能将成本、收入结构和计划的利润目标都清楚地展现出来，让股东知道将来如何收回。为了实现利润目标，商业模式中成本和收入结构的设计内容必须包括定价方法、收费方式、销售方式、收入来源比例、各项活动的成本价值链和利润分配方法。具体通过上述市场分析确定需求，再由此规划能实现利润的成本和收入结构，以期实现企业利润目标。

3. 突出企业竞争优势

一个好的商业模式需要表明，企业可以有效地在有利可图的市场上突显其产品，并创造价值来满足客户的需求。同时，商业模式需要显示其保持竞争优势的能力，并努力以各种方式与其他公司展开竞争。例如，知识经济领域的大多数新型企业和商业模式都可以得到积极的回应。

四、检验商业模式的方法

1. 商业模式的合理性检验

商业模式是否科学，决定了创业能否成功。可以通过对收入来源、成本构成、所需投资额、关键成功要素等内容进行分析,来判断商业模式的合理性。收入来源形式有单一的收入、多种相互独立的收入、多种相互依存的收入,具体收入模式包括会员费、基于使用量的收费、基于广告的收入、授权费、交易佣金等。成本构成主要包括固定成本、可变成本、非再生成本,以及成本结构分析,投资者可以用累积现金流图来分析。所需投资额分析的内容主要包括创业需要的最大投资额、企业何时能够实现盈亏平衡、何时能够收回所有投资。对影响创业成败的关键要素的研究可以借助敏感性分析方法。

2. 假设前提分析法

任何企业的商业模式都意味着建立商业模式的基本因素,如商业环境的连续性、市场的相对稳定性和竞争性以及需求属性的一段时间,这些条件构成了合理的商业模式的存在。因此,商业模式是企业通过整合其自身、客户、供应链合作伙伴、员工、股东或利益相关者等资源,明确地假设外部假设,内部资源和能力以及企业要实现超额利润的战略和意图可以通过结构体系和制度安排来实现。

假设前提分析方法是通过对构建商业模式的前提进行分析和评估,实现分析和评估商业模式本身目的的方法。商业模式构建或创新的过程是测试商业理论设想是否正确的过程。该分析法的出发点是,每个商业模式的实施都是以假设前提作为先决条件的,商业模式是否可行、是否有效益,关键在于假设前提条件是否成立。在讨论和选择商业模式时,可以不直接讨论商业模式本身而讨论它的假设前提。就是先寻找、挖掘出我们决策、思考时的"假设与前提",然后探讨假设与前提是否正确,如果能够推翻传统决策,那么,创新的可能就出现了。

假设前提分析法的优点有以下几方面:首先,由于一般只讨论商业模式的前提而非讨论商业模式,故可以排除设计者的偏见和干扰,使谈论者都能比较客观地分析问题,拆掉具体问题的束缚,增加方案的可信性和可靠性;其次,只讨论假设条件,能够比较容易地集中正确的意见,保证商业模式合理可行;最后,通过前提分析可以对商业模式进行更深刻的分析,使商业模式选择更有把握,从而减少失误。

许多创业者对行业的假设过于乐观,比如潜在市场很大,企业可以很快拥有更多市场份额,可以实现许多收入和利润。其中,有两个重要的假设:一个是市场可以有较快的增长速度;另一个是企业能够抓住机会,在足够的资本支持和合适的成本情况下得到相应的份额,获得相应的利润。然而这些假设常常经不起推敲。

3. 数值检验

数值检验即检验商业模式能否赚钱、赚谁的钱、达到怎样的规模才能赚钱、赚多少钱,可以通过定性和定量两种方式进行检验。定性检验是指根据逻辑思维和逻辑推理,依靠经验综合分析判断事物的未来状态。经常采用的定性检验方法有专家会议、德菲尔调查、座谈等方法。定量检验是指通过历史数据找出其内在规律,运用连贯性原理和类比原理,对未来事态的数学运算进行量化预测。应用比较广泛的定量检验方法有时间序列预测法、相关因素预测法、成本决策、保本点预测、信用分析、流动资金预测、企业经济增长预测等。

管理人员可以对市场规模和盈利能力、消费者行为和心理、竞争对手的策略和行为等进行分析和估计,从而估计成本、收入和利润的量化数据,并对经济可行性进行评估。

第三节　商业模式创新

一、商业模式创新的类型

商业模式创新以客户为出发点,采取主动的市场导向,面向双边市场,在价值模式、运营模式、营销模式、盈利模式等多种商业模式的关键环节进行系统创新,最后实现客户价值跨越式增长,创造新市场或重组现有产业结构,转变竞争规则和本质,使企业获得超额利润和快速增长。这是一种以思维转变为特征的范式创新。这是一个全新的创新,完全不同于传统的创新类别,如产品创新和技术创新。

有学者认为,商业模式创新包括三个部分:业务导向创新、业务系统创新和盈利模式创新。其中,业务导向创新主要是解决产品的特色问题。业务系统创新主要解决产品的价值问题。盈利模式创新主要解决企业如何盈利、如何持续发展、如何控制和规避风险等问题。根据研究,商业模式创新有以下三种类型。

1. 商业定位创新

企业通过帮助客户解决问题或提供良好的服务来找到客户并获得业务和收入。商业定位包括三个部分：① 目标客户；② 价值主张；③ 产品特性。从这三个角度出发，实现商业定位的创新。

2. 企业制度创新

企业通过不断发现需求、满足需求发现机会，业务系统的主要依据是满足目标客户的价值主张。实现企业制度的创新，可以从两个方面进行：① 过程创新，即通过生产过程的创新，使提供的产品和服务更好。② 供应链创新，即通过上下游环节紧密合作实现快速响应。

3. 盈利模式创新

企业的经营绩效最终通过企业的财务数据反映出来，盈利模式的创新就是从最终财务角度考虑企业的经营模式，可以从两个方面进行：① 利润率，利润率不同则商业定位和企业制度不同；② 现金流量，现金流量不同，对应的经营方式不同。

二、商业模式创新的途径

每种商业模式创新都可以为企业带来竞争优势。但随着时间的推移，消费者的价值取向从一个行业转向另一个行业时，企业必须重新思考和调整其商业模式。

由于行业种类繁多，宏观和微观经济环境在不断变化，没有一个特定的商业模式可以保证在所有条件下都能获取利润。商业模式必须根据客户需求的变化和市场竞争的演变进行调整和改变。有效的商业模式的组成要素是相互促进、紧密相连的，其各个部分相互支持和协同；改变其中的任何一个要素，都将有可能造就另外一种商业模式。埃森哲管理顾问公司基于与公司管理层和市场分析师的交流总结了如下商业模式创新的途径。

1. 通过量的增长扩展现有商业模式

Grainger 是一家美国 B2B 企业，为全球超过 100 万家企业、承包商和机构客户提供从设备、部件到办公室设备和日常护理产品的一切服务。该公司一直试图让客户以多种方式订购，包括通过分支机构、电话、传真、印刷目录、在线订购等,以方便客户。此外,该公司通过引导业务拓展新领域,扩大客户群,调整价格,在现有商业模式基础上增加产品线和服务类别,扩大了现有商业模式。

2. 更新已有商业模式的独特性

这种方法的重点在于企业为了应对来自价格战的竞争压力而向客户提供更多附加价值。以全球领先的半导体测试设备供应商 Teradyne 为例,它以创新的产品赢得客户,但其利润来自于产品升级和周到的服务。它提供给客户的价值自然地从尖端产品转变为值得信赖的服务。Teradyne 为了振兴其商业模式,定期向市场推出突破性产品,从而提高公司竞争力。

3. 在新领域复制成功

在某些情况下,企业准备将新产品引入新市场,等同于在新的条件下复制其原有商业模式,然后利用公司强大的品牌营销能力为这些产品注入新的活力。Gap(美国著名服装公司)运用品牌营销和产品管理知识,复制 Baby Gap、Banana Republic、Old Navy 等"新酷品牌"的商业模式。

4. 通过兼并重构商业模式

不少公司通过买卖业务来重新建立自己的商业模式。例如阿里巴巴公司开展一系列并购和控股活动,从互联网 B2B 交易平台开始,发展涵盖信用支付、网络沟通、网络金融、医疗、影视、交通等多元化的商业模式,旗下包括淘宝商城、支付宝、阿里云、蚂蚁金服、聚划算、天猫等。

5. 从根本上改变商业模式

这种情况在 IT 行业尤其普遍,如大型跨国公司 IBM、惠普,国内公司联想、神州数码等。他们将商业模式从销售个人电脑转向系统集成和电子商务。这一举措意味着整个企业在组织、文化、价值和能力等方面有根本性的转变。有些企业逐渐失去产品优势,产品附加值不高,因此试图向上游或下游扩张,或从制造业扩展到提供服务或解决方案,而这个时候,挑战就在于从根本上改变商业模式。

每一个行业、每一家企业都有商业模式创新的可能和空间,但是这不是一蹴而就、一朝一夕的事情。不过,只要认准了大方向,坚持不懈地探索、学习、尝试,那么终将会有所成就、有所突破。

第四部分　创业相关政策

第九章　创业政策与法规概述

第一节　创业的相关政策

国家出台了一系列促进创新创业的政策措施,对创业带动就业、刺激经济增长有积极作用。

一、国家及广西相关创业政策摘录

财政部　税务总局
关于扩大小型微利企业所得税优惠政策范围的通知
财税〔2017〕43 号

各省、自治区、直辖市、计划单列市财政厅(局)、国家税务局、地方税务局,新疆生产建设兵团财务局:

为进一步支持小型微利企业发展,现就小型微利企业所得税政策通知如下:

一、自 2017 年 1 月 1 日至 2019 年 12 月 31 日,将小型微利企业的年应纳税所得额上限由 30 万元提高至 50 万元,对年应纳税所得额低于 50 万元(含 50 万元)的小型微利企业,其所得减按 50％计入应纳税所得额,按 20％的税率缴纳企业所得税。

前款所称小型微利企业,是指从事国家非限制和禁止行业,并符合下列条件的企业:

(一)工业企业,年度应纳税所得额不超过50万元,从业人数不超过100人,资产总额不超过3000万元;

(二)其他企业,年度应纳税所得额不超过50万元,从业人数不超过80人,资产总额不超过1000万元。

二、本通知第一条所称从业人数,包括与企业建立劳动关系的职工人数和企业接受的劳务派遣用工人数。

所称从业人数和资产总额指标,应按企业全年的季度平均值确定。具体计算公式如下:

季度平均值=(季初值+季末值)÷2

全年季度平均值=全年各季度平均值之和÷4

年度中间开业或者终止经营活动的,以其实际经营期作为一个纳税年度确定上述相关指标。

三、《财政部 国家税务总局关于小型微利企业所得税优惠政策的通知》(财税〔2015〕34号)和《财政部 国家税务总局关于进一步扩大小型微利企业所得税优惠政策范围的通知》(财税〔2015〕99号)自2017年1月1日起废止。

四、各级财政、税务部门要严格按照本通知的规定,积极做好小型微利企业所得税优惠政策的宣传辅导工作,确保优惠政策落实到位。

财政部　税务总局
2017年6月6日

中国人民银行 财政部 人力资源和社会保障部
关于实施创业担保贷款支持创业就业工作的通知

银发〔2016〕202号

针对国有企业下岗职工、城镇登记失业人员、残疾人等特殊就业困难群体定向提供小额信贷支持的小额担保贷款政策自2002年创设实施以来,贷款对象范围逐步扩大,政策机制不断完善,在扩大就业、促进创业、改善民生方面发挥了重要作用。根据《国务院关于进一步做好新形势下就业创业工作的意见》(国发〔2015〕23号)精神,小额担保贷款政策调整为创业担保贷款政策。为了进一步增强创业担保贷款政策的针对性和有效性,支持大众创业、万众创新,现就有关事项通知如下:

一、明确贷款对象范围。将创业担保贷款对象范围在目前小额担保贷款对象范围基础上调整扩大为:城镇登记失业人员、就业困难人员(含残疾人)、复员转业退役军人、刑满释放人员、高校毕业生(含大学生村官和留学回国学生)、化解过剩产能企业职工和失业人员、返乡创业农民工、网络商户、建档立卡贫困人口。对上述群体中的妇女,应纳入重点对象范围。

二、统一贷款额度。各经办金融机构对符合条件的个人发放的创业担保贷款最高额度为10万元。对符合条件的借款人合伙创业或组织起来共同创业的,贷款额度可适当提高。

三、调整贷款期限。面向个人发放的创业担保贷款期限由目前的最高不超过2年调整为最高不超过3年;贷款经经办金融机构认可,可以展期1次,展期期限不超过1年,展期期限内贷款不贴息。

四、合理确定贷款利率。经办金融机构对符合条件的个人发放的创业担保贷款,参照贷款基础利率并结合贷款风险分担情况合理确定贷款利率水平,在贷款合同中载明。个人创业担保贷款在贷款基础利率上上浮3个百分点以内的,由财政部门按相关规定贴息。各经办金融机构不得以任何形式变相提高个人创业担保贷款实际利率或额外增加贷款不合理收费。

五、发挥好小微企业促进就业创业的辐射拉动作用。将现行适用于劳动密集型小企业的小额担保贷款政策调整为适用于所有符合条件的小微企业。对小微企业当年新招用符合创业担保贷款申请条件的人员(不包括大学生村官、留学回国学生、返乡创业农民工、网络商户)数量达到企业现有在职职工人数30%(超过100人的企业达到15%)、并与其签订1年以上劳动合同的,经办金融机构根据企业实际招用人数合理确定创业担保贷款额度,最高不超过200万元,并由财政部门按相关规定贴息。小微企业应无拖欠职工工资、欠缴社会保险费等严重违法违规信用记录。小微企业认定标准按照《中小企业划型标准规定》(工信部联企业〔2011〕300号)执行。

六、管好用好创业担保贷款担保基金和贴息资金。小额担保贷款担保基金名称相应调整为创业担保贷款担保基金(以下简称担保基金),继续实行单独列账、单独核算,保证专款专用和封闭运行。担保基金担保条件和手续要尽量简化。财政贴息资金要按规定及时足额拨付到位。各担保基金担保创业担保贷款责任余额原则上不得超过该担保基金在银行存款余额的5倍。地方各级财政部门应当建立健全担保基金的持续补充机制,担保基金不足时要及时予以补充,所需资金从一般预算中安排,其他专项资金或者财政专户资金不得作为担保基金的资金来源。创业担保贷款财政贴息及奖补具体政策,由财政部会同有关部门另文规定。

七、大力提升贷款服务质量和服务效率。创业担保贷款按照"借款人依规定申请、人力资源社会保障部门按规定审核借款人资格、担保基金运营管理机构按职责尽职调查、经办金融机构审核放贷、财政部门按规定贴息"的流程办理。各经办金融机构和担保基金运营管理机构要坚持为民、便民、务实、高效原则,精心梳理简化创业担保贷款申请审批手续,细化完善贷款管理具体操作措施,扎实做好借款人资信调查和还款能力评估,全面提高贷款服务质量和服务效率,努力提升创业担保贷款的便捷性和可获得性。鼓励经办金融机构通过营业柜台、手机客户端等多种渠道公示贷款办理程序和贷款申报材料要求。各地要充分利用个人和小微企业信用信息,鼓励担保机构降低反担保门槛或取消反担保。

八、加强政策统筹协调管理。人民银行分支机构要会同当地财政部门、人力资源社会保障部门建立跨部门协调机制,健全完善创业担保贷款统计制度,加强监测分析和信息共享,及时协商解决政策落实中的问题,定期对经办机构政策执行情况进行监督检查。省级财政部门负责做好担保基金、财政贴息和奖补资金的管理工作,制定相关管理细则,明确担保基金来源和补偿机制,确保资金及时拨付到位。省级人力资源社会保障部门负责制定创业担保贷款借款人资质审核细则,对基层人力资源社会保障部门和担保基金运营管理机构进行指导监督。各地人力资源社会保障部门要加强与当地人民银行分支机构、财政部门的协调配合,对借款人资格、创业形态等情况进行核实,确保政策落实到位。各担保基金运营管理机构和经办金融机构根据职责分工,按季向当地人民银行分支机构、财政、人力资源社会保障部门报告担保基金运营管理情况和创业担保贷款发放使用情况。

九、本通知自发布之日起实施。各地人民银行分支机构、财政部门、人力资源社会保障部门要结合当地实际和本通知要求,抓紧制定辖区政策具体落实意见或实施办法。此前发布的小额担保贷款政策有关规定与本通知不一致的,以本通知为准;本通知没有新的明确规定的,仍按小额担保贷款政策有关规定执行。本通知实施前已生效的小额担保贷款合同,仍按原合同约定执行。

请人民银行分支机构联合当地财政部门、人力资源社会保障部门将本通知尽快转发至辖区内相关金融机构和担保基金运营管理机构,扎实抓好政策贯彻实施。

中国人民银行 财政部 人力资源和社会保障部
2016 年 7 月 16 日

广西壮族自治区人力资源和社会保障厅 财政厅 中国人民银行南宁中心支行关于小额担保贷款支持高校毕业生网络创业的通知

桂人社发〔2014〕53 号

各市人力资源和社会保障局、财政局、教育局,中国人民银行广西区各市中心支行,南宁市各县支行,各政策性银行、国有商业银行广西区分行,各股份制商业银行南宁分行,邮政储蓄银行广西区分行,广西北部湾银行,广西区农村信用联社,各外资银行南宁分行,南宁江南国民村镇银行:

为贯彻落实《广西壮族自治区人民政府办公厅关于做好 2014 年普通高校学校毕业生就业创业工作的通知》(桂政办发〔2014〕69 号)精神,支持高校毕业生在网络平台开展创业活动,现就有关事项通知如下:

一、贷款对象和条件

毕业两年内在网络平台开展创业活动的高校毕业生,符合以下条件可申请小额担保贷款:

1. 在网络平台从事实物或虚拟商品交易活动,持续正常经营半年以上,无违法违规交易行为,且累计交易额不低于 1 万元。

2. 网络平台为经国家商务部或广西壮族自治区商务厅公布的电子商务示范企业所设立的电子商务平台。

二、贷款申请

符合条件的高校毕业生可向社区、工会、共青团、妇联、公共就业人才服务机构提出贷款申请。最高贷款额度不超过 10 万元。贷款申请材料包括:毕业证书、合法有效的身份证明、户口簿、贷款申请书、货款抵押担保意向和还款计划、合法有效的"网店"经营状况证明等。

三、其他事项

贷款期限、利率以及贷款的申请、审批、发放程序等,按现行小额担保贷款政策执行。

广西壮族自治区人力资源和社会保障厅
广西壮族自治区财政厅
中国人民银行南宁中心支行
2014年12月16日

南宁市创建小额担保贷款信用社区实施办法

南人社发〔2014〕41号

为进一步规范和完善信用社区创建标准,提高信用社区创建质量,改善社会信用环境,有效控制和防范南宁市小额担保贷款风险,降低反担保门槛,在总结近年信用社区创建工作经验的基础上,根据《中国人民银行南宁中心支行广西壮族自治区财政厅广西壮族自治区人力资源和社会保障厅关于印发〈广西小额担保贷款实施管理办法〉的通知》(南宁银发〔2013〕133号)、《关于贯彻执行财政部人力资源和社会保障部中国人民银行加强小额担保贷款财政贴息资金管理的通知》(桂财金〔2013〕61号)等文件精神,制定本实施办法。

第一条 信用社区创建标准

(一)组织机构健全。社区领导班子团结能干、责任心强,个人信誉好,无违法违纪记录。社区已设立劳动保障工作站,实现机构、人员、经费、场地、制度和工作"六到位",工作人员认真负责,熟悉小额担保贷款政策,能开展咨询服务工作,并设有专人管理。

(二)管理制度规范。在建立统一、完善、规范的社区就业再就业管理制度的基础上,建立信用社区担保管理制度、操作规程及业务流程,并认真贯彻执行。对贷款申请人资信条件、创业技能、经营项目、自有资金及盈利等情况掌握准确,具有较强的政策业务水平和组织管理能力。

(三)社区内符合贷款条件的人员总体素质较高,个人信誉良好,自谋职业、自主创业人员较多。社区对辖区内的贷款人员全部建立台账,小额担保贷款到期还款率达到90%以上(含90%)。

(四)建立跟踪服务机制。对借款人定期进行跟踪服务,准确掌握借款人的生产经营状况,及时帮助协调解决存在的困难和问题。同时加强个人信用意识教育,杜绝弄虚作假。对发现违约或恶意拖欠贷款本息的,要及时采取行之有效的措施确保回收。

第二条 信用社区的申请及评审程序

（一）符合上述条件的社区申请成为信用社区的，填报《申报小额担保贷款信用社区审批表》，向所在街道劳动保障事务所提出申请，经街道劳动保障事务所推荐，上报城区人力资源和社会保障局进行初步考核。

（二）城区人力资源和社会保障局考核后，由中国人民银行南宁中心支行、市财政局、市人力资源和社会保障局共同进行审核认定，通过认定的信用社区予以挂牌确认。

第三条 信用社区小额担保贷款申请与办理

（一）信用社区小额担保贷款金额及期限

信用社区以社区信誉为借款人提供反担保的小额担保贷款，额度不超过5万元（其中妇女贷款额度最高不超过8万元，高等学校和中等职业学校的毕业生贷款额度最高不超过10万元），贷款期限不超过2年。借款人申请展期且担保机构同意继续提供担保的，可展期一次，展期不得超过1年。

（二）贷款申请人应具备的条件

1. 在法定劳动年龄以内、南宁市区户籍（不包括南宁市六县），诚实守信，有创业愿望和创业能力，自谋职业、自主创业的城镇登记失业人员、就业困难人员、复员转业退役军人、农村创业妇女、高等学校和中等职业学校毕业生、大学生村官。其中，财政贴息资金支持的对象具体包括：毕业2年内在广西创业的高校毕业生、持有人力资源和社会保障部门核发的《就业失业登记证》的城镇登记失业人员（含转移就业满6个月后进行失业登记的农村转移劳动力）、就业困难人员、复员转业退役军人，以及符合规定条件的劳动密集型小企业。

2. 申请人信誉良好、遵纪守法、合法经营，不拖欠各项税费，在金融机构无不良信用记录。

3. 申请人有固定的经营场所和经营项目，且生产经营自筹资金达到总投资的30%以上。申请人经营地点应在南宁市辖区内，经营项目具有较好的市场前景，生产经营状况良好且无债务，具备完全还贷能力。

（三）申请贷款所需材料（以下所有材料一式四份，社区、市人社部门、担保机构、经办银行各一份）

1. 城镇登记失业人员需提供《就业失业登记证》原件及复印件；就业困难人

员需根据广西壮族自治区人民政府令第47号分类提供有效证明;复员转业退役军人需提供军人退出现役有效证件原件和复印件、《就业失业登记证》原件和复印件;农村创业妇女需提供户籍证明原件和复印件;高等学校和中等职业学校毕业生需提供毕业证书原件和复印件;大学生村官需提供毕业证书、组织部门聘任证明材料原件及复印件。

2.《小额担保贷款申请书》《小额担保贷款人资信审查表》《小额担保贷款投资项目可行性分析表》。

3.申请人身份证、户口本、结婚证复印件。

4.相关执照:①营业执照副本及复印件(附上个人的签字并加盖手印);②税务登记证本或行业许可证复印件(附上个人的签字并加盖手印);③种养类项目若无营业执照的需提供水产畜牧部门或林业部门颁发的经营许可证(附上个人的签字并加盖手印),以及项目所在地(村)出具的证明;④如果营业场所或种植的场地是租用的,提供租用合同证明复印件。

5.自筹资金达到总投资30%的证明材料(如场地租金、购买原材料等投资项目费用的发票、收据等)的复印件。

(四)信用社区小额担保贷款办理程序

1.信用社区小额担保贷款按照社区、街道(乡镇)、市人社部门、担保机构、经办银行五级审查考核程序进行申报,每级经办机构必须指定专人负责。

2.贷款申请人向信用社区递交申请贷款所需材料,社区劳动保障工作站对申请人的资格条件、信用情况、个人业务能力、项目前景、经营状况等进行调查评估后签署意见并加盖公章,填写《南宁市信用社区小额担保贷款花名册》报社区所属的街道劳动保障事务所(乡镇社会保障服务中心)。

3.街道劳动保障事务所(乡镇社会保障服务中心)对有关材料进行复审,由负责人签名并加盖公章,报城区劳动保障管理中心,城区劳动保障管理中心统一汇总后上报市人社部门。

4.市级人社部门对贷款申请人进行资格审查,提出审查意见后将申请材料送担保机构。

5.担保机构在收到申请材料后,对项目效益计划、信用评估、还款方式、履约责任能力等进行实地考察,承诺担保后,将贷款申请的有关材料一并报送经办银行审定。

6.经办银行依据贷款申请的有关材料审定贷款,符合有关规定的,发放贷款,并在与担保机构签订的担保合同中注明,对不符合贷款条件不能发放贴息贷款的,向申请人阐明理由。

7.对经办银行核实认定的贷款,由社区责成借款人统一签订《创建信用社区承诺书》,并在《南宁市信用社区小额担保贷款台账》进行记载。

(五)信用社区小额担保贷款的管理与回收

信用社区小额担保贷款的管理与回收主要由社区劳动保障工作站、街道劳动保障事务所(乡镇社会保障服务中心)、市担保机构三家共同协调完成。社区劳动保障工作站是本辖区贷款回收的主要责任人,具体负责日常管理与贷款回收。

1.信用社区对本辖区借款人经营情况要每月调查回访一次,并做好跟踪服务卡,帮助解决借款人经营过程中遇到的难题,发现不按贷款用途使用资金或经营不善等可能对贷款产生风险的情况,应及时采取措施,并向本街道劳动保障事务所(乡镇社会保障服务中心)及市担保机构汇报。

2.街道劳动保障事务所(乡镇社会保障服务中心)要定期对本区的借款人进行跟踪调查服务,调查范围每月不低于70%,发现问题及时向市担保机构汇报,同时抄报本城区人社部门。担保机构对贷款资金的使用情况随时进行抽查,发现问题积极会同银行、区、街道(乡镇)、社区及时解决。

第四条 创建信用社区工作管理职责

(一)社区及街道劳动保障机构

1.贷前把关。社区及街道(乡镇)劳动保障机构负责受理小额担保贷款申请,对申请人提供贷款申请应具备的基本条件、相关证件和证明资料认真进行审查,在对其经营项目进行实地调查和贷款资格初步审核后报市人社部门。

2.贷时监控。在申请人小额担保贷款申请批准后,指导借款人签署创建信用社区承诺书。贷款发放后,要跟踪了解在试点信用社区内经营的贷款户个人家庭状况、住址、联系方式、诚信情况,定期走访、掌握其经营状况,并将情况及时反馈至市级人社部门、担保机构和经办银行。

(二)担保机构

1.审核信用社区内小额担保贷款申请人资格及贷款申请是否符合条件,并向经办银行推荐贷款和承诺担保。

2. 会同经办银行对申请人进行贷前调查和贷款扶持项目运作情况的跟踪调查,密切了解掌握动态变化。如经营项目有风险的,及时会同银行采取措施,确保贷款的安全归还。

3. 与财政、银行等有关部门对信用社区内小额担保贷款呆账损失进行审核核定。

(三)经办银行

1. 按照小额担保贷款管理办法对贷款申请认真予以审查,建立已获得贷款人员个人资信档案,定期进行资信调查。

2. 会同担保机构对小额担保贷款申请人进行贷前贷后调查,建立已获得贷款人员个人资信档案,定期进行资信调查。

3. 按季提出小额担保贷款财政贴息申请。

4. 对出现的呆坏账损失提出具体处理意见。

(四)人社部门

人社部门加强对社区创建工作的指导和督查,积极开展形式多样的创建活动和宣传表彰活动,制定切实可行的信用社区和创业典型;争取新闻媒体的支持,开展创建信用社区的宣传工作,对在信用社区内的创业典型和按期还贷人员进行跟踪宣传报道。不定期牵头组织小额担保贷款联席会议,协调解决创建信用社区过程中存在的问题,推动信用社区各项工作的开展。

第五条 小额担保贷款风险防范措施

对于出现的逾期贷款,担保机构与经办银行要督促借款人限期归还。担保机构与经办银行对逾期贷款人员建立小额担保贷款个人不良信用记录制度。对于恶意不归还贷款,影响创建信用社区的小额担保贷款借款人,如在限定的时间内尚不归还贷款的,可以采取以下措施:

(一)经办银行和担保机构共同运用法律手段,对借款人逾期不归还贷款提出诉讼申请。

(二)银行及时记录逾期不归还贷款人员不良信用记录,并按规定收取罚息。

第六条 信用社区的评选、考核与奖励

(一)对信用社区每年考核一次,考核不达标的将取消其信用社区称号,考核达标的将继续保留信用社区称号。

（二）对信用社区工作按贷款回收率进行考核后实施奖励。计算公式为：当年贷款回收率＝（当年实际到期贷款回收额/当年应到期贷款总额）×100％。当信用社区贷款的当年回收率达到90％的，按回收金额的0.8％给予奖励；回收率达到95％的，按回收金额的1％给予奖励。

（三）信用社区的评选、考核由中国人民银行南宁中心支行、市财政局、市人力资源和社会保障局共同实施。

第七条 本办法自下发之日起执行。南宁市各县、开发区可参照执行。

二、南宁市小额担保贷款政策解读

（一）小额担保贷款对象

1. 在法定劳动年龄以内、南宁市户籍，诚实守信，有创业愿望和创业能力，自谋职业、自主创业的城镇登记失业人员、就业困难人员、复员转业退役军人、刑释解教人员、高校毕业生。

（1）城镇登记失业人员：指按规定进行失业登记并持有人力资源和社会保障部门核发的《就业失业登记证》的城镇登记失业人员。

（2）就业困难人员：指符合《广西壮族自治区就业促进办法》（广西壮族自治区人民政府令第47号）规定条件的就业困难人员。

（3）复员转业退役军人：指持有军人退出现役的有效证件，按规定进行失业登记并持有人力资源和社会保障部门核发的《就业失业登记证》的城镇复员专业退役军人。

（4）刑释解教人员：指《持刑满释放证明书》或《解除劳动教养证明书》、按规定进行失业登记并持有人力资源和社会保障部门核发的《就业失业登记证》，刑满释放、解除劳动教养的人员。

（5）高校毕业生：指持有高等学校毕业有效证件，毕业2年以内，并志愿到南宁创业的高校毕业生。

2. 劳动密集型小企业：指当年新招用在法定劳动年龄以内、南宁市区户籍（不包括南宁市六县），诚实守信，有创业愿望和创业能力，自谋职业、自主创业的城镇登记失业人员、就业困难人员、复员转业退役军人、刑释解教人员、高校毕业生等五类人员达到企业现有在职职工总数30％（超过100人的企业达到

15%)以上,并与其签订1年以上劳动合同,依据工业和信息化委员会等四部委《关于印发中小企业划型标准规定的通知》(工信部联企业[2011]300号)标准认定的小企业。

(二)小额担保贷款期限

贷款期限一般不超过两年,借款人提出展期且担保人或担保机构同意继续提供担保的,经办银行可以按规定给予展期一次,但展期期限不得超过一年,展期内不贴息。

(三)小额担保贷款金额

(1) 符合贷款条件的个人从事符合条件的微利项目的,一般最高不超过5万元,其中:妇女贷款最高不超过8万元,高等学校和中等职业学校的毕业生贷款最高不超过10万元。

(2) 符合贷款条件的劳动密集型小企业,最高贷款额度不超过200万元。

(四)小额担保贷款贴息

(1) 对符合条件的自主创业、自谋职业人员申请从事微利项目的小额担保贷款,由中央财政据实全额贴息。财政贴息的微利项目主要有:

商业类——烟酒零售、服装鞋帽零售、日用品零售、小五金零售、糕点食品零售、音像制品零售、书报刊零售、鲜花零售、玩具文具零售、文化用品零售、水果蔬菜零售、其他商品零售;

服务类——餐饮服务、旅店服务、修配服务、家政服务、卫生保健服务、社区便民服务、租赁服务、中介服务、搬运运输服务、复印打字、理发、机动车美容养护、音像图书借阅、废品回收等;

加工制作类——小五金加工制作、饰品加工制作、木铁器加工制作、食品加工制作、服装鞋帽加工制作、家庭作坊加工制作等;

种植养殖类——林果栽培、花草蔬菜种植、家禽家畜水产养殖等。

(2) 对符合条件的劳动密集型小企业申请的小额担保贷款,由财政部门按中国人民银行公布的贷款基准利率的50%给予贴息。

(3) 财政不贴息的项目主要有:建筑业、娱乐业、销售不动产、转让土地使用权、广告业、房屋中介、桑拿、按摩、网吧、氧吧等。

三、大学生自主创业优惠政策问答

1.《就业创业证》具体指什么?

《就业创业证》的前身是《就业失业登记证》,是记载劳动者就业和失业状况、享受相关就业扶持政策、接受公共就业人才服务等情况的基本载体,是劳动者按照规定享受相关就业扶持政策的重要凭证。

2.什么人可以办理就业创业登记?

按照人社部发〔2014〕97号文件规定,在法定劳动年龄内,有劳动能力,有就业要求,处于无业状态的城镇常住人员在常住地的公共就业和人才服务机构可进行登记。根据桂人社办发〔2013〕140号文件规定,从2013年7月1日起,各级人力资源社会保障部门所属公共就业人才服务机构和基层公共就业服务平台面向所有离校未就业高校毕业生(包括非本地户籍毕业生)开放登记。

3.毕业年度的高校毕业生如何申领《就业创业证》?

按照人社部发〔2014〕97号文件规定,毕业年度内高校毕业生在校期间凭学生证向就业创业地(直辖市除外)公共就业和人才服务机构申领《就业创业证》,或委托所在高校就业指导中心向当地(直辖市除外)公共就业和人才服务机构代为其申领《就业创业证》;毕业年度内高校毕业生离校后直接向就业创业地(直辖市除外)公共就业和人才服务机构申领《就业创业证》。

4.广西工商部门在大学生创业方面出台了什么优惠政策?

按照桂政办发〔2013〕68号文件规定,高校毕业生毕业2年内从事非限制行业个体经营的,自其在工商部门首次注册登记之日3年内,免收管理类、登记类、证照类等相关行政事业性收费。

5.广西税务部门在大学生创业方面有什么优惠政策?

1)一般规定

按照桂政发〔2010〕86号文件规定,创业者以自有专有技术、专利技术创办高新技术企业的,自项目取得第一笔生产经营收入所属纳税年度起3年内免征企业所得税中属于地方分享部分。

2)下岗失业人员、大学生创业就业

《财政部国家税务总局人力资源社会保障部关于继续实施支持和促进重点

群体创业就业有关税收政策的通知》(财税〔2014〕39号)、《财政部税务总局人力资源社会保障部教育部关于支持和促进重点群体创业就业税收政策有关问题的补充通知》(财税〔2015〕18号)、《关于我区重点群体创业就业减免税定额标准的通知》(桂财税〔2014〕25号)。

(1) 对持《就业失业登记证》(注明"自主创业税收政策"或附着《高校毕业生自主创业证》)人员从事个体经营的,在3年内按每户每年8000元为限额依次扣减其当年实际应缴纳的营业税、城市维护建设税、教育费附加、地方教育附加和个人所得税。限额标准最高可上浮20%,各省、自治区、直辖市人民政府可根据本地区实际情况在此幅度内确定具体限额标准,并报财政部和国家税务总局备案。广西定额标准为每户每年9600元。

纳税人年度应缴纳税款小于上述扣减限额的,以其实际缴纳的税款为限;大于上述扣减限额的,应以上述扣减限额为限。

(2) 对商贸企业、服务型企业、劳动就业服务企业中的加工型企业和街道社区具有加工性质的小型企业实体,在新增加的岗位中,当年新招用在人力资源社会保障部门公共就业服务机构登记失业1年以上且持《就业失业登记证》(注明"企业吸纳税收政策")人员,与其签订1年以上期限劳动合同并依法缴纳社会保险费的,在3年内按实际招用人数予以定额依次扣减营业税、城市维护建设税、教育费附加、地方教育附加和企业所得税优惠。定额标准为每人每年4000元,最高可上浮30%,各省、自治区、直辖市人民政府可根据本地区实际情况在此幅度内确定具体定额标准,并报财政部和国家税务总局备案。广西定额标准为每人每年5200元。

按上述标准计算的税收扣减额应在企业当年实际应缴纳的营业税、城市维护建设税、教育费附加、地方教育附加和企业所得税税额中扣减,当年扣减不足的,不得结转下年使用。

(3) 自2015年1月27日起,将《就业失业登记证》更名为《就业创业证》,已发放的《就业失业登记证》继续有效,不再统一更换。《就业创业证》的发放、使用、管理等事项按人力资源社会保障部的有关规定执行。各地可印制一批《就业创业证》先向有需求的毕业年度内高校毕业生发放。取消《高校毕业生自主创业证》,毕业年度内高校毕业生从事个体经营的,持《就业创业证》(注明"毕业年度内自主创业税收政策")享受税收优惠政策。毕业年度内高校毕业生在校期间凭学生证向公共就业服务机构按规定申领《就业创业证》，或委托所在高校就业指导中心向公共就业服务机构按规定代为其申领《就业创业证》；毕业年度内高校毕业生离校后直接向公共就业服务机构按规定申领《就业创业证》。

按照（财税〔2015〕77号）文件规定，将财税〔2014〕39号文件中"当年新招用在人力资源社会保障部门公共就业服务机构登记失业1年以上"的内容调整为"当年新招用在人力资源社会保障部门公共就业服务机构登记失业半年以上"，其他政策内容和具体实施办法不变。

6.什么是创业担保贷款？

针对国有企业下岗职工、城镇登记失业人员、残疾人等特殊就业困难群体定向提供小额信贷支持的小额担保贷款政策自2002年创设实施以来，贷款对象范围逐步扩大，政策机制不断完善，在扩大就业、促进创业、改善民生方面发挥了重要作用。按照国发〔2015〕23号精神，小额担保贷款政策调整为创业担保贷款政策。小额担保贷款是指自愿申请，社区、工会、共青团、妇联等组织推荐，人力资源和社会保障部门审查，担保基金担保，经办银行核准发放，用于支持符合贷款条件的人员自主创业和符合贷款条件的人员组织起来就业、合伙经营创办经济实体以及符合贷款条件的劳动密集型小企业的贷款。

7.创业担保贷款对象有哪些？

按照银发〔2016〕202号文件规定，将创业担保贷款对象范围在目前小额担保贷款对象范围基础上调整扩大为：城镇登记失业人员、就业困难人员（含残疾人）、复员转业退役军人、刑满释放人员、高校毕业生（含大学生村官和留学回国学生）、化解过剩产能企业职工和失业人员、返乡创业农民工、网络商户、建档立卡贫困人口。

8.创业担保贷款的额度是多少？

按照银发〔2016〕202号文件规定，各经办金融机构对符合条件的个人发放的创业担保贷款最高额度为10万元。对符合条件的借款人合伙创业或组织起来共同创业的，贷款额度可适当提高。

9.创业担保贷款的期限为多长？

按照银发〔2016〕202号文件规定，面向个人发放的创业担保贷款期限由目前的最高不超过2年调整为最高不超过3年；贷款经经办金融机构认可，可以展期1次,展期期限不超过1年,展期期限内贷款不贴息。

10. 申请网络创业小额担保贷款的高校毕业生应符合哪些条件?

按照桂人社发〔2014〕53号文件规定,毕业两年内在网络平台开展创业活动的高校毕业生,符合以下条件可申请小额担保贷款:

(1) 在网络平台从事实物或虚拟商品交易活动,持续正常经营半年以上,无违法违规交易行为,且累计交易额不低于1万元。

(2) 网络平台为经国家商务部或广西壮族自治区商务厅公布的电子商务示范企业所设立的电子商务平台。

11. 申请网络创业小额担保贷款最高额度是多少?

按照桂人社发〔2014〕53号文件规定,申请网络创业小额担保最高贷款额度不超过10万元。

12. 申请网络创业小额担保贷款的材料有哪些?

按照桂人社发〔2014〕53号文件规定,申请材料包括毕业证书、合法有效的身份证明、户口簿、贷款申请书、货款抵押担保意向和还款计划、合法有效的"网店"经营状况证明等。

13. 网络创业小额担保贷款可向哪些部门申请?

按照桂人社发〔2014〕53号文件规定,符合条件的高校毕业生可向社区、工会、共青团、妇联、公共就业人才服务机构提出贷款申请。

第二节 创业相关法规摘录

一、企业注册登记涉及的有关法律法规

(一) 谁负责企业的登记

根据《中华人民共和国公司登记管理条例》(2005年12月18日修改)第二章内容规定,国家工商行政管理机关负责各类企业的登记,具体登记管辖由省、自治区、直辖市工商行政管理局规定,其中股份有限公司由设区的市(地区)工商行政管理局负责登记。

（二）企业设立程序

1. 企业名称预选核准登记

根据《中华人民共和国公司登记管理条例》第十七条、第十八条、第十九条规定：设立公司应当申请名称预先核准。设立有限责任公司，应当由全体股东指定的代表或者共同委托的代理人向公司登记机关申请名称预先核准；设立股份有限公司，应当由全体发起人指定的代表或者共同委托的代理人向公司登记机关申请名称预先核准。

2. 前置审批（无须前置审批的则略过本程序）

前置审批是指企业在从事经营时涉及法律法规规定的特殊项目、商品的，设立企业在申请登记前依照法律、行政法规规定必须履行的审批手续。一般来说，以下行业的经营需要得到许可：① 农林牧副渔：如农药、兽药、种子、种畜禽、畜禽屠宰。② 矿产资源及电力建设：如矿产资源勘查开采、电力供应。③ 交通运输：如航空运输、国际运输等。

3. 设立登记申请，工商机关审查、受理及决定

根据《中华人民共和国公司登记管理条例》第八章登记程序规定，申请公司、分公司登记，申请人可以到公司登记机关提交申请，也可以通过信函、电报、电传、传真、电子数据交换和电子邮件等方式提出申请。公司登记机关对通过信函、电报、电传、传真、电子数据交换和电子邮件等方式提出申请的，应当自收到申请文件、材料之日起5日内作出是否受理的决定。决定予以受理的，应当出具《受理通知书》；决定不予受理的，应当出具《不予受理通知书》说明不予受理的理由，并告知申请人享有依法申请行政复议或者提起行政诉讼的权利。

4. 领取营业执照

工商机关作出准予企业设立登记决定的，将出具《准予设立登记通知书》，可在决定之日起10天内领取营业执照。

（三）企业设立需提交材料

企业申请注册登记需要根据工商行政管理机关的要求提交申请书及相关材料。以设立有限责任公司为例，申请设立登记需提交以下材料：

（1）公司法定代表人签署的《公司设立登记申请书》。其中公司法定代表人是代表公司行使职权的负责人。根据《公司法》规定，公司法定代表人依照公司

章程的规定,由董事长、执行董事或者经理担任。

(2)全体股东签署的《指定代表或者共同委托代理人的证明》(股东为自然人的由本人签字,自然人以外的股东加盖公章)及指定代表或委托代理人的身份证复印件(本人签字),应标明具体委托事项、被委托人的权限、委托期限。

(3)全体股东签署的公司章程。股东为自然人的由本人签字,自然人以外的股东加盖公章。

(4)股东的主体资格证明或者自然人身份证明复印件。股东为企业的,提交营业执照副本复印件;股东为事业法人的,提交事业法人登记证书复印件;股东为社团法人的,提交社团法人登记证复印件;股东为民办非企业单位的,提交民办非企业单位证书复印件;股东为自然人的,提交身份证复印件。

(5)依法设立的验资机构出具的验资证明。

(6)股东首次出资是非货币财产的,提交已办理财产权转移手续的证明文件。

(7)董事、监事和经理的任职文件及身份证明复印件;依据《公司法》和公司章程的规定和程序,提交股东会决议、董事会决议或其他相关材料。股东会决议由股东签署(股东为自然人的由本人签字;自然人以外的股东加盖公章),董事会决议由董事签字。

(8)法定代表人任职文件及身份证明复印件;依据《公司法》和公司章程的规定和程序,提交股东签署的书面决定(股东为自然人的由本人签字,法人股东加盖公章)、董事会决议(由董事签字)或其他相关材料。

(9)住所使用证明;自有房产提交产权证复印件;租赁房屋提交租赁协议复印件以及出租方的房产证复印件;未取得房产证的,提交房地产管理部门的证明或者购房合同及房屋销售许可证复印件;出租方为宾馆、饭店的,提交宾馆、饭店的营业执照复印件。

(10)《企业名称预先核准通知书》。

(11)法律、行政法规和国务院决定规定设立一人有限责任公司必须报经批准的,提交有关的批准文件或者许可证书复印件。

(12)公司申请登记的经营范围中有法律、行政法规和国务院决定规定必须在登记报前经批准的项目,提交有关的批准文件或者许可证书复印件或许可证明。依照《公司法》《公司登记管理条例》设立的一人有限责任公司申请设立登记适用本规范。《公司设立登记申请书》《指定代表或者共同委托代理人的证明》可以到各工商行政管理机关领取。

以上各项未注明提交复印件的,应当提交原件;提交复印件的,应当注明"与原件一致"并由股东加盖公章或签字。以上需股东签署的,股东为自然人的,由本人签字;自然人以外的股东加盖公章。

(四) 营业执照

营业执照是企业登记机关代表国家核发给企业,准许其营业的凭证。企业从领取营业执照之日起取得合法经营权,营业执照签发之日就是企业成立的日期。分为《企业法人营业执照》和《营业执照》两大类。前者是取得企业法人资格的合法凭证,有限公司即属此类;后者是合法经营权的凭证,不具备法人资格的个人独资企业和合法企业核发该种执照。两者均有正本和副本之分,正本和副本内容一致,具有同等法律效力,区别在于正本规格较大,为悬挂式,仅核发一份,主要用于悬挂在企业住所,便于接受监督;副本为折叠式,便于携带,用于企业日常经营活动中证明自身合法身份,可核发若干份。营业执照上记载着企业的基本登记事项,如注册号、企业名称、住所、注册资本、经营范围、法定代表人(负责人)姓名等。

企业必须在住所地或主要经营场所的显著位置悬挂营业执照,这一方面是为了便于工商机关及其他行政机关的管理,另一方面则是让企业接受消费者和社会公众的监督。在使用营业执照过程中,企业不得涂改、出借、转让、出卖、伪造或擅自复印营业执照;不得擅自变更营业执照上记载的登记事项。如果企业登记事项发生变化的,应当向工商机关申请变更登记,换发营业执照;如果不慎遗失的,必须登报声明作废,及时向工商机关申请补发营业执照。

(五) 组织机构代码证办理

组织机构代码是国家质量技术监督部门根据国家有关代码编制规则编制,赋予国家机关、企业事业单位、社会团体及其他组织机构在全国范围内唯一的、始终不变的法定标志。每一个代码对应一个唯一的组织机构,通过它可以识别不同的组织机构,也可以获得组织机构的基本信息。组织机构代码目前已在工商、税务、银行、公安、财政、人事劳动、社会保险、统计、海关、外贸和交通等40余个部门广泛应用,成为连接各行政职能部门之间信息管理系统的桥梁和不可替代的信息传输纽带。

组织机构应当自核准登记或者批准成立之日起 30 日内,持有关证明材料,到技术监督行政部门办理申领代码证书手续。

应提交的文件如下:

(1) 企业、事业、机关、社团分别为营业执照、事业登记证、机关成立批团文登记证副本原件及有效复印件,其他单位提供成立或执业证明及能证明单位主要情况的辅助材料。属变更的要持变更后的成立文件,机关持变更证明文件,企业名称变更加附工商局变更通知;

(2) 填报的代码申报表:受他人委托代办的,须持有委托单位出具的代办委托书面证明;

(3) 变更换证卡或到期换证卡的,应交回原颁发的所有代码证卡;有遗失毁损的证登报公告、逾期换证的,须提交逾期补办申请或接受相关处理。

(4) 单位法人代表或负责人中华人民共和国居民身份证复印件、经办人中华人民共和国居民身份证及复印件(外籍人士提供护照,台胞提供台胞证);分支机构需提供上级主管部门代码证复印件。

(六) 税务登记办理

依法纳税是企业的基本义务,新设企业须在领取营业执照日起 30 日内申办税务登记,取得税务登记证。我国税务机关分为国税和地税,为方便纳税人申报,提高纳税服务水平。纳税人只需到当地国家税务局或地方税务局或国、地税联合办证大厅等办税服务场所进行一次申报即可。申报税务登记须提供以下资料:

(1) 开立银行账户。

(2) 申请减税、免税、退税。

(3) 申请办理延期申报、延期缴纳税款。

(4) 领购发票。

(5) 申请开具外出经营活动税收管理证明。

(6) 办理停业、歇业。

(7) 其他有关税务事项。

在领取税务登记证件后,就可以向主管税务机关申请领购发票。申请时须提供经办人身份证明、税务登记证件或者其他有关证明,以及财务印章或者发票专用章的印模,经主管税务机关审核后,发给发票领购簿,然后凭发票领购簿核准的种类、数量以及购票方式,向主管税务机关领购发票。

税务机关将在收到申报之日起 30 日内审核并发给税务登记证件。

（七）企业年检

据了解,很多企业对年检不甚了解,有的甚至觉得年检无足轻重,而当被工商部门吊销营业执照后,才意识到年检的重要性,那么究竟什么是年检？企业如何年检？放弃经营公司又要如何进行注销登记手续呢？

年检就是企业年度检验,是企业登记机关依法按年度根据企业提交的年检材料,对与企业登记事项有关的情况进行定期检查的监督管理制度。根据《企业年度检验办法》(2006 年 3 月 1 日起施行)的规定,每年 3 月 1 日至 6 月 30 日,企业应当向企业登记机关提交年检材料接受年度检验(当年设立登记的企业,自下一年起参加年检)。企业不按照规定接受年度检验的,企业登记机关将责令其限期接受年度检验,同时并处罚款；企业在责令的期限内仍未接受年检的,由企业登记机关予以公告。自公告发布之日起,60 日内仍未接受年检的,将依法吊销其营业执照。

（八）企业变更、注销手续办理

企业成立后,如遇登记事项发生变更的,应当依法办理变更登记；如遇企业解散的,应当依法办理注销登记。下面以公司为例,介绍企业变更、注销登记的办理。

1.公司变更登记 公司的登记事项包括：名称；住所；法定代表人姓名；注册资本；实收资本；公司类型；经营范围；营业期限；有限责任公司股东或者股份有限公司发起人的姓名或者名称,以及认缴和实缴的出资额、出资时间、出资方式。这些登记事项一旦发生变更,公司均须向原登记机关提出变更申请。未经变更登记,公司不得擅自改变登记事项。

公司申请变更登记,须提交下列文件：

（1）公司法定代表人签署的变更登记申请书。

（2）依照《公司法》作出的变更决议或者决定。

（3）国家工商行政管理总局规定要求提交的其他文件。

2.公司注销登记 公司解散的,清算组应当自公司清算结束之日起 30 日内向原公司登记机关申请注销登记,提交下列文件：

(1)公司清算组负责人签署的注销登记申请书。

(2)根据不同的解散事由提交人民法院的破产裁定、解散裁判文书,公司依照《公司法》作出的决议或者决定,行政机关责令关闭或者公司被撤销的文件。

(3)股东会、股东大会、一人有限责任公司的股东、外商投资公司的董事会或者人民法院、公司批准机关备案、确认的清算报告。

(4)法律、行政法规规定应当提交的其他文件。

有分公司的公司申请注销登记,还应当提交分公司的注销登记证明。经公司登记机关注销登记,公司终止。

二、教育部推进高等学校创新创业教育和大学生自主创业的政策

1.大力推进高等学校创新创业教育工作

(1)推进创新创业教育是一种教学理念与模式。在高等学校中大力推进创新创业教育,对于促进高等教育科学发展、深化教育教学改革,提高人才培养质量具有重大的现实意义和长远的战略意义。创新创业教育要面向全体学生,融入人才培养全过程。要在专业教育基础上,以转变教育思想、更新教育观念为先导,以提升学生的社会责任感、创新精神、创业意识和创业能力为核心,以改革人才培养模式和课程体系为重点,大力推进高等学校创新创业教育工作,不断提高人才培养质量。

(2)加强创新创业教育课程体系建设。把创新创业教育有效纳入专业教育和文化素质教育教学计划和学分体系,建立多层次、立体化的创新创业教育课程体系。突出专业特色,创新创业类课程的设置要与专业课程体系有机融合,创新创业实践活动要与专业实践教学有效衔接,积极推进人才培养模式、教学内容和课程体系改革。加强创新创业教育教材建设,借鉴国外成功经验,编写适用和有特色的高质量教材。

(3)加强创新创业师资队伍建设。引导各专业教师、就业指导教师积极开展创新创业教育方面的理论和案例研究,不断提高在专业教育、就业指导课中进行创新创业教育的意识和能力。支持教师到企业挂职锻炼,鼓励教师参与社会行业的创新创业实践。积极从社会各界聘请企业家、创业成功人士、专家学者等作为兼职教师,建立一支专兼结合的高素质创新创业教育教

师队伍。高校要从教学考核、职称评定、培训培养、经费支持等方面给予倾斜支持。定期组织教师培训、实训和交流,不断提高教师教学研究与指导学生创新创业实践的水平。鼓励有条件的高校建立创新创业教育教研室或相应的研究机构。

(4) 广泛开展创新创业实践活动。高等学校要把创新创业实践作为创新创业教育的重要延伸,通过举办创新创业大赛、讲座、论坛、模拟实践等方式,丰富学生的创新创业知识和体验,提升学生的创新精神和创业能力。省级教育行政部门和高校要将创新创业教育和实践活动成果有机结合,积极创造条件对创新创业活动中涌现的优秀创业项目进行孵化,切实扶持一批大学生实现自主创业。

(5) 建立质量检测跟踪体系。省级教育行政部门和高等学校要建立创新创业教育教学质量监控系统。要建立在校和离校学生创业信息跟踪系统,收集反馈信息,建立数据库,把未来创业成功率和创业质量作为评价创新创业教育的重要指标,反馈指导高等学校的创新创业教育教学,建立有利于创新创业人才脱颖而出的教育体系。

(6) 加强理论研究和经验交流。教育部成立高校创业教育指导委员会,开展高校创新创业教育的研究、咨询、指导和服务。省级教育行政部门和高等学校要加强对国内外创新创业教育理论研究,组织编写高校创新创业教育先进经验材料汇编和大学生创业成功案例集。省级教育行政部门应定期组织创新创业教育经验交流会、座谈会、调研活动,总结交流创新创业教育经验,推广创新创业教育优秀成果。逐步探索建立中国特色的创新创业教育理论体系,形成符合实际、切实可行的创新创业教育发展思路,指导创新创业教育教学改革发展。

2. 加强创业基地建设,打造全方位创业支撑平台

(1) 全面建设创业基地。教育部会同科技部,以国家大学科技园为主要依托,重点建设一批"高校学生科技创业实习基地",并制定出台相关认定办法。省级教育行政部门要结合本地实际,通过多种形式建立省级大学生创业实习和孵化基地;同时要积极争取有关部门支持,推动本地区有关地市、高等学校、大学科技园建立大学生创业实习或孵化基地,并按其类别、规模和孵化效果,给予大力支持,充分发挥基地的辐射示范作用。

（2）明确创业基地功能定位。大学生创业实习或孵化基地是高等学校开展创新创业教育、促进学生自主创业的重要实践平台，主要任务是整合各方优势资源，开展创业指导和培训，接纳大学生实习实训，提供创业项目孵化的软硬件支持，为大学生创业提供支撑和服务，促进大学生创业就业。

（3）规范创业基地管理。大学科技园作为"高校学生科技创业实习基地"的建设主体，要把基地建设作为园区建设的重要内容，确定专门的管理部门负责基地的建设和管理；加强与依托学校和有关部门的联动，共同开展大学生实习实训和创业实践。有关高等学校要高度重视大学科技园在创新创业人才培养中的作用，出台有利于大学科技园开展学生创业工作的政策措施和激励机制。

（4）提供多种形式的创业扶持。大学生创业实习或孵化基地要结合实际，为大学生创业提供场地、资金、实训等多方面的支持。要开辟较为集中的大学生创业专用场地，配备必要的公共设备和设施，为大学生创业提供至少12个月的房租减免。要提供法律、工商、税务、财务、人事代理、管理咨询、项目推荐、项目融资等方面的创业咨询和服务，以及多种形式的资金支持。要为大学生开展创业培训、实训，建立公共信息服务平台，发布相关政策、创业项目和创业实训等信息。

3.落实和完善大学生自主创业扶持政策，加强创业指导和服务工作

（1）切实落实创业扶持政策。省级教育行政部门要按人力资源和社会保障部、教育部等《关于实施"2010高校毕业生就业推进行动"大力促进高校毕业生就业的通知》（人社部发〔2010〕2号）要求，与有关部门密切配合，共同组织实施"创业引领计划"，并切实落实以下政策：对高校毕业生初创企业，可按照行业特点，合理设置资金、人员等准入条件，并允许注册资金分期到位。允许高校毕业生按照法律法规规定的条件、程序和合同约定将家庭住所、租借房、临时商业用房等作为创业经营场所。对应届及毕业两年以内的高校毕业生从事个体经营的，自其在工商部门首次注册登记之日起三年内，免收登记类和证照类等有关行政事业性收费；登记求职的高校毕业生从事个体经营，自筹资金不足的，可按规定申请小额担保贷款，从事微利项目的，可按规定享受贴息扶持；对合伙经营和组织起来就业的，贷款规模可适当扩大。完善整合就业税收优惠政策，鼓励高校毕业生自主创业。

(2) 积极争取资金投入。省级教育行政部门要与有关部门协调配合,积极争取当地政府和社会支持,通过财政和社会两条渠道设立"高校毕业生创业资金""天使基金"等资助项目,重点扶持大学生创业。要建立健全创业投资机制,鼓励吸引外资和国内社会资本投资大学生创办企业。

(3) 积极开展创业培训。省级教育行政部门要积极配合有关部门,对有创业愿望并具备一定创业条件的高校学生,普遍开展创业培训。要积极整合各方面资源,把成熟的创业培训项目引入高校,并探索、开发适合我国大学生创业的培训项目。同时,高等学校要加强对在校生的创业风险意识教育,帮助学生了解创业过程中可能遇到的困难和问题,不断提高防范和规避风险的意识和能力。

(4) 全面加强创业信息服务。省级教育行政部门和高等学校要加大服务力度,拓展服务内涵,充分利用现有就业指导服务平台,特别是就业信息服务平台,广泛收集创业项目和创业信息,开展创业测评、创业模拟、咨询帮扶,有条件的要抓紧设立创业咨询室,开展"一对一"的创业指导和咨询,增强创业服务的针对性和有效性。

(5) 高等学校要出台促进在校学生自主创业的政策和措施。高校可通过多种渠道筹集资金,普遍设立大学生创业扶持资金;依托大学科技园、创业基地、各种科研平台以及其他科技园区等为学生提供创业场地。同时,有条件的高校要结合学科专业和科研项目的特点,积极促进教师和学生的科研成果、科技发明、专利等转化为创业项目。

4. 加强领导,形成推进高校创业教育和大学生自主创业的工作合力

(1) 省级教育行政部门要把促进高校创新创业教育和大学生自主创业工作摆在突出重要位置。要积极争取有关部门支持,创造性地开展工作,因地制宜地出台并切实落实鼓励大学生创业的政策措施。要加大对高校创新创业教育、创业基地建设的投入力度,在经费、项目和基金等方面给予倾斜。有条件的地区可设立针对大学生的创业实践项目,为大学生创业实践活动提供小额经费支持。根据工作需要,可评选创新创业教育示范校、创业示范基地。

(2) 高等学校要把创新创业教育和大学生自主创业工作纳入学校重要议事日程。要理顺领导体制,建立健全教学、就业、科研、团委、大学科技园等部门参加的创新创业教育和自主创业工作协调机制。统筹创新创业教育、创业基地建

设、创业政策扶持和创业指导服务等工作,明确分工,切实加大人员、场地、经费投入,形成长效机制。

(3)营造鼓励创新创业的良好舆论氛围。省级教育行政部门和高等学校要广泛开展创新创业教育和大学生自主创业的宣传,通过报刊、广播、电视、网络等媒体,积极宣传国家和地方促进创业的政策、措施,宣传各地和高校推动创新创业教育和促进大学生创业工作的新举措、新成效,宣传毕业生自主创业的先进典型。通过组织大学生创业事迹报告团等形式多样的活动,激发学生的创业热情,引导学生树立科学的创业观、就业观、成才观。

第五部分 创业典型案例

第十章 广西大学创业案例展示

案例一

博士领军放飞梦想

创业者:施李鸣 邹承武 陈 琦

"创青春"全国大学生创业大赛银奖得主南宁国拓生物科技有限公司(简称国拓公司)成立于2013年7月,目前主要开展DNA测序、引物合成等分子生物学技术服务,是广西首家也是唯一一家能够为生命科学研究提供技术支持的公司,具有较完善的分子生物学实验室和技术团队。这个技术团队同时也是公司的主创人员,他们是广西大学生命科学与技术学院微生物学专业的3位博士生:施李鸣、邹承武、陈琦。

仰望星空,让梦想照进现实

面对当前大学生的共同困惑"毕业后该创业还是就业",3位博士生用行动给出了令自己满意的答案。邹承武说:"我们学校其实已经完成了大量的科学技术研究,而将这些项目付诸实践,令其市场化,应用于生产,则是学校和研发者一直在努力做的事情。因此,我们希望能够学以致用,为生命科学研究提供技术服务,不仅可以产生效益,而且也能为社会做出贡献。"仰望在星空的梦想,有一天一定要让它变成现实。"2013年春节前,我们萌生了创立一个生命科学技术有限公司的想法。春节后通过多方努力,这个计划终于在7月份得以实施。但直到9月之前,我们都没有足够的资金,也没有寻找到合适的办公地点和实验室。"施李鸣如是说。回想起那些熬夜做实验、写策划,白天还要四处奔走筹资和寻找办公场地的日子,3位博士生都是一脸苦笑。陈琦坦言:"我的亲朋好友不太理解我的创业行为,但也并不反对我趁青春放手一搏。我们没有风投公司或者企业的赞助和投资,融资是最大的问题,我们只得向亲戚朋友借钱。在这里很感谢那些天南地北的亲戚朋友,在创业初期给予了我们很多帮助与信任。根据公司目前的运营状况,至少还要两年我们的投资才能获得相应的回报。"目前,国拓公司掌握有基因合成、蛋白表达纯化、菌种鉴定等10多项生命科学研究技术,拥有20多台实验仪器。实验室和办公室坐落于南宁市高新区某企业孵化基地的大学生创业区。这些都是整个创业团队通力合作、不懈努力的成果。

脚踏实地,把工作做到最好

提及在"创青春"全国大学生创业大赛斩获的佳绩,负责人施李鸣首先表达了对学校的感激:"校团委的老师推荐我们参加创业大赛,不仅在宣传方面给予大力支持,还组织了创业知识讲座、创业计划大赛培训会、创业案例研讨会等系列培训活动,请来了商学院的专业学生为我们草拟商业策划。"邹承武认为获竞赛银奖是实至名归,因为他们不仅拥有精湛高端的技术、切实可行的商业计划,更有着地域性的优势,同时他们也是一支脚踏实地的队伍,秉承了广西大学"勤恳朴诚,厚学致新"的校训精神。"我们参赛的目的是扩大知名度,与更多的大学生创业团队交流学习,同时在比赛中认识到自身存在的不足。以后我们还是会脚踏实地,把工作做到最好。"他们还告诉记者,国拓公司目前与广西农业科学院、广西壮族自治区人民医院、广西壮族自治区妇幼保健院、广西医科大学等单位业务往来频繁。作为广西唯一一家生命科学技术有限公司,其专业、快速、准确的服务优势赢得了广西客户的一致好评。据广西农业科学院反映,同一个菌种或者土壤标本,在国拓公司做鉴定能节省大半时间,且准确率不低于北上广的同行。国拓公司创业团队表示,今后在专注科研的同时,将会进一步完善与客户的沟通交流,以达到合作共赢的最佳效果。据悉,国拓公司将开展亚热带农业植物病毒试剂和珍稀植物组培技术以及人体健康科学的研究,这更契合广西作为农业大省和越来越注重身体健康的现代人的需求。

奋力拼搏,抓住机遇不盲目

谈到对大学生创业的建议,国拓公司创业团队表示:一是要早,趁年轻奋力拼搏;二是要准,抓住机遇不盲目。科技兴国永远不会过时,青年学子可以坚定地往学术道路上走。"在我们之前也有过学生想创立生命科技有限公司,但是始终没有人踏出第一步。这个行业风险大,投资高,技术还要达到高端水平,一般人坚持不下去。其实不管是哪个行业,创业都是一件风险与机遇并存的事情。创业者要目光长远,抓住机遇,更要立足当下,规避风险。以我们公司为例,国拓公司主要是为生命科学研究提供技术支持,相比北上广的一些同行,我们的资金和技术都有所欠缺,但是面向广西甚至我国西南的客户基本都能满足他们的要求。在这些科技发展还不是十分完善的地域,我们有着自己的优势。根据市场情况,在有需求却缺少供给的地区开发相应的领域,这也是规避风险的一种办法。"邹承武向记者讲述了团队创业的经验。国拓公司创业团队还提到大学生就业的一些问题,比如眼高手低,不能根据自己的实际情况去应聘合适的工作岗位;或是因循守旧,宁愿领很低的薪酬获得国家编制,也不愿意接受自主创业公司高薪抛来的橄榄枝等。国拓公司鼓励更多的大学生刻苦钻研科学技术,欢迎大学生加入他们的队伍,他们将为大学生提供实习机会和技术指导。

在求职竞争日益激烈的今天,大学生创业自然成为了就业之外的新兴现象。但是创业并非空有理想或是埋头苦干就能成功,仰望星空的同时也需要脚踏实地。国拓公司的成功不是偶然,他们凭着为理想拼搏的冲劲和扎实有力的技术在大学生创业市场中站稳了脚跟,给予后来的创业者很大的启发,也成了当代大学生创业的榜样。

案例二

新型农业　追逐理想

创业者:杨远澄　周贵金　解欢欢　雷小灿

在2014年的"创青春"全国大学生创业大赛中,由我们组成的参赛团队——广西国生农业有限公司,以其绿色健康的产品理念,打造有机肉牛产业以及新型环保的现代农业发展模式,获得了银奖。

广西国生农业有限公司(简称国生公司)成立于2012年3月,由格力电器广西区域代理商南宁广深家电集团全体股东作为发起人。公司秉承"打造天蓝地绿、健康食品"的企业使命,以"土地流转、现代农业、产业升级、民企合作"为指导思想,开展农作物种植、肉牛养殖、农副产品生产加工和销售等业务,是一家集养殖、生产加工、销售为一体的现代生态循环农业企业集团。项目在广西长寿之乡上林发展肉牛养殖及生产加工、农业种植、农副产品加工等项目,计划年出栏肉牛10万头,公司年产值30亿元。项目实施"牧草(秸秆)—肉牛—沼气—生物有机肥—绿色食品"的模式,为大学生创业提供平台,增加政府税收,并能解决农村扶贫、就业、留守儿童、孤寡空巢老人等问题,对社会稳定、保护耕地、保护生态环境等方面有着积极意义。

艰难创业还是安于现状?

现今的就业竞争压力大,大学生们站在岔路口上徘徊。到底是接受创业的挑战,还是选择安稳的饭碗? 在这个选择题面前,我们选择了前者。尽管创业是极其辛苦和艰难的,但是我们不怕。"暂时的辛苦是值得的,创业所经历的困难虽然很多,但只要是为自己的理想而拼搏就是值得的。"这是我们开始创业之路的原始动力。

做最好的产品,亏本也要回馈消费者

创业是一项冒险,途中的困难和挑战数不胜数。开发有机农业的首要问题就是土地问题、农民问题。其次,是人才问题。"养牛需要技术人才,公司需要管理人才啊!"最后,是资金问题。创业需要资金,而且不是小数目,"但是只要思路对了,就不怕没有钱",正是因为有好的项目,国生公司获得了银行的支持,基本上解决了融资的问题。

在解决了一系列创办问题后,如何经营销售也是一项难事。其实我们一直在投钱,但是明知亏本也要做! 为了回馈消费者,我们几乎不打广告,而是利用资金来回馈消费者。国生公司一直在用行动证明,我们是为消费者着想的企业,为了口碑可以先放弃利润。"我们的牛肉,现在每天很早就被抢光啦!"

永不止步的学习之路

活到老,学到老。知识是人类进步的阶梯。不停地学习,才能拥有动力在充满荆棘和挑战的创业之路上前进。这就是国生公司的创业法宝。

"创业之初,最重要的是要进行可行性调研。当时我们就进行了深入的市场调研。在调研过程中,我们发现,现代人消费水平提高了,但现在食品安全出现了一些问题,使人们对食品安全的重视程度发生了改变。以前是追求有吃的,现在则更侧重于健康生态的食品安全和品质。所以我们就选择了有机农业

这一方向。"周贵金回忆起创业过程如是说,"在调研的时候,老师们在课堂上讲授过的知识就派上大用场了。""我们的创业成功也得益于老师们的指导。所以,我建议学弟学妹们多回母校,多看望老师,向老师多学习。"为了提高业务水平,他们经常回到校园给自己充电。

带动农户共同致富,帮助大学生创业

国生公司不仅谋求自身发展,也在积极承担社会责任,推动合作社带动农户共同致富。公司会给予大学生一个创业的平台,只要碰上合适的项目,都会给予一定的指导和支持。

通过这段创业经历,我们还想对大学生创业给出自己的建议:"首先,不是拥有一个优势就去创业,而是要思考清楚该项目的经济效益在哪里。多调研是关键。其次,大学生不要仅限于一个人创业,要善于寻找跟你志同道合、优势互补的合伙人。既要融资也要融智。"

案例三

南宁苏洛仕环保材料有限公司

创业者:廖 宇

简介

廖宇,广西大学轻工与食品工程学院包装工程 2011 级本科生(已保研至武汉大学),广西大学"苏洛仕"创业团队创始人,参加过"中国创业榜样"全国训练营培训,有良好的组织、沟通表达能力以及创新思维和创业热情。通过自身的努力得到广西大学轻工与食品工程学院朱红祥教授的认可,获得了朱教授环保吸油材料等专利技术授权,就此创立项目,组建了苏洛仕创业团队。

其项目在团委的帮助下成功入驻南宁高新区大学生创业基地。创业初期资金不足,团委老师私下借给他 2 万元,并到商学院为他找最好的创业导师。在他不懈的努力下,项目最终获得了 CCTV-2 以及企业家们的高度认可,得以广受关注,投资者们纷纷前来与之洽谈合作,最终拿到 500 万投资。目前他组建的苏洛仕团队已获得:"中国创业榜样"全国训练营入围资格以及晋级"中国创业榜样"决赛、第五届高校环保科技创意设计大赛金奖以及最佳导师奖、第六届广西大学 KAB 创业大赛暨广西高校大学生创业邀请赛一等奖、第六届"创青春"全国大学生创业大赛广西区赛金奖、第九届广西大学"芙蓉学子·榜样力量"团队合作奖、2014年广西大学"感动西大学生年度人物"等奖项。

主要事迹

1.带领苏洛仕团队在CCTV-2"中国创业榜样"走进广西大学节目中成为广西唯一入围"中国创业榜样"全国训练营资格的团队并进入"中国创业榜样"决赛。

2014年1月4日,由中央电视台主办的"中国创业榜样"大型公益活动走进广西大学。活动由"央视名嘴"谢颖颖主持;猫扑网CEO孙锁军、盘石网盟创始人田宁等嘉宾组成了"榜样导师团"。通过为大学生创业项目进行点评指导,鼓励和支持广大青年创新创业。

廖宇和他的苏洛仕团队通过不懈努力和突出的表现,争取到了上节目的机会,并且最终在节目中,得到导师评委的认可,以优异的成绩,拿到了入围"中国创业榜样"全国训练营的名额。节目播出后,苏洛仕团队的项目得到了广大观众的支持,二十余个企业和个人愿意投资他的项目。

2014年10月30日,在前往北京参加"中国创业榜样"的训练营和决赛中,与来自不同城市的创业榜样及创业导师一起学习交流,他明白了什么才是真正的"中国创业榜样"。

2.带领苏洛仕团队代表广西大学在第五届高校环保科技创意设计大赛中"创造历史",勇夺金奖以及最佳导师奖。

2014年5月,由国际节能环保协会、中华环保联合会、广东省环境保护厅、华南理工大学、广东省吴小兰基金会联合主办的第五届高校环保科技创意设计大赛在华南理工大学举行。他知道这是一次不容错过的机会,同时也是一次前所未有的挑战。他和他的团队为了参加本次比赛,对项目进行了大量的实验,反复讨论修改,经常熬到深夜,同时为了获取准确的官方数据,他们拜访了广西海事局、贵港海事局、炼油厂、大型油库等部门。这一切的努力没有白费,苏洛仕团队从来自全国各地高校的588个团队中成功突围,进入决赛。并且通过激烈的角逐,苏洛仕团队最终勇夺金奖,为广西大学在这类比赛中创造了历史,突出的表现也使苏洛仕团队的指导老师朱红祥教授获得了最佳导师奖。

3.带领苏洛仕团队在第六届广西大学KAB创业大赛暨广西高校大学生创业邀请赛中获得一等奖。

他积极参加比赛是为了获得更多企业家的点评和建议,从而进一步完善项目。第六届广西大学KAB创业大赛暨广西高校大学生创业邀请赛共有135支队伍参加,经过初赛、复赛的层层角逐,产生了10支进入决赛的队伍。苏洛仕团队从来都不是一个人在战斗,在比赛中,面对企业家提出的种种问题,他们团结一致,轮流解答企业家提出的问题,最终苏洛仕靠紧密的合作精神以及优质的项目获得汉军集团董事长莫汉军等企业家的一致认可,夺得了一等奖。

4. 带领苏洛仕团队获第六届"创青春"全国大学生创业大赛广西区赛金奖。

2014年"创青春"大赛涵盖了第六届"挑战杯"大学生创业计划大赛、创业实践挑战赛和公益创业赛三项赛事,是原有的"挑战杯"大学生创业计划大赛的继承和发展。广西共有34所高校378个项目进入决赛,并推选出28个优秀项目进行公开答辩。

苏洛仕团队不仅有着明显的项目优势,同时也有着一个强大的团队,从中脱颖而出,最终以创业计划书成绩和答辩成绩第一夺得金奖,为广西大学增光添彩。廖宇作为学生代表在颁奖典礼上发言。

5. 带领苏洛仕团队获第九届广西大学"芙蓉学子·榜样力量"团队合作奖。

第九届广西大学"芙蓉学子·榜样力量"优秀大学生评选活动通过严格的资格审查、初审、网络投票、现场答辩等环节层层筛选,苏洛仕团队最终从激烈的评选中荣获"芙蓉学子·榜样力量"团队合作奖。

6. 苏洛仕团队被评为2014年广西大学"感动西大学生年度人物"。

"感动西大学生年度人物",是指一个自然年度内在思想、学习、生活、活动和工作等方面取得优异成绩并具有突出代表性的大学生(团队),其事迹体现时代精神,在当年引起积极的影响和广泛的关注。

案例四

创业,一路精彩

创业者:孙 皓

比赛——收获

2012年6月21日,我们组建的"竞速时代"创业团队的"艾拓ATO多功能型添加剂有限公司"在第五届"挑战杯"广西大学生创业计划竞赛决赛中获得了一等奖,同时,总成绩名列前三甲。这次机会和这份荣誉是我们团队经过无数次的讨论和修正,在指导老师们的支持与鼓励下历时一年半换来的,所以我们对它格外珍惜。一路走来，我们披荆斩棘，最终杀入全国决赛。即使在同济大学举办的第八届"挑战杯"中国大学生创业计划竞赛决赛中我们只取得了银奖的成绩，但我觉得在这样的一个竞赛过程中，我们团队的每一个人都成长了不少。至少对我而言，收获颇多。

第八届"挑战杯"中国大学生创业计划大赛已经过去快三年了，可是比赛的情景却历历在目。从对创业大赛一点也不了解，到走过校级、区级、国家级的初赛和复赛，一直到走完决赛，这将近一年的历程是我以前从没体会过的。回头看看我们走过的路，有过迷茫与彷徨，有过坚持与拼搏，有过欢笑与感动，有过伤感和失望。但是，一分耕耘，一分收获，因为困难，所以深刻，痛苦变得快乐，挫折带来收获！对我来说，大学生创业计划大赛绝不仅仅是一个简单的比赛，而是灌注了心血，使梦想生根发芽开花结果的土壤。我们心里都清楚，它的生长过程才是我们最快乐的事，也是我们最有价值的收获。

创业——成长

2014年7月16日，又是一个值得纪念的日子。经过一年多的筹备和计划，在老师的指导下，我们当时的比赛项目正式落地生根，成立了广西纳拓科技有限公司。公司主要研发、生产和经营纳米材料、隔热材料、导电/防静电材料及其相关的技术咨询服务。

创业是很多年轻人所向往和憧憬的，我也不例外。我从小就对那些成功人士充满羡慕，看他们激情从容地驾驭一切，自信笃定地成就未来。在大学，我选择了自然学科化学专业，在努力学习专业知识的同时，积极参与了很多社会实践活动，既增长了理论知识，也为后来的自主创业打好基础。与此同时，参赛过程中对产品的了解和市场的探索，让我更加坚定信念，要用创业实现梦想。

"艰难困苦，玉汝于成。"李源潮部长的这句话可以很好地指导我们创业初期的年轻人。创业是一个艰辛而烦琐的过程，在创业过程中，我们需要处理涉及各方各面的事情，有可能是很烦琐的小事，比如设备衔接处螺钉的松紧，也可能是关系企业的大事，比如厂址的选择和工艺的优化等。我们只有不畏艰难，才能最终锻炼自己，取得成功。

"有梦想、有激情、有社会责任感"，马云的这句话值得年轻的一代自我勉励。记得在区团委的项目推介会上，台下的评委在听完我们的项目陈述之后，询问我们："现在大家都在关注那些风险小、效益好的服务业项目，像你们这样的实业项目,而且还是以大学生创业为主,你们哪里来的勇气和魄力,凭什么就会成功?"我清楚地记得自己是这样回答的:"我们不是初生的牛犊,我们有梦想、有激情、有社会责任感,我们踏踏实实做事,认认真真做人,相信在创业的道路上抓住一切锻炼自己的机会,就是一种成功。"

有一句话说得好:"既然选择了远方,便只顾风雨兼程。"我们选择了这条路,不管前方的路有多艰苦,我们都会坚定地走下去。让我们守住这份激情与梦想,在创业的道路上不断前进,因为我们的成长才刚刚开始。

青春——奋斗

如果成功是一种必然,那么努力就是一种必需。我渴望成功,所以我努力奋斗。

众所周知,大学生目前处于一个竞争激烈的时代。从进入大学的那一刻起,每一个大学生都面临着沉重的压力和考验。我们不仅需要全面学习基础文化知识,还要敢于接触社会,主动与社会接轨,努力使自己成为适应社会的全面人才。选择自主创业,是因为我们不想被社会无情地抛弃,我们想靠自己的双手和智慧实现自己的人生价值。

创业是一个锻炼自我、提升个人能力的过程。在创业取得初步成功之后,我们应继续保持创业初期的优良作风,不忘创业之艰辛,一点点的成功不是终点,我们需要开拓的不仅仅是这些,还有很多。凡事做得到坚持,我们就能收获到更大的成功,并在这些成功中锻炼自己。我们需要把成功创业看成一次旅途,努力去看到沿途更多更美丽的风景。

创业对我们来说不仅仅是为了响应国家号召,也是目前社会良好氛围提供给我们的大好机会,更是一条实现自我、充满挑战的荆棘道路。让自己的青春留下奋斗和拼搏的印迹,请你们和我一起见证奋斗的青春会更美好!

案例五

绿莺团队主要事迹

创业者:吕一樵

这是一群拥有飞翔梦的大学生。为了这个梦想,他们从未停止追逐的脚步,无人机是他们飞翔的载体,现在绿莺团队已经正式落地。南宁绿莺无人机文化传播公司是南宁安吉华尔街公谷大厦里唯一一家由在校大学生创办的企业,并且被政府选入了广西"万企千店"电商扶持计划。两年的跌跌撞撞,让他们明白了不屈不挠和艰苦奋斗是成功的捷径。作为大学生,他们早已能自己养活自己,但他们真正的目标要远大得多。在创业的路上,绿莺团队的每一滴汗水都凝结了他们坚定的信念。

团队初创

创业,当然不容易,但是能真正去做一件发自心底喜欢的事情,这本身就很有意义。也许是因为都是计算机学院的"工科男",大一的时候他们几个人便一拍即合,产生了用无人机航拍的想法,但是当时没有钱、没有设备、没有资源,有的只是激情和想法。凭着一腔热血,他们找老师借设备,练技术,甚至自己拿生活费出来购买零件,动手组装了第一台属于他们自己的无人机,并开始制订更加完善的计划。

创业初体验

2013年11月,他们给工作室起名为"绿莺","绿"代表绿城南宁,"莺"则是一种美丽的鸟,象征飞翔的梦想。他们整日除了上课,就自己组装调试无人机,没有地方放设备就用床铺当做"机场",不懂得技术就自己去找资料进行学习。为了得到在无人机技术方面的指导,他们主动去拜访了计算机学院的黎展荣老师,黎老师研究的专业为无人机测绘,在他的帮助下,绿莺团队解决了技术困难,航拍了第一部以广西大学校园景色为题材的短片。之后,绿莺团队便报名参加了"中国创业榜样"的比赛,并开始了有条不紊的筹备工作。由于项目具有较高的创新性和可行性,学校的领导和老师都对他们寄予厚望。入围,他们志在必得。

第一次失败

在"中国创业榜样"的比赛中,绿莺团队在最后一轮被裁判奚落并宣布出局,他们用生活费组装的那架无人机,也被指责不够专业,无法拍出能够观看的视频来。这一下子就击垮了这个小团队,那天晚上,绿莺的小伙伴们一起躺在足球场上,心中满是出局的失落与愤慨,但谁也没说话。或许是因为之前抱有的期望太高,亦或许是因为被别人指着鼻子说你们不行。"但是难过归难过,我们还该继续前进。"2014年,"挑战杯"比赛开始报名,绿莺团队打算用这个比赛的胜利重新抬起头来,让更多的人认可他们的项目,从而寻找落地的机会。他们开始了第二次努力。

初始团队瓦解

然而这次的努力并没有带来多大的希望。最终绿莺团队以广西壮族自治区银奖的成绩无缘国赛。这个成绩很普通,与之前的愿景有很大的偏差,加上当时已没有资金更新设备,他们开始怀疑自己的创业计划是可笑的、不可行的,失去了方向也就失去了团队存在的意义。

后来大家就这样散了,就因为大家心里有这么个想法:我们不行。至此,绿莺的初始团队解散。

新的绿莺

虽然初始团队解散,但团队负责人痛定思痛,重新开始了对创业的思考。2014年12月27日,经历了几个月反思的他,独自一人前往南宁学院参加广西首届青年创新创业大赛,在6天封闭式的比赛中,最终绿莺的项目击败了全广西的103支队伍,获得了特等奖,这让他重拾信心。因为这一年的努力没有白费,这次的成功让绿莺重新回到了大家的视野。回到广西大学,初始团队负责人冷静下来,重新组建了绿莺团队。这次绿莺团队不再是把单纯的航拍当作创业项目,他们扬长避短、分析市场,将无人机行业与"互联网+"相结合,新的绿莺团队在第五届全国大学生电子商务创新、创意及创业挑战赛中获得全国二等奖的成绩,并在2015年5月成立了公司,开始向正规公司的运作靠拢。他们解决了没有办公场地的问题、没有设备的问题,建立了官方网站(www.lywrj.com),优化了服务,做了实事求是的营销,以推动无人机大众化作为企业使命。现在他们每周都有业务,除支付创业成本外,已经可以自己养活自己了。

团队负责人说:"当我们迈出了成功的第一步,信心就找回来了,而当我们真正想去做好一件事情的时候,不用太过于在意别人怎么看,坚定信念,问题便会迎刃而解。"创业的艰辛,只有真正体验过的人才会明白,绿莺团队的成员都有同样的信念,经历了一无所有的困难,也享受过克服困难的喜悦,同时在这个过程中,他们也在不断地成就自己,当初的飞翔梦也近在咫尺。

案例六

南宁市众锐网络科技有限公司

创业者:王少强

王少强,广西大学公共管理学院2014届毕业生,毕业仅仅四个月,他就有了属于自己的创业成长公司——众锐公司,旗下所属四个门店和一处卖场,包含电信、电车、快印等多种业务。不仅如此,他创立的广西大学飞young创业社不仅让自己能方便地"招兵买马",也为学弟学妹提供了兼职的机会。2010年9月,跋涉六千里,王少强来到这所南方的大学,对于这个来自西北农村的小伙子来说,大学里面的一切都是新鲜的。迷惘、恐惧,这些最常见的心态让无数大学新生的大一在浑噩中度过,王少强却告诉自己必须努力,因为,他身上肩负有更多的责任和压力。王少强来自陕西咸阳的一户农家,家里的条件并不富裕,"我们那里的农村,能供孩子读完高中已经是一件不容易的事情了",父母此前已经为抚养其他孩子付出了无数心血,作为家里最小的孩子,他更能感受到物质条件的制约和父母的加速衰老。几千块的学费和每月的生活费是一笔巨大的开支,大一时,为了减轻家里的负担,他没有像很多学生那样进入很多社团,而是毅然选择了做各种兼职,他在邕江宾馆端过盘子,在宿舍发过传单,也在街边卖过校园卡……就是在这时,他萌生了自主创业的设想。为此,他开始积蓄力量,让自己一步一步更强。兼职中,王少强接触到了电信的销售业务,这也是他至今都在从事的主要业务,从代理电信校园卡中他积累了工作经验,2013年在中国电信南宁分公司的实习更让他对这个行业有了深入的认识,这些都成为了他迈向自主创业的一块垫脚石。他并不满足于单纯线下的工作,2011年,他参与运营了笑购团网站,这是广西第一家学生团购网站,在这个过程里他得到了线上销售的经验。2013年,他创立了广西大学飞young创业社并任主席,这是一个兼职电信业务的校园创业团体,他也以一个领导者的身份开始了自己新的工作。三年的工作经历,让他对电信业务的销售有足够的了解,2013年底,他联合几个志同道合的舍友一起开了第一个门店——电信营业厅,注册、签约、装修、开店一气呵成,他将这视为水到渠成的事情。只有一个营业厅对于他的创业梦而言是远远不够的,路要一步一步走,由于电车的利润要高于电信业务,王少强又将目光盯上了电车。在广西大学东门他又开设了众锐车行,车行的正式运营不仅增加了公司的收入,也实现了业务的多元化。

案例七

周加康效仿横县"无人菜市"摆自助摊与农民诚信PK

创业者:周加康

"欠一(袋)香辣牛肉面,2.4元,无零(钱)。"一位男生拿了一袋方便面后在笔记本上留言。"没问题,记得补钱留名。"零食摊的主人,周加康同学在笔记本上回复道。第二天,这一袋方便面的货款放进了纸盒里。无人值守,宿舍楼道旁的自助零食摊各种小食品都标明了价格,谁想买就自己留下钱自己拿商品。广西大学大三学生周加康用这样的方式设了一张"考卷":每个路过的学子用自己的"诚信"作答。结果有人主动付款,有人白拿,多数人的答卷是满分,也有人得零分。看了横县"无人菜市延续百年淳朴民风"的事迹报道后,周加康受到启发,把这一模式搬进了校园。尽管经营一个多月来出现了一些不和谐的声音,但他仍相信多数人是守信的。为了检验这一想法,周加康在男生宿舍内设立了"自助零食摊",进入他宿舍之前,在二楼楼道转弯处,有三个纸箱,箱子里分门别类地摆放着各种零食和牙膏牙刷等物品,在箱子的一角,写着物品的价格:方便面2.4元,香肠1.1元,茶叶蛋1元,辣条0.5元等。箱子一侧贴着一张纸,上面写着:"维克自助摊,请先看价格再付钱。"周加康说,"维克"是自己给这个摊点起的名字,"自助摊"的创意受到了横县"无人菜市"的启发。"都说现在诚信缺失,看到横县无人菜市这个新闻,特别震撼",周加康结合自己的专业,想把这一模式复制到学校里来,利用这个载体检验大学生的诚信素养,"我想看看,这个项目在大学校园里能不能行得通,毕竟大家都是高素质的'知识分子'"。每天下午6时上自习之前,周加康把零食摊摆好就出门学习去了,到晚上12时左右才清点货款。货物快卖完时,自己就到批发市场再进货。这个摊点一摆出来,颇受同学们欢迎。男生们都觉得他的创意不错,又解决了同学们买宵夜难的问题,"自助零食摊"每天可以卖出数十元的商品。看到同学们如此支持,周加康又把自己的同班同学韦宁妮和另外一个朋友也拉了进来,由韦宁妮负责在女生宿舍也设一个自助零食摊。"自助零食摊"在广西大学东校园三个学生宿舍内悄悄经营着,卖的东西不多,销售范围也仅限于本宿舍楼内,学校内多数人并不知道它们的存在。从今年春季开学到现在,"自助零食摊"已经开张了一个多月时间,周加康和韦宁妮也从中看到了许多问题。韦宁妮在女生宿舍摆的摊点分别按食品价格设了三个区,五毛区、一元区和其他区,纸箱内放有1毛、5毛和一元的零钱,方便同学自己找零。韦宁妮认为,这些食品都是一两元的东西,大学生们应该不会为这些小便宜"做小动作"。不过,韦宁妮很快就发现,情况并不如想象的那么美好。4月1日晚上,韦宁妮在清点货款时发现少了40多元,这是"自助摊"损失最大的一次。她以为当天是愚人节,有人在故意开玩笑。此后她一直希望,这 40 多元能忽然回到箱子里来,"结果还是没出现,隔三差五又有 2 块、3 块的钱物无法对上"。韦宁妮仔细算下来,一个多月的经营,基本平本,没赚到什么钱。尽管如此,周加康和韦宁妮还是觉得同学中守信的人是大多数。周加康说,他住的男生宿舍楼有数百人,多数人都能主动地留下货款,拿走货物。还有些临时没有零钱的,或者没带钱的,拿走了东西,也会在笔记本上留言,然后第二天把钱补上。"通过这些留言,我感觉到,多数同学还是很守信的,这让我十分感动。"周加康表示,会继续把这个项目进行下去。

案例八

温标堂:一个"80 后"农艺师的创业路

创业者:温标堂

一台电脑、一个"开心农场"的界面、一套全自动作物管理系统,只需要在家轻点一下鼠标,就可以结合作物生长所需的水肥技术参数、气象实况参数等,实现实时对灌溉进行调整,完成对农作物的精准灌溉。这一高科技技术,是一名 2006 年毕业于广西大学农学院园艺系的大学生带领他的技术团队,结合中国农业实际,将以色列先进灌溉技术改进并提升性能研发出来的。通过推广这项技术,仅一年时间,销售额就达到了 2000 余万元。温标堂,正是这个为无数良田实现低消耗高产出的"80 后"创业者。

潮品成为农场管理利器

眼下被青年人捧为潮品的 iPad、iPhone 居然还能用来管理农场,使用方法与风靡一时的"QQ 农场"一样,这让人颇为惊奇。采访中,温标堂进入 iPad、iPhone 的"开心农场"界面,就能通过它完成现实农场中对农作物的喷灌、滴灌、雾化降温和施肥等功能。此外,他还使用手中的 iPhone,与远在浙江的一家大型农场内安装的视频系统建立连接,不仅看到了农场实景,还能通过用手指滑动屏幕,将图放大 18 倍观看农作物的细节。温标堂告诉记者,这个智能农场管理系统,其实主要依托一个软件,安装到任何一个能够上网的终端,包括手机、电脑、掌上电脑等,就可以实现一人管理千亩农场。算上所有的设备,一套大约是 40 万元。对千亩以上的大型农场来说,一年左右就可以抵回人工及水肥浪费所花掉的成本。

"我国大部分城市严重缺水,即使是南方城市,季节性缺水也比较严重。而现行的灌溉技术落后,水的有效利用率低于40%。灌溉制度的制定和执行,几乎完全依赖系统使用管理者的经验,受观念、责任心等人为因素的影响,而且也不能根据植物种类本身的需要、气象条件以及水文数据精确灌溉,实际使用时,往往出现过量灌溉或灌溉不足的情况,对作物的生长十分不利。"采访中,"节水""精准""便捷"是温标堂不断重复的字眼。他告诉记者,要做到适时精准灌溉,使农业生产更加科学、便捷,就需要更实用的作物管理系统来解决。

让科技真正成为生产力

能将一整套适合中国农业实际的农场管理智能系统设计出来,并不是一蹴而就的事情。"现代农业不再是面朝黄土背朝天、单靠辛勤耕耘就能获得丰收的了。现代农民必须要勤于学习国内外先进技术,并将其改良成为适合本地使用的新技术,真正将科学技术发展为生产力。"温标堂告诉记者,为了能学习到更先进的农业管理技术,毕业后一年,他应聘进入了以色列耐特菲姆公司——滴管技术的发明者,成为一名业务人员。

作为全球灌溉领域的行业先锋,耐特菲姆公司在节水灌溉和设施农业等方面掌握了大量的先进技术。"在耐特菲姆公司工作的几年间,我不仅大开眼界,对现代化灌溉技术有了全新的认识,更为后来成立公司自主创业奠定了坚实的技术基础。"温标堂告诉记者,他仔细研究耐特菲姆公司的自控系统,发现由于自控系统的操作者大多数是农民,对电脑操作比较难以接受,为了使自控操作系统更加简单明了、通俗易懂,他的技术团队经过精心的设计研究,引入大家都熟知的"开心农场"管理系统。只要有网络的地方,只要操作者手中有能上网的手机或是电脑,就可以管理自己的农场。

温标堂说,刚开始实施自控的时候,都是引进国外的先进设备,全英文操作界面,农民一看就头疼,不敢操作,生怕弄坏了,即使很认真地培训了,农民也很难上手。后来,为了解决这个语言问题,便有了全中文操作界面,农民用起来,也感觉拿不准,所以一般由专业人士来管理,以至于自控只是在一些示范园或是示范基地实施,没有大面积推广。而"开心农场"的操作界面简单明了,10岁的小孩子都能弄得懂,很容易上手,把自己家的农场变成现实版的"开心农场"。温标堂认为,自控是实现精准灌溉的手段,不能仅仅停留在示范的层面上,自控设备是要给农民用的,做自控的企业就要研发农民用得起、用得上的自控设备。

现在，温标堂的技术团队研发的作物管理系统，将自动化灌溉控制系统以及配套的传感系统结合，可提供不间断的气象、灌溉、施肥等统计数据，为作物生长所需的水肥提供技术参数，通过灌溉系统、气象站、各种探测器，可实现实时对灌溉进行调整，解决了人工灌溉无法实现的精准灌溉。作物管理系统可提高水的利用率，节省劳务及日常养护开支，节约水电费，全天候最大限度地满足了作物的需水要求。把工人从繁重的灌溉工作中解脱出来，使他们把精力集中到提高作物品质等设备无法完成的工作上，从而提高经济效益。

目前，全国最大的香蕉种植公司——广西金穗投资集团公司的3万余亩香蕉，全部采用温标堂的技术团队开发的作物智能管理系统，年总用水量减少了40%，肥料节省30%，电费节约30%。"原来4500亩地施肥一次需要100人工作半个月时间，而现在只需要一个人、一天时间。"温标堂告诉记者，通过其不断研发和改进的强大的软件系统，结合项目的具体情况匹配不同的灌水器及施肥设备，使控制区域内不同功能区均实现全自动精准灌溉及施肥，实现真正意义上的精准灌溉及施肥。自控系统的全天候工作为该公司解决了白天农网电压低无法灌溉，晚上电压足的时候工作人员不愿意下地开关阀门的难题，如今管理员可实现随时随地灌溉施肥。同时，控制系统强大的数据库将整个市区灌溉、施肥、气象、土壤、水文及管理的实际数据采集并记录在计算机中，为管理人员提供了第一手资料。

创出属于自己的一片天

随着各个项目的成功建成，节能、易操作带来的看得见的巨大效益，让温标堂的公司订单数量不断增加。2012年3月，仅2天时间，他就接下了价值近600万元的订单。这让他又喜又忧：喜的是公司的发展前景广阔，忧的是资金运转遇到困难，公司人员也出现短缺。"这个时候，平时良好的信用带来了极大的回报。"温标堂告诉记者，就在他为资金短缺四处奔走的时候，北部湾银行给他带来了好消息：提供一年期100万元无抵押贷款！这让温标堂顺利地渡过了资金周转的难关。

据了解，温标堂的公司目前已成为以色列著名企业耐特菲姆农业公司在中国广西的总代理，客户资源遍布整个大西南地区。公司在引入先进农业技术的同时，也积极培养、打造出一支来自国内知名农业院校和农业专业门类的农业科技创新人才队伍。"我认为，搞现代农业的技术人员不能再给人'土'的印象，而应该是前卫的、智慧型的",温标堂表示。目前,他的技术团队都是来自于广西大学农学院的"80 后"大学生。完整的知识结构,良好的英语水平,让他们能够在最短的时间内学习到国外先进的农业技术,及时将其转化为适合中国农业实际的技术并加以应用。

"以过硬的技术、优良的服务维护和拓展市场,最大限度地满足客户的需求,凭借与众多国内外知名厂家的良好合作关系和用户的信赖,我希望能逐步打造出一个适合农业科技发展的经营模式,以及适合中国农业发展的营销服务网络,在竞争愈发激烈的农业灌溉技术市场占据一席之地",温标堂如是说。

案例九

立足全面发展　致力科技创新

创业者:王　迪

王迪,她是一名中共党员,广西大学机械工程学院农业机械化及其自动化2011 级本科生。她曾担任班长、学院团委组织部副部长,广西大学党校"大学生头雁计划"班班长,学校机械设计及制造工程创新实验室管理员,同时,还是广西大学田径队的一名队员。

夜以继日全情奋战学科竞赛

农业机械化及其自动化专业,在外人看来是男生的专业,王迪作为一名女生,却用她的成绩改变了大家对于这一专业的认识。入学之初,她就表现出了对专业极大的热爱,不论是课余时间还是节假日,实验室里经常看到她忙碌的身影。

孜孜以求竭情参与创新实践

创新需要理论支撑,对于一名本科生而言,书本上学到的知识远远不够用。于是,稍有空闲,她就会去图书馆翻阅资料。经常是一个笔记本、几支笔,她在图书馆一坐就是半天。"一分耕耘,一分收获",学科竞赛和科技创新活动中一个又一个大奖就是她最好的回报。

王迪同学思想积极上进,大二第一学期的时候就顺利加入了中国共产党,成为班级首批入党的同学之一;学习刻苦成绩优异,多次获得广西大学三好学生;科研能力突出,先后申请了 13 项专利,发表论文多篇;工作能力突出,曾担任学院团委组织部副部长,勇于创新,工作富于创新成效显著。希望王迪同学要继续秉承"勤恳朴诚,厚学致新"的校训,一如既往地努力学习,刻苦钻研,在实现自己成才梦和助推国家强军梦的过程中,贡献自己的青春和才智。

不忘感恩热情引领科技探索

王迪深知,她取得的成绩离不开老师的辛勤培养和学长学姐的榜样示范。所以,她也一样,将自己所学毫无保留地教给学弟学妹,用她的努力和对科研的热情,给学弟学妹们树立了一个很好的榜样。现在实验室里经常会看到三五成群的同学和王迪一起为了一个又一个创新发明埋头苦干。

热血青春激情点燃田径风采

运动可以洗礼一天的疲惫,活跃思维,更能全面提高个人素质。她便是赛道上的骏马,不停地奔跑,哪怕挥汗如雨,依旧坚持不懈。她立志德、智、体、美、劳均衡发展。

斗志昂扬衷情踏入威武国防

2014年10月,王迪凭着她对军人梦的执着和追求,以个人梦融入中国梦,在全国只有一名地方生女生名额的情况下,以优异的成绩保送到中国人民解放军装备学院攻读硕士学位。人生不休,奋斗不止。她愿做一名行者,时刻走在前进的路上,追求着更高的理想!

大学期间,她主持完成国家"大学生创新创业训练计划"1项;参与广西大学大学生实验技能和科技创新能力训练基金项目的设计与制作;参与郑广平老师负责的广西大学实验教学改革研究项目,并在这一过程中申请了共13项国家专利,包括授权实用新型专利1项(为第三发明人)、受理发明专利9项、受理实用新型专利3项,除导师外,其中6项发明专利为第一、第二发明人,并公开发表论文3篇。正是基于科技创新方面的优异成绩,王迪获得了"2014年度宝钢教育奖优秀学生奖"。

案例十

长沙沃园生态农业科技有限公司

创业者:彭焕新

彭焕新,男,42岁,现任长沙沃园生态农业科技有限公司总经理。2006年毕业后开始自主创业,于2007年3月成立创业公司。该公司是国家级长沙经济技术开发区内一家专注于有机事业发展的高科技农业产业化龙头企业,依托中国科学院亚热带农业生态研究所、浙江大学、湖南省农业科学院等科研院所的农业科研成果和高新技术,以基地为核心,实施科技成果产业化。沃园农业的主要产品"迷你香薯"深受消费者欢迎。

因全家食物中毒住进医院,彭焕新突然萌发回乡种田的想法——为亿万家庭提供安全健康的农产品。他从新闻里看到一种新红薯,颜色多样,个头小巧,口味香甜,市场价每公斤18元,很有商业开发价值。2007年,彭焕新回乡注册公司,建立基地,用自己积累的100多万元资金,跟专家签订香薯知识产权技术使用协议,购买种薯。2008年开春,他将自己购买的6吨种薯,种植下去,但没想到50年不遇的冰灾席卷湖南,6吨种薯仅剩下200公斤。即使遭遇这样的意外,在彭焕新的细心呵护下,依然等到了收获季节。他为五颜六色的香薯起名字:"玫瑰红""富硒紫""温馨黄""清纯白""水果皇""典雅黑"。种植价格高出普通红薯几倍的香薯,加上适当的营销策略,市场上供不应求,乡亲们纷纷找上门来争着签合同。跟随彭焕新种迷你红薯的农户每亩地的收益达到了1700~1800元。2008年下半年,这种可以种植两季的香薯,给参与种植的几百户农民,带来每户增收3800元的经济效益。2008年11月,彭焕新的香薯作为特色农产品,参加湖南省第十届国际农业博览会,荣获金奖。

彭焕新注册的沃园香薯,随着销路的拓展和媒体报道,逐渐成为香薯市场的第一品牌。红薯一年只能产一季,香薯可以做到两季,比一般红薯的产品供应时间长,但还是不能做到全年供应。为此,彭焕新正在与农技专家合作开发三季香薯品种。

彭焕新还信心百倍着手引入战略投资者共同建设沃园农产品精加工工业园,对沃园香薯产品进行精深加工,将小香薯做成大产业。2014年长沙沃园生态农业科技有限公司"沃园"产品商标被认定为湖南省著名商标。2015年4月,农业部科技教育司和共青团中央农村青年工作部组织开展了2015年全国青少年农业科普示范基地的认定工作,沃园特色香薯种植基地从全国1000多个农村科普基地中脱颖而出,成为全国200家青少年农业科普示范基地中的一员。

参考文献

[1] 陈劲,郑纲.创新管理:赢得持续竞争优势[M].北京:北京大学出版社,2013.

[2] 王振兴.我国大中型工业企业技术创新效率测度及其影响要素研究[D].大连:大连理工大学,2014.

[3] 杨拉道,李俊辉,雷华.创新与创新设计是时代的最强音[C]// 中国金属学会.2015 连铸装备的技术创新和精细化生产技术交流会会议论文集.连铸杂志编辑部,2015(17).

[4] 中共中央文献研究室.十五大以来重要文献选编(中)[M].北京:人民出版社,2001.

[5] 郭必裕.开展创新教育是培育创业人才的基础[J].煤炭高等教育,2002(06):54-56.

[6] 方煜东,王焕江.关于慈溪家电企业商业模式创新的思考——以飞龙电器集团为例[J].现代商业,2012(21):17-18.

[7] 叶忠健.二维安全图像技术应用与商业模式[D].长春:吉林大学,2012.

[8] 徐长松.英语教学对学生素质培养的实践[J].现代企业教育,2012(23):76.

[9] 张强,刘维成.科技创新意识与创新的质量和效益[J].干旱气象,2017,35(03):353-357.

[10] 雷会娥.浅谈初中美术创新教育[J].新课程学习(上),2011(01):8-9.

[11] 秦戈.从发散思维入手培养学生数学创新能力[J].新课程导学,2016(35):39+57.

[12] 汪辉.议论文写作教学的求异思维[J].教育,2012(10):54-55.

[13] 李志.物理教学应注重培养学生的创新思维能力[J].基础教育参

考,2012(16):44-47.

[14] 张恒忠.创造性思维的训练策略[J].江西教育科研,2002(12):11-12.

[15] 赵永平.大学生创新能力存在问题及解决对策[N].光明日报,2012-12-23(007).

[16] 张晓艳.创新创业能力培养视角下的校园文化建设[J].滁州学院学报,2013,15(01):95-97.

[17] 宣裕方.农林高校新农村建设创业人才培养的实践探索[J].中国高等教育,2012(02):36-37.

[18] 彭江辉,成璐.工科学生个性化学业指导的一种实践模式——以湘潭大学信息工程学院为例[J].大学教育,2016(03):131-132.

[19] 张秀娥,金佩华,张桂莲.创业意向、社会网络与创业行为关系研究[J].企业研究,2014(01):71-74.

[20] 王天力.吉林省民办高校大学生创业倾向影响因素研究[D].长春:吉林大学,2009.

[21] 王洋.唐山市大学生创业困境与对策研究[D].天津:河北工业大学,2012.

[22] 张涛.创业教育[M].北京:机械工业出版社,2007.

[23] 赖泽源.高等教育大众化背景下大学生创业意识的培养[J].产业与科技论坛,2013,12(09):122-123.

[24] 田虎伟.大学生创业机会识别能力的培育[J].黄河科技大学学报,2011,13(03):106-108.

[25] 肖磊.创业企业资源、能力及技术创新选择——以绿色照明企业为例[C].中国软科学研究会.第七届软科学国际研讨会论文集中国卷(上).中国软科学研究会,2012(6).

[26] 魏喜武,陈德棉.创业警觉性与创业机会的匹配研究[J].管理学报,2011,8(01):133-136+158.

[27] 刘万利,胡培,许昆鹏.创业机会识别研究评述[J].中国科技论坛,2010(09):121-127.

[28] 郭红东,丁高洁.社会资本、先验知识与农民创业机会识别[J].华南农业大学学报(社会科学版),2012,11(03):78-85.

[29] 刘万利.创业者创业机会识别与创业意愿关系研究[D].成都:西南

交通大学,2012.

[30] 牛娇.创业环境与创业机会的关系研究[D].西安:西北大学,2009.

[31] 陈浩义.基于信息资源视角的创业机会识别过程研究[J].情报科学,2008(09):1413-1418.

[32] 肖华香.作文教学重在引导[J].考试周刊,2017(4):46.

[33] 王以梁.我国大学生科技创业支撑环境研究[D].沈阳:东北大学,2014.

[34] 姚兴良.加强大学生创业中的法律教育与培训[J].管理观察,2016(06):145-147.

[35] 杨贺.科技创业成功的环境因素探析[D].东北大学,2010.

[36] 侯杨杨.江苏省大学生创业环境的生态学分析及对策研究[D].南京:南京林业大学,2014.

[37] 蒋光瑶,吴忻阳.返乡农民工创业环境分析[J].攀枝花学院学报,2013,30(02):6-8.

[38] 蔡莉,柳青.新创企业资源整合过程模型[J].科学学与科学技术管理,2007(02):95-102.

[39] 么乃亮.服务型小企业创业战略选择研究[D].长春:吉林大学,2013.

[40] 刘预,蔡莉,朱秀梅.信息对新创企业资源获取的影响研究[J].情报科学,2008(11):1728-1731+1743.

[41] 姚梅芳.基于经典创业模型的生存型创业理论研究[D].吉林大学,2007.

[42] 张君立,蔡莉,朱秀梅.社会网络、资源获取与新创企业绩效关系研究[J].工业技术经济,2008(05):87-90.

[43] 张康之,李东.组织资源及任务型组织的资源获取[J].中国行政管理,2007(02):41-44.

[44] 陈金.关于大学生创业教育的几点思考[J].教育与职业,2011(18):72-73.

[45] 王艳波,唐根丽.创业与创业环境评价研究的理论发展评析[J].中国集体经济,2011(09):92-93.

[46] 张华.人际交往能力——创业者成功的动力[J].成才与就业,2010(23):14-15.

[47] 张鑫.如何激发学生的学习动机[J].现代教育科学(中学教师),2011(05):67.

[48] 罗刚淮.课堂教学中的"有效"和"有趣"[J].中小学教师培训,2012(07):52-53.

[49] 吴峰.企业创始人意志力效用研究[D].桂林:广西师范大学,2014.

[50] 徐秀景,宋斌,刘洪亮.宿州市农民创业现状及影响因素分析[J].安徽农业科学,2011,39(23):14449-14450+14457.

[51] 戴立新.开展就业教育应重视创业指导[J].职业教育研究,2006(09):48-49.

[52] 朱波.服务性企业员工素质提升体系的建立与完善[J].产业与科技论坛,2008(01):198-199.

[53] 王卫国.素质教育中的健美操教学[J].科教文汇(上旬刊),2011(06):160+170.

[54] 卫中玲,欧阳琰.煤炭高校大学生创业素质的基本要素及特征分析[J].教育理论与实践,2009,29(36):6-8.

[55] 周志强,陈京平.应用型高校人才培养规格研究[J].人力资源管理,2012(07):177.

[56] 朱科艺.浅谈高校创业教育与职业生涯规划教育相结合[J].家教世界,2013(22):216-217.

[57] 石瑾.河北省大学生创业影响因素调查研究[J].唐山师范学院学报,2016,38(06):154-157.

[58] 尚培.学习、改变、创业——创业者应具备的素质和条件[J].成才与就业,2005(03):58-59.

[59] 孙志方.高职学生创业教育内容及其实施方案的研究[J].北京工业职业技术学院学报,2011,10(02):47-50.

[60] 张远秀.试论新时期大学生自主创业应具备的心理素质[J].出国与就业(就业版),2011(21):27-28.

[61] 夏玲,章莉娟.高职生创业心理品质微探[J].芜湖职业技术学院学报,2011,13(03):61-63.

[62] 薛红志,张玉利,杨俊.机会拉动与贫穷推动型企业家精神比较研究[J].外国经济与管理,2003(06):2-8.

[63] 彭志武,陈鸣.基于创业技能培养的高校创业教育着力点[J].江西

青年职业学院学报,2010,20(04):50-53.

[64] 兆宏波.东软信息学院大学生创业教育模式研究[D].大连:大连理工大学,2008.

[65] 武勇.优秀的创业团队是创业成功的法宝[J].改革与战略,2006(07):100-101.

[66] 宋克勤.关于创业团队问题的思考[J].经济与管理研究,2004(02):54-56.

[67] 张志伟,单丽.大学生创业团队建设研究[J].唐山师范学院学报,2014,36(05):93-95.

[68] 李伶娟.机构投资者对上市公司治理绩效的影响研究[D].湘潭:湘潭大学,2009.

[69] 赵延男.创业能力与经营绩效关系研究[D].首都经济贸易大学,2014.

[70] 彭薇.团队管理的问题与策略[J].商场现代化,2008(27):75.

[71] 林凡刚.CNC公司基于战略的组织结构优化问题研究[D].兰州:兰州大学,2011.

[72] 张勇.新市场环境下建筑设计公司发展新思路[J].建筑设计管理,2013,30(08):20-25.

[73] 彭薇.团队管理的问题与策略[J].商场现代化,2008(27):75.

[74] 沈旭东.团队目标与班级管理之我见[J].考试周刊,2011(09):217.

[75] 马龙云.创业型企业的团队管理[J].中国乡镇企业,2008(04):40.

[76] 王娟茹.西清公司产学研合作模式研究[D].西安:西北工业大学,2002.

[77] 陈晓波.小型高科技企业员工激励问题研究[J].现代管理科学,2004(04):25-26.

[78] 王年军.大学生创业团队的理论与实证研究[D].武汉:武汉理工大学,2012.

[79] 李留义,段存广,罗月领.创业团队分裂的原因与对策[J].中国高校科技,2015(Z1):130-131.

[80] 邹琼.农业高新科技企业创业团队核心人才流失的风险防范[J].安徽农业科学,2010,38(33):19134-19135+19138.

[81] 曹兴.高技术企业创新行为与创业发展机制研究[D].长沙:中南大

学,2004.

[82] 奚国泉,卜金涛,盛海潇.创业投资项目分析理论与实训教程[M].北京:清华大学出版社,2014.

[83] 程安昌.江苏省科技创业机制与对策研究[D].南京:河海大学,2007.

[84] 方静仪,陆敏,毕玉江.大学生网络创业 SWOT 分析[J].中外企业家,2011(04):76-78.

[85] 高嘉勇,何勇.国外绿色创业研究现状评介[J].外国经济与管理,2011,33(02):10-16.

[86] 李涛.社会创业的内涵、特征及其价值探索[J].科技创业月刊,2013,26(07):24-25+30.

[87] 王傅.社会创业的多维探析及管理创新[J].无锡商业职业技术学院学报,2014,14(05):75-78.

[89] 仲超生.浅议竞争情报与企业竞争[J].山西科技,2003(06):61-62.

[90] 陆晓峰.大学生选择创业项目的主要策略[J].创新与创业教育,2010,1(06):21-23.

[91] 王海东,李晓永.投资策划中商业计划书的制作方法[J].职业时空,2007(08):71-72.

[92] 包立伟.面向信息检索的文本自动分类技术研究[D].上海:华东理工大学,2013.

[93] 葛建新主编.创业学[M].北京:清华大学出版社,2004.

[94] 任开院.广州 ZL 乐高科技中心商业计划书[D].广州:华南理工大学,2012.

[95] 赵正湘.浅析我国旧货市场的发展前景[J].再生资源研究,1997(04):1-3.

[96] 卢金东.中小企业融资实务研究[D].呼和浩特:内蒙古大学,2004.

[97] 陈逢文,李偲婉,张宗益.创业企业融资合约:基于互补效应的视角[J].管理工程学报,2013,27(04):92-96.

[98] 刘晓光,叶蜀君.非正规金融-中小企业融资的有效渠道[J].技术经济,2005(11):58-59.

[99] 熊泽森.中国中小企业信贷融资制度创新研究[D].武汉:武汉理工大学,2009.

[100] 朱金燕.我国中小企业融资问题研究[D].大连:东北财经大学,2005.

[101] 王华.创业投资项目的集成评估决策研究[D].西安:西安科技大学,2008.

[102] 李继培.八种"非典型"融资方略[J].新经济导刊,2003(Z4):47-48.

[103] 伍先敏.中国私募股权基金发展与监管研究[D].北京:首都经济贸易大学,2010.

[104] 刘玉平.财务管理学[M].北京:中国人民大学出版社,2015.

[105] 荆新,王化成.财务管理学[M].6版.北京:中国人民大学出版社,2012.

[106] 范莹.宁波FP公司商业模式研究[D].宁波:宁波大学,2013.

[107] 强学刚.我国手机支付商业模式研究[D].北京:北京交通大学,2011.

[108] 成富.商业模式创新研究[J].山东行政学院学报,2011(01):93-95.

[109] 罗穗.成都艾瑟尔科技有限公司商业模式研究[D].成都:西南财经大学,2010.

[110] 梁永昌.少儿读经教育市场营销分析[D].武汉:华中科技大学,2007.

[111] 蒋国平,张加顺.P2P商业模式研究——基于价值逻辑角度[J].现代商业,2017(36):26-27.

[112] 黄志聪.基于e3-value的中山移动手机e卡通商业模式化研究[D].成都:电子科技大学,2011.

[113] 郑勇智,负晓哲.商业模式及商业模式创新[J].现代商业,2009(24):6-7.

[114] 刘远洋.基于"互联网+"的JT工业品市场商业模式研究[D].沈阳:沈阳理工大学,2017.

[115] 严小平.价值链管理下贸易公司运营模式的刍议[J].现代经济信息,2011(20):115.

[116] 陈亚民,吕天品.文化产业的商业属性及商业模式[J].商业研究,2009(07):125-128.

[117] 尹一丁.商业模式创新的四种方法[N].21世纪经济报道,2012-06-29(022).